新しい
学習心理学

その臨床的適用

G. シュタイナー 著

塚野州一・若井邦夫・牧野美知子 訳

北大路書房

LERNEN
Zwanzig Szenarien aus dem Alltag

by

Gerhard Steiner

Copyright © 1988, 1996, 2001 Verlag Hans Huber, Bern

Japanese translation published by arrangement with Verlag Hans Huber, Hogrefe AG, Bern,
through The English Agency (Japan) Ltd.

日本語版への序文

「学習」をテーマとする本の数は，過去2,30年の間に出版されたものだけでも，相当な数にのぼる。しかし，その多くは概括的・総花的な解説に終わっており，取り上げられている事例やデータも，実験室的または実験的研究に基づくものが主である。その点，本書はいささか趣を異にする。すなわち，本書では，それぞれの章において，日常場面での具体的な学習のケースを紹介し，それらのケースについて，さまざまな学習理論の観点から考察するスタイルを取っている。

その意味で，本書は一種のケース・ブックである。本書を通読することによって，現実世界における，さまざまな学習現象について視野をひろげることができるであろう。本書で取り上げた学習のケースの大半は，家庭場面や学校場面から取られたものであり，本書のアプローチのしかたは基本的に「教育的」な色彩が濃いものと考えている。

さて，各章で取り上げているケースに沿って読み進めるうちに，学習という現象についての理論化の面で，1世紀以上もの間，支配的役割を演じてきた諸理論（いわゆる行動主義的アプローチから現代の認知的学習理論に至るまで）の概要がつかめるであろう。本書の最初の数章は，古典的条件づけやオペラント条件づけなど，主として条件づけの面から学習の問題を論じている。

しかし，本書全体を通して多くのケースをながめるなかで，学習とは「力動的な認知的システムの構築」を意味すること，そして，そのシステムが，行動や知識の表象における変化につながるものであることが認識されるであろう。こうしたシステムは，学習されるべき内容によって，いろいろな名前がつけられ，テキスト文や挿絵などに関する概念的学習の場合には「意味的ネットワーク」とか「メンタル・モデル」と呼ばれ，計算や空間的問題の処理が扱われる場合は，「数的ネットワーク」とか「空間的ネットワーク」と呼ばれる。こうした「力動的な認知的システムの構築」として学習のプロセスを通して，結果として得られた知識の表象は，絶えず拡張され，凝縮され，修正され，また般化と分化をくり返す。

本書の最初の諸章で取り上げた「基礎的学習過程」は，容易に形となって現われるが，多くの場合，親や教師の手引きを受けて実現する。他方，本書の後半の諸章で詳しく見ているいわゆる「高次学習過程」は，日常場面で数多く見られ，私たちの特別な興味をひく問題である。

高次学習過程が基礎的または初歩的学習過程と異なる点は，a）学習者により多くの努力を求めること，b）きわめて複雑であること，c）アルゴリズム的（algorithmic）というよりは発見的（heuristic）な過程であること，d）効果に関

して不確定的であり，解決策がいくつもあること，などである。また，基礎的学習過程はS－R結合によって説明できるところが多いが，高次学習過程について語る場合は知識表象における「意味の創出」や「意味的行動」という特徴に言及せざるを得ない。

そこで，本書の目標は「基本的学習過程」対「高次学習過程」という形において，日常的な学習過程の「多様性」と「複雑性」についての理解に役立つことと言い換えてもよかろう。本書の章立ては，いちおう心理学の歴史の流れに沿っているが，本書の究極の目的は，現代の「認知的学習観」を最新の形で示すことである。

さて，本書の各章には，読者の理解の一助となると思われる，いくつかの「教授学的」アイデアが含まれている。第1に，各章の冒頭には短い「はじめに」がついているが，それは各章のテーマに関する最重要の概念を最初に提示し，それをもって読者が，自分の既有の知識を呼び起こすのに役立てていただくためのものである。このことは，ある章の内容がまったく新しいものであって，一見したところ，既有の知識など何もないと思われるような場合にも当てはまる。既有の知識を使うことができれば，新しい情報の統合が容易になり，理解を深めるうえで大いに役立つに違いない。

第2に，各章の末尾に「この章のポイント」がついている。これは各章の最も大切な部分を要約したものである。「この章のポイント」によって各章の要点のおさらいができるであろうし，読み取った内容の定着が図られるであろう。

第3の「教授学的」アイデアは，同じトピックスがいくつかの章にわたってくり返し取り上げられている点である。たとえば，社会・認知的学習理論（観察や模倣による学習）がそれである。同じ学習プロセスをさまざまな文脈でくり返し考察することによって，本書を通じて考えたこと，学んだことの転移が可能となるであろう。本書は，ただ，「学習」についての情報を提示するだけでなく，読者がすでに身につけている学習能力をさらに高めることに役立つよう願って書かれたものである。

ところで，言うまでもなく，本書は「学習」に焦点を当てて書かれたもので，「認知」一般や「動機づけ」の問題は多くの章でふれてはいるが，それらを中心テーマにしたものではないことをあらためて記しておきたい。それらの問題について深めたい場合は，それぞれの専門書に当たっていただきたい。

最後に，本書の日本語訳の労をとっていただいた塚野州一，若井邦夫，牧野美知子の3氏に，原著者としての謝辞を述べさせていただきたい。ドイツ語の原著に基づく英語版をさらに日本語に訳すという作業は，並大抵のものでなかったであろう。しかし，3氏はじつに忍耐強く，いく度か質問を寄せられながら，その作業を全うされた。原著者として，ここに心からの謝意を申し上げる。そして本

書が日本においてひろく読者のみなさんの関心を呼び，日常的場面における「生きた学習」の問題に対する理解がひろまり深まることを，心から期待するものである。

 2004 年夏   ゲアハルト・シュタイナー
                     （スイス・バーゼル大学教授）

ドイツ語版第2版に基づく英語版への序文

　本書のドイツ語版初版が出版されると，数年のうちにひろく各方面から反響があった。受け止められ方も，ご指摘の内容もさまざまであったが，筆者にとっては，いずれおりを見て，改訂版を出す必要性を感じさせるものばかりであった。とくに有益なコメントを寄せてくださったのは，ウルス・エッシュバッハ（バーゼル大学），クルト・リュッサー（チューリッヒ大学），ジャンルーク・ガートナー（フリボルク大学）の3氏と，本書を授業でテキストとして使ってくださった方々からのものであった。なかにはいく分辛口のコメントもいただいたが，筆者にとっては全体として新鮮に感じられるご意見で，ありがたいことであった。

　ことに，リュネベルク大学のヨアヒム・ヘルマン博士は最も的確な批評をしてくださったおひとりであるが，そのこともあって，博士には事実上の共著者となっていただいたところもある。すなわち，博士は本書前半のいくつかの章で，吟味の対象となった学習場面の「行動的側面」と「認知的側面」をたくみに整理してくださり，また，博士のアイデアや字句の多くを本書に組み入れることになったが，そのために，さまざまな学習的側面についての筆者自身の解釈のしかたをより正確なものにすることができた。ほかの章では，とくに後半の章では，新しい知見を取り入れ，論述することに務めた。とはいえ，この論述がすべての点で完全に最新のものになったというつもりはない。大幅に手を加えたところは，この10年ほどの間に長足の進歩を遂げた，知識の獲得に関する章と運動学習に関する章である。ここで筆者は，かつてのメンターであったスタンフォード大学のゴードン・H・バウアー教授，研究上の同僚であるロバート・A・ビヨルク博士（UCLA），そしてウォルター・キンチュ博士（コロラド大学ボルター校）にいろいろお世話になったことを記しておきたい。3氏の著書や個人的な話し合いを通して，本書を構成する章や節に磨きをかけることができた。ドイツ語版第2版の英語版初版の発行というアイデアを出してくださったキンチュ博士に深甚の謝意を表したい。

　また，筆者のホームタウンであるバーゼルとニューヨークの間の連絡を受けもってくださったイルメラ・エルケンブレヒト女史と，すばらしい専門的能力と忍耐力で英訳の労をとってくださったジョセフ・スミス氏に衷心より感謝申し上げる。

　この英訳版が，ドイツ語版同様，多くの読者を得ることができ，「学習」について学ぶことの楽しみを分かち合う一助になるなら，これにまさる喜びはない。

目　次

日本語版への序文　　i

ドイツ語版第2版に基づく英語版への序文　　iv

序　章　本書のねらい　　1

第1章　白衣に対する恐怖——古典的条件づけ　……………………6

　　1.1　はじめに　　6

　　1.2　古典的条件づけ——パブロフの発見　　6

　　1.3　情動の古典的条件づけ　　7

　　　　場面例／初歩的な行動としての恐怖反応／複雑な日常場面での刺激の選択／本章の例における条件づけの起源

　　1.4　情動の条件づけについての古典的実験——アルバートのケース　　10

　　　　日常生活との比較

　　1.5　引き金となる刺激場面の拡張　　12

　　　　刺激代替と高次条件づけ／刺激般化

　　1.6　条件反応の消去　　14

　　1.7　刺激の主観的解釈の意味　　14

　　1.8　さらなる学習過程　　15

　　　　内面状態の言語化／もうひとつの条件づけ——道具的条件づけ

　　この章のポイント　　16

第2章　学習された心臓発作とは？——消去の問題　………………18

　　2.1　はじめに　　18

　　2.2　論議の前提　　18

　　2.3　ここでの学習場面——認知心理学的視点から　　19

　　　　刺激般化

　　2.4　消去の複雑なプロセス　　20

　　　　刺激場面に対する反応の視点を変える／条件反応のさまざまなレベル／消去の結果

　　この章のポイント　　24

第3章 だらしない子の変身——新しい習慣へのシグナル ………… 25

- 3.1 はじめに　25
- 3.2 習慣，信号，および強化の効果　25
  - 場面例／分析
- 3.3 効果的な新しい信号と強化のさまざまな解釈　27
- 3.4 新たに学習された反応の安定化　28
- 3.5 古い習慣をあらためること　29
- この章のポイント　31

第4章 トラブルメーカー・マイケル ——オペラント条件づけと社会認知的学習 ………………… 33

- 4.1 はじめに　33
- 4.2 授業の場面　33
- 4.3 オペラント条件づけ——興味の範囲内での強化　34
- 4.4 強化の正しい場所と間違った場所　35
- 4.5 望ましくない行動の消去　36
- 4.6 さまざまな場面に行動を適応させること——弁別学習　36
- 4.7 望ましくない行動に代わる選択肢を与えること——新しい行動の形成　37
- 4.8 情動的反応　38
- 4.9 自己制御　40
- 4.10 強化スケジュールとそれぞれの効果　40
  - 連続強化（continual reinforcement）／間欠強化（intermittent reinforcement）／ランダム随伴性と迷信的行動／日常場面と教室場面における強化プログラム
- 4.11 嫌悪刺激——罰　44
- 4.12 観察と模倣による学習　46
- 4.13 1つの授業のなかで機能する学習プロセスの多様性　47
- この章のポイント　49

第5章 「待つこと」と「なしですますこと」の学習 ——衝動と行動の制御 ……………………………………… 51

- 5.1　はじめに　51
- 5.2　行為の結果とその強化的効果　52
- 5.3　母親はどのようにして学習を制御できるか――ほかに考えられる可能性　54

　　消去／罰／罰のモデリング効果

- 5.4　衝動と行動を制御するためのプランの学習　60

　　衝動と行動の効率的制御の構成要素／この先の検討事項

- 5.5　衝動・行動制御プランの学習における中心的領域　61

　　1　望ましくない行動・衝動の抑圧――「なしですます」ことの学習　61

　　　言語的行動調整／母親のモデリング効果／自分の行動の制御を強化する方法

　　2　おもな活動への焦点化――プランがあるための順調なショッピング　63

　　　モデリング／子どもの活動――認知的学習のための刺激づけ／言語的自己制御

　　3　誘因と報酬の役割――目標と目標イメージ　66

　　　目標設定とモデルとしての母親（再考）／望ましい行動の強化――1つの認知的解釈／実験的研究の諸結果

　　4　予防的対策　67

- 5.6　包括的行動プランの一部としての行動制御　68

　　この節のポイント概要／全般的枠組みとしてのアクション・プラン

この章のポイント　69

第6章　向社会的行動の学習
　　――社会認知的プロセスと社会的価値システムの獲得　71

- 6.1　はじめに　71
- 6.2　新しいタイプの罰――「タイムアウト」（time-out）　71
- 6.3　「親身の説明」（Affective Explanation）の重要性　72
- 6.4　共感することの学習　74
- 6.5　社会的コンテクストにおける期待と価値体系の構築　75
- 6.6　もう1つの説明　76

6.7　観察学習　77
　　　実験から得られた知見／観察学習のための諸条件

この章のポイント　79

第7章　テスト不安克服の道——「脱感作法」を超えて …………… 81

7.1　はじめに　81

7.2　テスト不安という現象　81
　　　テスト不安の構成成分／テスト不安の強度を決める諸要因

7.3　テスト不安につながる学習プロセス　84
　　　行動主義的解釈の不十分さ／モデルからの学習と能力の自己査定

7.4　対抗条件づけと脱感作によるテスト不安の低減　87
　　　不安を誘起する刺激場面についての探索／対抗条件づけと体系的脱感作

7.5　脱感作を超えて——不安対処の認知的側面　91
　　　準備的（予期的）段階の学習プロセス／直面的段階の学習過程／部分的成功を得るための賢い方略

この章のポイント　96

第8章　グループリーダーのストレス対処学習
　　——認知的な行動訓練と行為調節的認知の発達 ……………… 98

8.1　はじめに　98

8.2　主観的解釈の結果としてのストレス　99
　　　場面例／解釈された刺激がストレッサーとなる

8.3　ストレスの諸特性　100
　　　感情レベルのストレス反応／生理的レベルでのストレス反応／行動レベルおよび認知レベルでのストレス反応

8.4　ストレス対処行動のさまざまな選択肢の学習　102
　　　行動の遅延と言語的自己教示による行動調節／社会的場面全体についての正しい表象または心的モデルを通しての行動制御／自分の役割と視点の分析——視点の変化と役割取得／自分の動作と観察学習（モデリング）を通しての行動調節的認知の確立

8.5　ストレス対処の必要条件——自分の感情と向き合うことの学習　108
　　　行動レベルと認知レベルにおける反応——再考／生理的反応および（と

くに）感情的反応／怒りの操縦術としての「私は……」メッセージによる感情表現

 8.6 自己強化の必要性 109
  リーダーの立場——割って入る勇気をもつこと

 8.7 学習された行動をより大きな構造へ統合すること 111

 この章のポイント 112

第9章　中高生の学習性無力感——非随伴性と原因帰属 …………… 114

 9.1 はじめに 114

 9.2 場面の具体例 114

 9.3 強化の複雑なメカニズム 115

 9.4 複雑な随伴性学習 115

 9.5 学習性無力感はどのように形成されるか 116
  非随伴性の意識化と結果の非制御性の発見／原因帰属／ネガティブな予想の台頭／予測の結末——学習性無力感とその症状

 9.6 学習性無力感をどう解除するか 119
  失敗の原因帰属を外部の非安定的・特殊個別的要因にシフトすること／認知的・動機的欠陥を減らす／認知的欠陥を低減させる際の社会的相互作用の役割／情緒的ストレス（落ち込み）の軽減／そのほかの要因

 この章のポイント 125

第10章　挿し絵入りテキスト文からの学習
   ——メンタルモデルの構築 ………………………………………… 127

 10.1 はじめに 127

 10.2 例としての基礎経済学のテキスト（学習目標を含む） 128
  学習の目標

 10.3 テキスト文を理解すること 131
  「総合による分析」としてのテキスト文理解／テキスト文理解についてのスキーマ理論的説明／意味の単位（命題）の追加としてテキスト文の理解／全体論的メンタルモデルの構築としてのテキスト文理解

 10.4 テキスト文からの学習について 141
  メンタルモデルの変容としての学習——スキーマの調節，分化，再構成，および再結合

 10.5 図の読み取りとメンタルモデルへの統合のしかた 145

10.6 テキスト文からの知識習得における具体的なプロセス　150
　　　　精緻化プロセス／縮減化プロセス／貯蔵と検索／メタ認知プロセス

この章のポイント　157

第11章　語彙の学習——自己制御的・適応的学習 ……………………… 161

11.1 はじめに　161

11.2 何が学習されるのか？　162
　　　　1つの典型的なテキストブック

11.3 手がかり再生の学習　163
　　　　対連合学習とは？／連想を超えて／クリブまたはペグワード記憶／反復による精緻化の可能性／シンメトリーと母語の手がかりからの分離

11.4 適応的・自己方向づけ学習——Sから始まる7つの学習　170

11.5 検索手がかりの内面化（internalization）　174

11.6 1回の試行で学習できる情報の量——まだ疑問の残るいくつかの解答　175

11.7 系統的意味的精緻化による長期保持　177

この章のポイント　181

第12章　数えることの学習
　　　——数のネットワークの構築　ピアジェの発生的認識論を超えて ……… 183

12.1 はじめに　183

12.2 9 × 8 = 72，それとも74？　184

12.3 授業についてのT先生の考え——数えることの学習の基礎としての連合の輪　185

12.4 連合の輪だけでは十分でない　187

12.5 算数的操作とその行動的基礎　187

12.6 算数的操作のシステム性　188
　　　　概念体系と意味的ネットワーク／数的ネットワーク

12.7 一貫性のある数的ネットワークの構築　190
　　　　授業に有益な概念／自然数の反復（iteration）／2倍にする・半分にする／基本的構成プロセス

12.8 （数的ネットワークの）認知的構築と個々の学習者の自律性　194

12.9　初歩的な乗法ネットワークの構築　　196
　　　　数的ネットワークの構築とそのパスの自動化／練習と強化／数的ネットワークの構築は実際に経済的で有益と言えるか？
　この章のポイント　　203

第*13*章　タクシー運転手の地理概念――認知地図の構築……………… 205
　13.1　はじめに　　205
　13.2　環境学習，場所学習，町中を回ることの学習　　205
　13.3　心理学的トピックとしての認知地図　　206
　　　　初期の研究
　13.4　所産としての認知地図　　208
　　　　空間的知識と非空間的知識／ＣＭの要素間の空間関係
　13.5　認知地図の構築　　212
　　　　道標の学習／ルートの学習／測地的知識（Survery knowledge）の構築／ＣＭは直写型（analog）表象か？
　13.6　ふたたび――単純な連合学習を超えて　　220
　この章のポイント　　221

第*14*章　マッチ棒ゲーム――ゲシュタルト理論または洞察的学習 ……… 222
　14.1　はじめに　　222
　14.2　試行錯誤，仮説とルール，当て推量的帰納　　223
　　　　ゲームのプロトコル／選択された手順の分析
　14.3　洞察と理解に至る道　　229
　　　　見通しのない帰納から数的省察へ／数的省察から構造的省察へ／構造的省察とその転移可能性／暗記学習 vs 洞察／理解
　14.4　再構造化，力動的システムの構築および洞察　　234
　この章のポイント　　235

引用・参考文献　　237
人名索引　　251
事項索引　　255
訳者あとがき　　261

序章

本書のねらい

　「学習」に関してはすでに多くの書物があるにもかかわらず，さらに本書の出版を企図したことについては若干の説明が必要であろう。筆者が本書に期するところは，本書を読むことによって，学習心理学の基本的用語が具体的事例に即して理解されるとともに，過去100年ほどの間に学習心理学的研究が集積してきた理論的知識についての理解も得られ，読者1人ひとりがその理論的知識を駆使して，日常生活場面における「学習」現象を分析的に理解できるようになることである。要するに本書の目的は，実験室的研究に基づく学習理論の応用（と拡張）の可能性について考えてみることである（Bower & Hilgard, 1981 参照）。

　学習理論の見晴らし台から日常的場面を吟味してみることによって，そうした通常の諸活動がいかに複雑なものであるかが，ただちに理解できるであろうし，人間の行動をただひとつの学習理論で説明することなど，事実上不可能であることが認識されるであろう。多くの場合，認知的な観点から見ることによって解釈にまとまりがつくことがはっきりしてくるであろう。

　本書では日常生活のなかから選ばれた14のケースを扱っている。それらのケースを選んだ理由は，本書のねらいが，学習心理学の諸理論を現時点で可能なかぎり，詳細かつ幅広く提示することにあるからである。ここで，これら14のケースを章ごとに見れば，第1章は条件づけによる恐怖の消去およびその連合反応について考察したものであり，第2章は望ましくない習慣の学習解除（unlearning）と望ましい習慣の学習という問題をテーマとしている。これらの章での議論を通して，私たちは，行動主義的理論で説明できそうな問題もかなりあるにしても，やはり相当の修正が必要であり，認知的観点からの考察が欠かせないことを知るであろう。

　この点をふまえて，第3章と第5章では強化（reinforcement）の問題をさまざまな視点から，とくに認知的観点から詳細に検討している。ここで，本書発行のひとつのおもな意図，すなわち学習心理学の歴史をたどりながら，ほかのより新しい解釈の可能性を絶えず探り続けていこうとするもくろみが明らかになるであろう。つまり，私たちのねらいは，古い理論を信用なしと退けてしまうことで

はなく，逆に，現代の認知的学習理論に照らして，どう位置づけられるかを考えてみることである。

第5章から第9章までの部分は，この点をさらに明確に例示している。そこで取り上げた5つの例は，行動がどのようにして成立するか，それは単純なS-R連鎖によって簡単に説明できるようなものではなく，調節機能をもつ，包括的な行動のプラン（すなわち思考システム）の構築でもあることを示している。これらの例の多くは，それまでの例に比べて，社会的環境における学習により大きな比重を置いている。すなわち，子どもたちは待つことの学習，または，なしですますこと（to do without）の学習をしなければならないし，自分の行動を制御し，より大きな社会に参加することを学ばなければならない。また，人を助けることや向社会的行動を学習するためにも，行動調整的思考システムを構築しなければならない。この点は，管理職の人たちのストレス対処法の学習という問題において，最も鮮明に示されるであろう。行動を制御する認知システムをつくり上げることは，目の前の社会的場面全体についての表象を新たにつくり出すとともに，自分の感情と向き合うことを意味する。

第7章と第9章は，これらの章のなかでも特別の役割を担っている。すなわち，そこでは私たちがいかにして個人的問題（personal problems）を処理するかというテーマについて論じている。第7章での例は，テスト不安の問題であり，第9章での例は，学校でむずかしい課題を学習する際の失敗や無力感の問題である。これらふたつの場面への対処（およびそれに起因するストレスへの対処）に必要な方略は，行動主義的学習理論の枠組み（すなわち単純な強化のメカニズム）でとらえきれるものではない（とらえ得たとしても，それはごく一部でしかない）。やはり認知的モデルが欠かせないのである。

各章で，本書で提唱する学習心理学がめざすもの，すなわち内容面の差違の大きさにかかわらず，行動の確立という面で高い類似性を示す力動的な思考のシステムの形成，という問題がより明確になるはずである。ここでの焦点は，私たち人間が扱い得る点まで知識を圧縮する形で，要素となるものをより高い次元の要素と結合すること，換言すれば，人間の情報処理システムや人間の記憶とその限られたキャパシティに対応するような方式（format）を創造することに置かれている。ここで強調されていることは思考システムの構築（それは，意味的・数量的・空間的ネットワークとかメンタルモデル，思考システムまたは操作システムなど，いろいろな呼び名で呼ばれることもあるが）であり，とりわけ，意のままに拡大，修正，分化，圧縮，展開され，学習の行為のただなかで探索され，問い直されるような階層構造をもつシステムの構築ということである。

上述のことはすべて，ある人が文章やイラストからの知識に基づいて線画を描

く学習をしている場合であろうが，外国語の学習に精を出している場合であろうが，例外なく当てはまることである。

　第14章ではマッチ棒課題を取り上げているが，これは「陸に上がった魚」の感を与えるかもしれない。しかし，ここで紹介されている学習理論を提唱したゲシュタルト心理学は，現代の認知心理学の最も重要な先駆者であって，本書でも正当な扱いを受けてしかるべきである。

　最初のいくつかの章で紹介されている学習活動の多くは，外からの働きかけを受けた比較的単純な条件づけのプロセスである。親や教師やそのほかの人々は条件づけの方法を取り入れることがあり，ある場面では確かにその有効性が認められよう。他方，いわゆるより高次のプロセスは，はるかに多くの努力を要する。そうしたプロセスは，一群の基準に従わねばならず，特定の場面の細密な評価に基づいて展開される。すなわち，高次の学習活動は非常に複雑であり，定式化された方法ではなく発見学習的（heuristic）方法を必要とし，結果の出方については一定の不確実さがあり，そのためにまた，いろいろな違った解法に導くものとなっている（Resnick, 1987）。基礎的な学習のプロセスはS‐R結合によって十分説明できるのに対して，高次の学習プロセスは意味のある内容に対して新たな意味を付与するという特徴をもっている。ここであらためて，本書の目的をただ一文で述べるとしたら，上述のような基礎的学習活動と高次レベルの学習活動のそれぞれの特徴に照らして，日常場面での学習活動の複雑さについて理解すること，ということになろう。

　さて，本書で取り上げた14のケースのうち，4つは家族の場面から取られたものであり（第1，3，5，6章），3つは学校場面（第4，11，12章），次の4つは個人的スキルの獲得という分野（自己管理の改善または精神衛生と言ってもよい）に属し（第2，7，8，9章），続く3つのケースは知的能力の獲得という問題を扱っている（第10，13，14章）。

　各章には冒頭に「はじめに」を設けているが，それは各章の内容の要点を簡潔に述べて，読者の既有の知識につなげようとするものである。人は常に，たとえまったく新しい領域にふみ入る場合でも，何ほどかの知識をもっている。オースベル（Ausubel, 1968）の「先行オーガナイザー」（advance organizers）という用語には，この意味が込められている。各章の「はじめに」では，読者がそれに気づいたり，ただちに理解することを期待しているわけではないが，最も重要な用語があげられている。本書のねらいは，読者がそれぞれに，自分では何に用心すべきかについてわかるようになること，つまり，理解の最終段階にたどり着くのを手助けすることである。各章で述べられる場面について，読者が文字通り想像をたくましくし，前もって自分自身で問題をたててみることはきわめて有益で

あろう。

　各章の終わりに「この章のポイント」がついているが，これは各章の最も重要な学習心理学的事実を要約したものである。各章の全体をざっとふり返り，読者自身の記憶を助け，読者自身の結論との比較を可能にするものであって，たいへん有効なフィードバックの役を果たすであろう。

　いくつかのテーマは本書全体を通してくり返し論じられるが，それはそれなりの理由によるものである。同じ概念がくり返し出てくることによって，その情報の定着が可能になろう。その1例がモデリングによる学習の理論（Bandura, 1977）である。筆者の意見では，学習とは（散文的テキスト文の学習であってさえも）反復なしには成功しないと考えられ，反復は，とくに情報が少し違った手順と形でくり返されるときには，古くさい学習法と片づけてしまうことはできないという立場である。

　いくつかの章は，よりよい学習または最適な学習のための最良の条件は何か，という問題についての考察を含んでいる。とくに，知識の転移がベストの形で生じるような最適な授業（teaching）の条件は何かという問題との関連では，このトピックについての考察が不可避である。こうした考察は，学習について論述する際の教育的または教授学的関連性を明確にする。しかし，本書のおもな目的は教授／学習条件の最適化の問題を扱うことではなく，表題が示すように学習プロセスそのものに焦点が当てられている。

　本書ではところどころで，明らかに発達的な領域において学習の問題が扱われている。これは避け得ないことである。結局のところ，学習は主体のそれぞれの発達段階に直接依拠しており，私たちが学習と呼ぶところのものは，少なくとも部分的には，学習プロセスの影響を受けている。そのため，時に，発達はすべての成功した学習プロセスの総和と考えられることがある。しかし，これはいくぶん単純な見方であり，生活体（organism）の成熟の面を見落としている。発達心理学の知見は確かにここでも関連性をもつが，発達心理学について展望することは本書の意図ではない。

　筆者は，動機づけや認知心理学についての詳細な考察を，ここに示そうなどとはけっして考えてはいないが，双方の領域は頻繁にふれられるであろうし，またふれられるべきである。というのも，高次の学習プロセスについて語られることの多くは，認知理論の一部であるからである。しかし，ここで双方の研究領域の最新の成果を提示するゆとりはないので，それぞれの専門領域から直接得ていただきたい。

　さて，本書は，学習理論に関する授業のテキストとして使われることを想定している。きめ細かい個別指導が可能は場合は入門的テキストとして用いることも

できようし（たとえば，学部段階の授業や教師教育，あるいは社会的専門職コースの授業などで），より高いレベル，たとえば学習心理学の最新の知見についての討論の基礎，あるいは学習についての古典的仕組みや応用的側面に関する討論の基礎として用いることもできるであろう。本書に見る教授学的概念を，それ自体として読み進めることも可能である。しかし本書は，親や教師あるいは管理職のための実践的ハウツーものになることを意図してつくられたものではない。

第*1*章

白衣に対する恐怖／古典的条件づけ

1.1 はじめに

　本章では，小さい子どもがどのようにして白衣に対する恐怖を感じるようになるのかを，順序立てて詳しく見ていくことにする。私たちは，元来は中性的であった環境刺激が，いかにして行動の引き金となるに至るか——そして（白衣に）条件づけられるという言葉が何を意味するのか——について学ぶことになろう。本章のキー概念は，**無条件刺激**，**無条件反応**，**中性刺激**，**条件刺激**，および**条件反応**などである。さらに，**刺激般化**と**刺激代用**も重要な用語である。
　古典的条件づけというテーマは，私たちを学習理論研究の黎明期，すなわち20世紀の最初の四半世紀へとさかのぼらせる。当時の理論は，その解釈力の面で限界があるとはいうものの，今日においてもなお，多くの行動パターンを説明することができる。

1.2 古典的条件づけ——パブロフの発見

　ロシアの神経生理研究者，イワン・P・パブロフ（1849 - 1936）は，彼の犬が食べもの（肉粉）を与えるたびに唾液を分泌することに気づいた。そこで彼は，エサを与えるのに合わせて，ベルの音を聞かせるということを数回くり返してみた。ベルの音はエサが出される0.5秒前に鳴らされた。その結果，犬たちはエサを与えられなくても，ベルの音を聞くだけで唾液を出すことを学習した。これは，つまり基礎的な古典的条件づけのメカニズムである。すなわち，ある刺激が原因で生じた１つの**基本的反応**（この場合，唾液分泌という生得的**反射**）が，やがて，それまで**中性刺激**（この場合，ベル音）であった一定の条件下で呼び起こされたのである（Pavlov, 1927, 1928）。
　では，**実験室の外**の実際生活の場面ではどうであろうか。

1.3 情動の古典的条件づけ

◆場面例

1人の若い母親が18か月くらいの子どもをひざに乗せ，眼科医の待合室で座っている．前回の診察で，その子は涙管の洗浄をした．今日の診察は前回の治療のチェックだけである．しかし，子どもはいつもより落ち着きがなく，母親は彼をなだめようと，お話を聞かせたりしている．助手の人が部屋に入ると，子どもはすぐに泣きわめきだした．これは，その助手が部屋に入ってきたことで生じた，新しい刺激場面に対するその子の反応である（子どもがその助手と顔を合わせるのは，このときが初めてである）．この反応は明白である．それは**強い情動**，つまり，何かに対する**恐れ**（fear）の表現であり，何ものかに面したときの完全な**恐怖**（horror）である．特徴のある刺激は，特徴のある反応を引き起こすのである．

◆初歩的な行動としての恐怖反応

恐怖は非常に基本的な，人間の初期の感情に属する．恐怖は，3–6か月の間に，**不快**（distress）と呼ばれる共通の初期形態から，**怒りやためらい**（reluctance）とともに発達する．その不快は，**より一般的な興奮状態**から派生したものである（Allport, 1961; Bridges, 1932による）．この反応は，人間が自由にできる最も基本的で自然な行動手段に属し，生得的な行動レパートリーの一部である．

私たちがここできわめて**基本的で自然な行動形式**を扱っているということは，古典的条件づけについて考える場合，とても大切なことである．なぜなら，こうした行動は，新しい刺激によって呼び起こされるような，**基本行動形式**（たとえば唾液分泌のような反射）が**すでに存在する**場合にのみ観察されるものだからである．

だが，（上述の例に関して）ただちに感じられる単純な疑問として，その子を泣きわめかせることになった刺激は，いったい，なんだったのか，ということがある．事実は，私たちにはほんとうのところはよくわからない！　ただ言えることは，助手の人の出現により，その**刺激場面**全体がさまざまな面で変わったということである．助手は1個の複雑な視覚刺激である．その人は白衣を着ていて，ある種のプロポーションの頭をしており，いろいろなからだの動きを見せ，自分のほうへ向かってくることもする．そして，この人物は聴覚的な刺激源でもある．

◆複雑な日常場面での刺激の選択

ここで扱っている場面は，パブロフの実験室での場面よりもはるかに複雑である．この刺激場面の**どの部分**がその子の恐怖反応を引き起こしたかは，厳密には

わからない。今世紀初期の学習理論家たちもこの問題に関心を寄せていた。彼らは，日常生活で生じる**個々の単純な刺激**が，はっきりした形で一定の反応を引き起こすことがあっても，それはごくまれであることを観察していた。学習理論家のひとり，ガスリー（Edwin R. Guthrie, 1886-1959）は，日常的刺激場面の複雑さをよく認識しており，生活体がいかに活発に一定の刺激を選択するか，すなわち，生活体が経験するものが反応のしかたのシグナルになる過程，について語っている（Guthrie, 1959, p.186）。換言すれば，ある反応を刺激するのは，その場面全体ではなく，その人がその場面から何を得たかによるのである。それがシグナルであり，そのシグナルが反応を呼び起こすのである。

1931年という早い時期に，もうひとりのアメリカの学習理論家，ソーンダイク（Edward L. Thorndike, 1874-1949）は学習の原理と法則を定式化した。そのひとつは，**一定の場面での刺激の相対的優位性**（めだちやすさ）（differential salience）について言及している。これらの原理のひとつと相関関係にある原理が**要素の優位性**に関するものである（Bower & Hilgard, 1981, p. 27参照）。つまり，学習者は，その刺激場面の特定の（すなわち，とくに優勢でめだつ）要素に対して選択的に反応するのである。場面の顕著な特徴は，そのまま，とらえられる対象として，生活体の前に立ち現われる。しかし，ソーンダイクの理論（1931）とガスリーの理論との間には，ひとつの重要な違いがある。ソーンダイクの考えでは，顕著な特徴というものは，ほかの状態では受動的な生活体の前に，それ自身を現わす（現われることを強いる）。

他方，ガスリーは，その場面のとらえられるべき要素に対する**生活体の能動性**について語っている。ガスリーは，能動的な生活体に対して，それぞれの刺激場面の特徴に対応する特別な位置を付与したのである。しかしガスリーは，そのような特徴について，それ以上詳細に述べていないし，ある場面の同一の部分が違った人にとっては，違った意味をもつのかどうか（したがって，非常に違った反応を引き起こすのかどうか）についてもふれていない。

パブロフの条件づけ理論も，ソーンダイクやガスリーのような初期の行動主義者の理論も，特定の場面における刺激要素の選択に関して，正確な予測を保障してくれるものではない。その目的のためには，人がある刺激要素に注意を向けるようになるのは，どのようなしかたにおいてか，という問題を説明してくれるような理論が必要である。それが，後続の諸章で私たちの手引きをしてくれる，**より新しい認知心理学理論**である（Neisser, 1967, 1976; Eysenck & Keane, 1990参照）。

◆本章の例における条件づけの起源

　本章の例の子どもは以前，涙管の洗浄をしているが，このことが**刺激**となって，その子にとっては自然の行動パターンで反応を示した。すなわち，彼は頭の向きを変え，後ずさりし，足をふみ鳴らし，ワーワー泣いた。この子はこんなふうに反応することを**学習**したわけではない。こうした反応は最も基本的な，生物学的に基礎づけられた手持ちの反応なのである。私たちに考えられることは，ただ，前回の処置が生得的な反射を活性化させたということである。新しいことと言えば，**助手の姿を見た**ことに対してこの子が反応したという事実であるが，このことは助手がまだ**中性刺激**であった初診時には起こらなかったことである。

　ここで考えられることは，初診で来ている間に，その場に存在する数多くの刺激のなかから，ある刺激（たとえば医師の白衣）がつくり出され，治療が原因となって生じた反射と結合することになったということである。実際のところ，その刺激は，たとえばその医師の眼鏡など，ほかのどの刺激でもよかったであろう。しかし，その刺激場面全体のなかにあって，白衣が部分的刺激となって，**同じとき，同じ場所**で起こる反射と連合し，以後，もともとの刺激である治療が行なわれない場合でさえも，その反射を引き出す刺激となったのであろう。白衣はいまや，医師以外の人のものであっても，その子を泣かせる原因となったのである。

$$UCS - UCR - CS - CR$$

　くり返しになるが，最初，ある刺激がその子のからだの一部（この場合，目）の上に作用し，それが引き金となって反射が起こった。この刺激は**無条件刺激**（UCS）と呼ばれ，その子の「泣き」という**無条件反応**（UCR）を引き起こした。以後は，本来は**中性**であったほかの刺激も同じ反応を引き起こすであろう。いまや引き金となったこの刺激（この子の注意をひいたのは白衣であると考えられるが）は**条件刺激**（CS）と呼ばれ，その子の泣き叫ぶ反応は**条件反応**（CR）と呼ばれる。この関係を図式的に表わせば，次のようになる。

　　　白衣（中性刺激）　　→　　定位反応
　　　涙管治療（UCS）　　→　　泣く（UCR）
　　　白衣，治療　　　　　→　　泣く
　　　白衣（CS）　　　　　→　　泣く（CR）

　医師のオフィスには，その医師や白衣以外にも，いちいちあげることはできないが，条件刺激になり得る特徴はほかにもある。後々，その子の泣きの原因となるのは**白衣だけでなく**，そのオフィスの環境の特定の部分も含まれるということは，母親が白いものを着ていても（たとえば子どものからだを洗うときなど），

その子は同じように泣き出すわけではないことを見てもわかるであろう。白衣とその場のほかの諸特徴は、もともと中性の刺激場面の一部であるが、涙管の治療と連合することにより、その子にとっては、その場面全体を代表するものとなり、その子の条件反応（泣き）に対する条件刺激となったのである。

　この学習過程、すなわち、子どもが新しい刺激を引き金として、それに対して反射的反応（泣き）を示すことを学ぶ過程は、パブロフ流の**古典的条件づけ**の本質である。ここで私たちが扱っているのは、一時的（過渡的）な神経結合についての基本的には生物学的な理論である。条件刺激がその引き金としての機能を失う過程については、後に考察する。

　パブロフは後に、反射的反応のほかに、条件刺激として言葉の領域（いわゆる第2次信号系）をその理論のなかに入れた。

　ここで問題にしている学習場面に、認知論的立場からアプローチするならば、その学習を行なっている人の**心理的過程**をより正確に記述できるであろう。認知論的に見れば、この子は治療の痛みを意識的に経験しており、白衣が迫りくる痛みの信号となっていること、つまり、その痛みは**予想されており**、その認知過程は恐怖をともなっている、と考えられる。

1.4　情動の条件づけについての古典的実験——アルバートのケース

　前述の子どもで観察されたような情動反応やその解発過程の問題は、ごく初期の学習心理学の主題であった。その1例は、ワトソンとレイナー（Watson & Rayner, 1920）による「小さなアルバート」に関する実験である。これは心理学史のなかでもあまりにも有名な実験であり、多くの点で本章での例にとっては強く興味をひかれる実験的証拠であるので、ここで、それについていっしょに考えてみることにしたい。

　ワトソンとレイナーは恐怖や怒りや愛情など、最も重要な（彼らの意見では）非学習性の（すなわち生得的な）情動の表出の源泉と存在について研究していた。ふたりにとって、ねたみや罪の意識はより精錬された情動の例であって、研究の対象とするつもりはなかった。彼らは、小さな子どもの情動は比較的単純な物理的手段によって解発されると考えた。たとえば、動ける範囲を制限しておもちゃに手が届かないようにした場合に、怒りが生じ、大きな音を聞かせると恐怖をおぼえるなど。

　ワトソンとレイナーが答えを求めていた疑問は、次の3つである。

1　赤ちゃんや幼児は、大きな恐ろしい音を出す特定の動物に対して恐怖を学

1.4 情動の条件づけについての古典的実験——アルバートのケース

習できるのか（条件づけが可能か）？
2 その種の恐怖は，他の動物または無生物に対しても転移可能か？
3 そうした条件性恐怖は，どれくらい長く持続するものなのか？

ワトソンらは，実験のために，当時生後9か月であったアルバートを選んだ。彼は健康で，機嫌のよい，過度に敏感でもない子どもであった（だれかが言ったように，彼が研究者自身の子だった，というようなことはない。Harris, 1979参照）。アルバートは，ネズミやウサギ，犬，猿とか綿棒，人間の仮面のどれに対しても，恐怖を示さなかった。それどころか，燃えている新聞紙さえ怖がらなかった。しかし，彼は大きな音に対しては明らかに恐怖を示した。

ワトソンらは，条件づけの実験を始める前に，まず，2か月間，アルバートの自然な反応と行動を観察した。最初，彼はネズミに対して積極的に反応した。つまり，ネズミは，刺激としては彼の行動になんらのネガティブな効果も及ぼさない**中性刺激**であった。大きな音に対する彼の反応も，ネガティブではあるが，中性的であった。ところが，彼のすぐうしろで，突然ハンマーで金属片をたたいて音を出すと，彼は大きな不安を示し，うしろに倒れかかり，手で顔をおおい（自分を守るため），そして泣き出した。この音は，身体的反応（うしろに倒れる）と情動反応，つまり出所のわからない大きな音への恐怖，の両方を解発させた刺激であった。このような反応は，自然な，**無条件反応**（UCR）と考えられる。

以後，アルバートがネズミ（以前は**中性刺激**であった）で遊んでいるとき，彼がそれにふれるたびに，実験者はハンマーで金属片を打ち鳴らし，大きな音をたてた。すなわち，彼らは**中性刺激**を**無条件刺激**（UCS）と組み合わせたのである。こうした2つの刺激の同時発生は，1週間の休止をはさんで2セッション，計7回くり返された。その結果として，ネズミだけ提示された場合でも，彼は恐怖反応を示すようになった。中性刺激は，いまや不安を引き起こす無条件刺激の効果をもつにいたったのである。つまり，ネズミが**条件刺激**（CS），アルバートの不安が**条件反応**（CR）となったのである。

◆日常生活との比較

ワトソンらの実験場面と，日常的場面である医師のオフィスでのできごとを比較すると，次のような疑問が起こる。すなわち，アルバートの実験の場合，確実に条件づけがなされるまでに，なぜ，ワトソンらは**7**回も刺激結合を行なわねばならなかったのか？ 医師のオフィスでの条件づけは，なぜ，ただ1度の訪問で生じたのか？ 条件刺激（ここでは白衣を考える）が，**無条件性**であっても非常に強い苦痛をともなう刺激と密接な形で連合すると，それがただ1度であったに

しても，刺激・反応の結合は生じる（いわゆる「1試行学習」）。私たちの考えでは，白衣への条件づけの場合，子どもが治療中に感じた苦痛は，アルバートが反応した大きな音よりも強烈であり，たぶん，より脅威的でさえあったのであろう。さらに，前者の場合は，たぶん，子どもの興奮レベルが非常に高く，そのため感じられた苦痛も非常に激しく，それが「1試行学習」を生じさせたものと思われる。他方，アルバートの実験場面での興奮水準は，その強度の点で明らかに低かった。

いずれにせよ，どちらの子どもも，白衣であれ，ネズミであれ，新しい刺激に合わせる反応を学習したのである。認知論的に言えば，これらの刺激は，そこで起ころうとしている何か（苦痛または大きな音）をさし示しているのである。換言すれば，どちらの子どもも，彼らの環境のなかに存在する**ものごとの間の関係**について何かを学習し，それに応じて反応したのである（Rescorla, 1988参照）。この点で，行動主義者なら，次のように批判的なコメントをするであろう。すなわち，その子どもたちの反応は，彼らの認知過程についてそれ以上知らなくても予測可能であり，条件反応のケースでは，来るべき事象についての予測は非合理的であり，なんらの実際生活の条件にも基づいていない，と言うであろう。

1.5　引き金となる刺激場面の拡張

◆刺激代替と高次条件づけ

本章での例となっている18か月の子どもの将来には，白衣に対する恐怖のほかにも，いろいろなものがあろう。彼は眼科医のオフィスのある建物が目に入ったり，オフィスへの入口にさしかかったりしたとたんに泣き出すかもしれない。たぶん，これからそのオフィスへ行こうとしていることを**言葉**で告げただけで，引き金となるのに十分であろう。

ではいったい，何が起こったのであろう？　まず，白衣が苦痛を生む刺激に取ってかわった（つまり，白衣が苦痛を生む刺激の代用物となった）。その後の通院を通じて，白衣を目にすることに先行して，オフィスのある建物を目にし，その結果，建物自体がその子の泣くという反応への刺激となったのである。こうして，条件刺激は，もう1つの刺激である建物によって取ってかわられたのである。この場合，その建物は2次的条件刺激になり，それに対応する学習は**2次条件づけ**と呼ばれる。しかも，さらに**高次の条件づけ**も可能である。このような刺激の反復代替は，パブロフによってさえも観察されている。すなわち彼の犬たちは，最初の条件づけが起こった後，ベル音だけでなく，廊下をやってくる研究者の足音が聞こえただけで，すぐ唾液を分泌するようになったのである。

このような代替は，だれしも経験することである。レストランのじょうずなイ

ラストの描かれたメニュー（イラストなど必要ないかもしれないが）を見ただけで，食べ物が来るかなり前でも，空腹なときは生つばが出るという体験をした人は少なくないであろう。これもまた，高次条件づけである。この場合，無条件刺激は口のなかの食べ物であり，1次条件づけは，その料理の名前とそれについての想像のなかにあり，2次条件づけは，それらの料理の説明書きとイラストである。刺激の次元が高くなればなるほど，条件反応は弱くなる。

刺激の反復代替というこの現象は，学習過程のなかに慎重に取り入れることができる。言葉は，元来無条件反応であった反応の引き金となる**代替刺激**として機能することがある。そうした**言語的刺激**に関して，パブロフは彼の第2次信号系（つまり言語）の理論のなかで，人間の条件反応とほかの動物のそれとの間には大きな違いがあることを指摘している。刺激およびそれと連合したシグナルは，それぞれの生活体に影響を及ぼす。それは，環境についての知覚や感情やアイデアであって，現実世界の**第1次信号系**であって，私たちが動物と共有するものである。それに対して，言語は，書き言葉であれ，話し言葉であれ，**人類固有の第2次信号系**である。パブロフによれば（1927, 1928），これらは信号の信号であるが，第1次信号系と同じ法則の規定を受ける。今日では，私たちはたぶん，言語のほかに交通信号や手話のような具体的または抽象的なシンボルが，第1次現実世界のシグナルとして機能していることを付け加えるかもしれない。

◆刺激般化

古典的条件づけにあっては，新しいことの学習は何もない。すなわち，**新しい行動は何もなく**，あるのはただ，**既存の反応と新しい解発刺激との間の結合**だけである。中性刺激と無条件刺激の組み合わせは，生活体の興奮水準を引き上げ，生活体は無条件刺激（エサ，騒音，苦痛など）の再現を予測して，それに対応する無条件反応（唾液分泌，恐怖など）で反応することを学習する。

このような場面は，生活体の一般的興奮水準を高めるので，最初の刺激と**類似の刺激**が引き金となって条件反応が起こることは驚くに当たらない。このように，理論的には，本章で例とした18か月の赤ちゃんが条件刺激場面とある程度似ているほかの場所（病院，保育所，行政庁舎など）でも，同じように反応するかもしれない。そうした反応は**刺激般化**の証拠となるものである。たとえば私たちは，アルバートが不安をもって反応したのは，ネズミに対してだけではなく，刺激般化の結果として，ウサギや短毛種の犬やアザラシの毛皮に対しても不安を示したことを知っている。

1.6 条件反応の消去

特定の条件刺激に対するある反応の条件づけが生じた後に，その無条件刺激がもはや存在しなくなったとしたら，その条件反応は**弱くなる**。もし，その条件刺激がそのまま提示され続ければ，その条件反応はさらにまれにしか生じなくなり，ついには完全に消えてしまうであろう。これが**消去**の現象であり，条件反応がなくなることである（この現象については第2章でより詳細に吟味するであろう）。

さて，眼科医のオフィスの子どものケースに話をもどそう。彼の恐怖を消去によってなくすことができるであろうか？　彼はこの行動を**ただ1度の事象**を通して学習したこと，UCSとUCRの結合は，非常に強いものであったことを思い出してほしい。彼の不安の消去は，複雑な刺激場面にあっては，またUCS（涙管の治療）がないなかでは，間違いなく1セッション以上要するであろう。つまり，白衣と対面することが1度ではすまないであろう。論理的には，それはあり得ることであるが，実際にはそれを実現することは，そんなに簡単ではない。その不安反応の消去に要する試行回数が，**その条件反応の強度の測度**となる。

アルバートの場合，条件反応を生じさせるために，大きな音とネズミにふれることとをカップリングする条件づけを，定期的にくり返さねばならなかった。しかしながら，いくつかのケースでは，無条件刺激の提示が長時間なかった後に条件刺激を提示してさえ，強い条件反応をもたらすことがある。

これがいわゆる**自発的回復**（spontaneous recovery）である。このような自発的回復に照らして考えると，次のように言えよう。すなわち，条件反応の消去というものは，実際は，その言葉が示唆するように，完全にその反応を根絶やしにしてしまうものではないということ，あるいは，それは単に失われたか忘れられたにすぎないということ，また，被験者の積極的な抑制の結果として再現するものではないということである（脳内のそれに対応する生理学的相関物の働きもある。Pavlov, 1927; Bower & Hilgard, 1981, p.49f. 参照）。

1.7 刺激の主観的解釈の意味

しかし，消去は子どもの不安を救う唯一の方法ではない（第7章と第8章ではさらに恐怖の概念を扱っている）。多くの母親は，こうした場面での対応のしかたを知っている。たとえば，腕のなかに抱いたり，なだめたりするであろうし，年長の子どもに対しては，事前に心の準備をさせるなどの方法を取るであろう。

母親によるこうした**予備的な****なだめ**が，実際にあとになって，医師のオフィスでの子どもの不安を軽減することは，条件づけの古典的理論のなかでは予見され

ていなかったし，少なくとも第1次信号系のレベルの問題ではない．認知論的に言えば，母親の事前の言葉によるなだめのゆえに，その子が最初に来たときとは違った形でその医師のオフィスのなかの刺激を知覚し，処理することができる．このように，その子の不安反応を引き起こしたのは，中枢神経系内の**自動的な刺激統制的情報処理**ではなく，むしろ，その場面についての，その子の**主観的解釈**であり，それは，その子が少なくとも部分的にしろコントロールできる複雑な認識過程に基づいている．そして，母親との準備的な話の間に始まるのが，こうした認知過程である．このことは，子どもの行動と学習経験を説明する際の言語的・認知的過程の重要性をさし示すものである．

1.8 さらなる学習過程

◆内面状態の言語化

言語的手段の使用は，認知心理研究者たちが最近になって注目し始めた問題ではない．スキナー（B. F. Skinner）ですら，その重要性について指摘していた（Bower & Hilgard, 1981, p.169f. 参照）．しかし，もし子どもが言語的に影響を受けるというのであれば，彼は，たとえば母親が「きょうは痛くないでしょう」と言った場合に，その言葉を理解できなければならない．この母親の言葉は，子どもの**内面状態**（以前に受けた苦痛）に向けられたものである．その子が母親の言うことを理解できるということは，彼が内面状態を言語化することを学習しているということ，あるいは少なくとも母親の意味することが理解できるということを前提としている．子どもは，オフィスへ行く前でも，行ったときでも，このことをすることができる．つまり，母親は子どもを言葉でなぐさめたり，注意深く，子どもの頭をきつく彼女のからだに押しつけるのではなく，軽くさすったり，抱擁したり，「さあ，だいじょうぶよ」などと，絶えず彼に話しかけながら，必要なことをしてやるであろう．こうして，子どもは何が痛いことなのかを学習し，その感覚が痛みと呼ばれるものであることを学習する．

同様に，子どもは，怖い感情が怖いという言葉で呼ばれることを学習する．「きょうは怖がることなんかないわよ」などという言い方は，子どもの反応に関わる言葉であり（「痛くないでしょうよ」という言い方は刺激について言う言葉である），彼が抱いた怖い感情が恐怖と呼ばれるものであることを，彼が理解するのを手助けする．私たちが他者のオープンな行動を正確に記述できるのに対して，感情などの**内面状態**を記述するための語が，いかに不正確で未分化であるかに注目することは興味深い．さまざまな感情レベル（痛みとの関連で）を記述する私たちの方法はごく限られており，痛みの位置を探るのもせいぜい雑な推測

ゲームにすぎない。しかし，どの子どもにとっても，自分の内面状態について話すことの学習は，重要なステップである。第8章は，おとなはどのようにして自分の感情や内面状態を処理するかの問題を扱っているが，ここで扱っている学習過程がおとな時代まで及ぶものであることがわかるであろう。

◆もうひとつの条件づけ——道具的条件づけ

ではなぜ，歯科医院に行ったあの子は泣き出したのであろうか？ この反応は，まず間違いなく，非意図的な反射様の反応である。たぶん，彼は以前の学習経験に基づいて，自分がこれから対面しなければならない（不快な）場面に変化をもたらすために，この特定の場面で「泣き」という手段を使ったのであろう。おそらく，彼は以前に，そうした状況下では，泣くことが自分が望む反応を引き起こす最良のチャンスであるということ，つまり，環境の**コントロール**はこのような形でも可能だということ，を学習していたのであろう。

私たちは普通，子どもがある行動を示したとき，それはその子にある種の意志があると考える。あるいは，その子の行動は心のなかに一定の目的をもっているとか，その子はそれらの行動が満足のいく，もしくは快適な最終状態へつながるものであれば，これらの行動を学習し把持するであろうと，私たちは考える。初期の行動主義的学習理論家たちも，一定の刺激と反応間の結合は，反応の**結果**が快適な状態である場合に，最もよく学習されると考えていた。ただし，彼らは，客観性を追求するあまり，記述されたり仮定されたりした経験に言及することはなかった。たとえば彼らは，のどの渇きを判断する測度として，最後に飲み物を飲んだときからの時間を使ったり，満足のいく状態を記述するのに，どれくらい頻繁にくり返し飲み物を取ろうとしたか（逃避や回避行動を引き起こさずに）に注目していた。**反応結果の効果としてのこの種の刺激 - 反応連鎖の学習は，ソーンダイクが道具的条件づけ**（成功による学習）**と呼んだものである**。このことについては，あとでふたたびふれることになろう。ところで，パブロフの理論とのひとつの違いを見ておくことは大切である。つまり，パブロフは，第1次信号系との関わりで，環境刺激の不随意的行動への連鎖に関心をもっていた。他方，ソーンダイクは，環境刺激と随意的反応（骨格と筋肉系の動き）の連鎖に関心をもっていたのである。

❖この章のポイント

1 古典的条件づけにおいては，基本的な自然の反応（つまり生得的であるか，または生後ごく早い時期に獲得された反応）の解発(triggering)が学習される。つまり，なんら新しい行動はなく，あるのはただ，新しい刺激との数多くの

結合のみである。
2　古典的条件づけについては，次のようなことが言える。すなわち，①ある自然な刺激（たとえば苦痛をともなう経験）は，まず例外なく，ある反応（泣くなど）を誘発するものと仮定される。②まず初めに，ある中性刺激があって，それはその反応を誘発しない。③中性刺激は，組織的な形で，自然に生じる刺激とともに提示されることによって，その問題の反応を誘発する機能をもつようになる。
3　条件刺激と類似しているだけで，ある刺激は反応を誘発することがある。そうした反応の誘発発生は刺激般化に基づいている。
4　誘発刺激は，他の刺激と（反復）対提示されることによって，その刺激に置き換えられることがある。これは刺激置換（stimulus substitution）と呼ばれる。条件刺激がほかの刺激に置き換えられた場合，これは高次条件づけと呼ばれる。
5　古典的条件づけはパブロフ（1849-1936）の研究とともに始まった。
6　ワトソンとレイナーによるアルバートに関する研究（Watson & Rayner, 1920）は，情動の古典的条件づけも可能であることを実験的に証明したものである。
7　反射は，一定の物理的特性をもつ刺激によって誘発される。このことは，刺激強度が十分高ければ，恐怖のような基本的情動反応についても当てはまる。条件刺激は，必ずしも物理的刺激だけというわけではなく，語や言語的表出，あるいはサイン（シグナル）である場合もある（パブロフのいわゆる第2次信号系）。条件づけられた情動は，認知的過程（特定の場面についての解釈や記憶など）によって誘発されもするし，影響を受けることもある。
8　古典的条件づけの生理学的基礎に関するより詳しい情報は，パブロフ（1927, 1928）やバウアーとヒルガード（Bower & Hilgard, 1981, p.54f.）を参照のこと。
9　もう1種の条件づけが，道具的条件づけである。そこでは刺激-反応の連鎖の起源は，当該の行動の結果に依存している。ある種の行動の頻度は，その行動が強化されれば（つまり，満足できる場面につながるなら）増大する。これは随意行動に関係している（骨格・筋肉系の反応）。

第 *2* 章

学習された心臓発作とは？/消去の問題

2.1 はじめに

　読者のみなさんは，心臓発作が学習とどんな関係があるのか，いぶかしく思われるであろう。その関係は，すぐには明らかにできないかもしれないが，学習された行動とこの医学的問題は，実はしっかりと結びついていることが，この後の説明でおわかりになるであろう。ある意味で，本章は前章の延長である。ただ，本章で私たちが関心を寄せる問題は，ある行動の**学習**ではなく，むしろ**学習解除**(unlearning) である。条件づけられた行動というのは，単純な現象ではない。すなわち，それは観察可能な要素と観察不可能な要素（たとえば生理的な）との両方をもっており，そのため，そうした行動の消去は，かなりたいへんなことがらなのである。そこで，本章においては，**消去**という用語が最も重要なものとなろう。

2.2 論議の前提

　今から2, 3年前，ある刑務所の看守が水差しを運んでいるところを囚人に襲われ，その水差しで殴られるという事件が起きたが，これまでのところ，このケースをもとに学習理論的研究を行なった人は，まずだれもいないであろう。そのような危険な場面は，ほとんどどこでも起こり得る。命を脅かすそのような**刺激場面**への当然の反応は，**恐怖**感と結びついた**逃走** (flight) か，あるいは逃走するまでもない場合は**回避** (escape) であろう。もし，そのときの場面が逃走を許さない場合，あるいは（個人的理由のために）その人に逃げる力がない場合，自然な反応は，多かれ少なかれ，恐怖である。その恐怖は，脅威の性質と程度にもよるが，よく知られている通常の形（生理学的なものも含め）で表出される。ここで，私たちは前章の診察室の場合と同じ場面に立ちもどることになる。

2.3 ここでの学習場面——認知心理学的視点から

　この看守は，襲われるやいなや，逃げて助けを求めようとした。少なくとも彼の記憶のなかでは，それが彼の考えたことであった。しかし，ことは早く進んだので，実際にはそこまでするに至らなかった。看守の逃走の引き金となった刺激が何であったかは正確にはわからない。確かなことは，その囚人が主要な役割を果たしていることである。その囚人の身体的なようすや顔の表情とか，攻撃的な身がまえ，あるいはおそらく直接的脅威など，これらすべてがその刺激場面の一部になっていたことであろう。最初のうち，その囚人は中性刺激であったが，やがて脅威となり，そしていまや，逃走反応（または，逃走ができない場合は恐怖）の原因となる無条件刺激（攻撃行動）に代わる条件刺激となったのである。

　古典的条件づけによれば，恐怖感は，それ以上攻撃が続かなければ，**消去**によって徐々に弱まるはずである。しかし，この方法は非常に満足のいく方法というわけではない。消去のほかのことはさておいて，看守がその囚人を見て恐怖を感じるかどうかを決めるのは，その看守の**知識**である。彼は囚人を攻撃的だ（その当否は別として）と考えるかもしれないし，あるいは彼がその場面は例外的だったと判断すれば，恐怖感は減っていったかもしれない。このように，**条件刺激だけが1つの孤立した事実として，一定の行動を引き起こすのではない**。むしろ，看守がその場面をどのように知覚し，反応するかということに影響を及ぼす認知プロセスが働いているのである。換言すれば，（条件）刺激は，単一のデータとしてそれ**自体で判断される**のでなく（刺激－反応理論が言っているように），むしろ，**刺激とは独立の認知的プロセスの範囲内で**判断されるのである。これが，認知心理学の観点から見た，この場面の説明である。だが，しばらくの間，最初の章で討議したように，**条件づけ**の理論的枠組みのなかで考えてみることにしよう。

◆刺激般化

　第1章のケースから学んだことから，その後，看守がその囚人とどんな形でいつ出会っても，前と同じか，または似たような反応を起こすことが想像できる。その囚人は，確実にとは言えないかもしれないが，ほとんど，逃走または恐怖の反応を起こさせる刺激になってしまったのである。もし逃走と恐怖を，生存のための基本的で自然の行動と見るならば，事実上，それらはそれぞれの脅威的刺激に対する無条件反応（UCRs）だということになる。最初の非常に複雑な刺激場面（事件が起きた廊下，まさにその場所と時間など）に基づいて，囚人以外の刺激もいまや看守の恐怖感を引き起こす。看守は廊下に入ると常に不安を感じる。

たとえ，問題の囚人がもうそこにはいないことを知っていても，攻撃されたその場所に来ると，不安感はさらに増す。おそらく囚人がその日，手にしていたキーチェーンでさえも，そのときの感情を引き起こすのに十分であろう。こうして私たちは，囚人のほかに，以前の場面にあったほかの刺激が**条件刺激**となったと考えてよいかもしれない。たとえ，その囚人との出会いがもはやなくなっても（たとえば，囚人がどこかほかの刑務所に移されたとか），当初の場面で感じられたのと類似の反応を引き起こすに足る刺激が，まだたくさんあるのである。

実際には，刺激の数ははるかに多い。**刺激般化**のせいで，ここでのケースでは，ほかのすべての囚人に，すべての廊下や扉までも解発刺激となり得るのである。

2.4 消去の複雑なプロセス

この事件の後，しばらくの間，この看守は**刺激般化**を起こしやすい条件刺激（CS）に対して逃走反応を起こすということは，ほとんどないであろう。数日もすれば，おそらく彼はもう恐怖を感じなくなるであろうし，少なくとも，そのような感情の目に見える兆候（たとえば，顔が青ざめる）を示すことはないであろう。このことはもちろん，**そのような感情の消去が完全に起こった**ことを意味しない。恐怖は，次のような，さまざまな生理的反応をともなうことを想起すべきである。たとえば，脈拍と血圧の増加，血管の収縮（顔面蒼白につながる），無意識の失禁や下痢，呼吸苦，電気皮膚抵抗の変化などが生じる。換言すれば，看守が（第1章の子どもと同様）たった1回の遭遇で**学習した条件反応は，一連の結果をともなう非常に複雑な現象である。以下では，そのことに焦点を当てて考えてみよう。

もしも，この看守が恐怖の感情を**学習解除**することができれば，それが理想であろう。看守の反応を古典的条件づけ理論にしたがって消去あるいは除去するとすれば，この場合の無条件反応が，すなわち付随的恐怖を喚起しないような，ほかの環境下において，この看守に**条件刺激**を提示するという形で，生じつづけることであろう。一方で，いまや問題の囚人が別の刑務所に移されたことは，恐怖反応を引き起こす，もとの刺激がなくなったことを意味する。しかし，私たちはまた，当初の場面にはほかの多くの刺激が存在していたことを知っている（独房の扉，水差し，キーチェーンなど）。だが，看守はこれらの物体は実際には無害であることを速やかに学習し，やがては，それらに対する彼の恐怖を消滅させると考えられる。

しかしながら，**刺激般化**とは，もとの場面に似たほかのいかなる囚人や環境も，逃走や恐怖のきっかけになり得ることを意味する。そのため，完全な消去はむず

かしい問題であって，慎重に扱わなければならない。おそらく，その看守は，できることなら近い将来，もっと従順で非攻撃的な囚人たちのいるところに配置替えされたほうがよいであろう。巡視も単独でやるべきではない。毎回，なにごとも起こらなければ，条件刺激（般化刺激も同様）に対する条件反応の結びつきは**弱まる**であろう。しかし，こうしたことがすべてなされても，もとの囚人への恐怖は消去されないであろう。なぜなら，その囚人はもうそこにいないからである。

　認知的観点からすれば，巡視に同行するもうひとりの看守がいれば，その看守がこの場面を克服するための**モデル**の役割を果たしてくれるかもしれないということを付け加えるべきであろう（後に，Bandura，1977による**モデルを観察することによる学習**というテーマに立ち返る）。ふたりになれば，彼らは自分たちの**仕事**や**期待すること**について話し合うこともあろうし，おそらく自分たちの恐怖について話すことさえあろう。そのことは，看守が**その事件を精神的に乗り越える**のに助けとなる。こうして看守は，現在の場面がもはや過去の事件のときとは違うことに気づき，本来の仕事にもどれるという気持ちになれる。とりわけ，過去のその場面は，客観的刺激場面であり続けることはなく，看守の意識的反省が複雑な認知脈絡のなかに，その場面が埋め込まれていることを露呈させるだけである。

◆刺激場面に対する反応の視点を変える

　看守が反応を**学習解除**するプロセスをより詳細にながめれば，問題があるのは，刺激や彼の精神的克服の努力にではなく，むしろ，その刺激に対する**条件反応（CR）** にあることがわかるであろう。この条件反応はいくつかの個別的な**構成要素**からなっているが，私たちにはその運命はわからない。それらは消去によってほんとうに根絶されたのであろうか？　それとも**たくみに消去に抵抗**し，外からは気づかれない形で，今は眠っているだけなのであろうか？

　私たちは，条件反応（CRs）が無条件反応（UCRs）と**同一である必要はない**が，非常に類似のものであり得ることを知っている。空気の吹き付けに対する瞬目反射（まぶたを**無条件に閉じること**）は，ブザー音への反応としての**条件性**瞬目反応に比べて，より速やかに起こり，より短い（$0.05 \sim 0.1$ 対 $0.25 \sim 0.5$秒）。

　唾液分泌という無条件反応（UCR）を使ったパブロフの犬でさえも，条件反応は唾液分泌とはなんの関係もない特徴をもっていた。また，電気ショック刺激に反応して足を引っ込めるように条件づけられた羊の場合でも，（無条件反応の場面とは対照的に）呼吸，心拍，その他の全般的な活動の面で変化が起こった（Liddell, 1934）。

　人間では，消去は次のような危険をともなう。すなわち，逃走や回避あるいは

恐怖のようなより明白な，観察可能な反応は消え，だれもが問題の行動は消去されたという感じをもつが，その条件反応のほかの構成要素は当の本人にさえ気づかれぬまま，消去されずに居残ってしまう場合がある。こうして，次のようなことが起こる。すなわち，条件反応を消去することがたいへんむずかしいという事実から，ある人が成長して，過去の行動の古い残りかすに満ち，役に立たないか，または今でも危険な反応をいっぱい背負った，正真正銘の古物収集家になりかねないのである。これはとくに，古い条件反応が特別強固に残りやすい心臓血管面に当てはまる。人々は，脈拍や血圧の昂進の原因がどこにあるかを正しく自覚することなしに，過去の敗北や長く忘れていた場面に反応し続けるのである。その結果，心不全を患いやすい慢性状態を呼び込むことになる（Gantt, 1966）。これで，学習理論と心臓発作との関連性についての疑問が解消されるであろう。

この看守の生活史を見ると，意図的に彼の恐怖を消去しようとした人はだれもいなかったことは明らかである。せいぜい，だれかがそのできごとについて彼と話す時間をもったぐらいである。同様に，上述のような場面で生じた刺激に対する自分の情動反応を，彼が学習解除したわけではけっしてないことも明らかである。逆に，彼はその反応を何度も何度も強化し続けた。すなわち，彼の日常的作業のなかで生じる多くの刺激が，隠された恐怖と迷いを引き起こす働きをしていたのである。看守とのその後の面談ではっきりわかったことは，彼がその職業特有の**ストレスの処理を改善できなかった**ことである。

◆条件反応のさまざまなレベル

条件反応には行動的レベルのものから生理的，感情的，認知的レベルまで，多くの異なるレベルがある。したがって私たちは，たとえはっきりと述べられていなくても，常に**複数の反応**を取り扱っているのである。ギャント（1966）は，条件反応の形で表出され，要素に分割できるそうした複雑な反応を，別々の動きをするという意味で，**分裂運動**（schizokinesis）と呼んだ。これは次のようなことを意味する。すなわち，ある条件反応の獲得性**要素**は，ある条件刺激への反応のほかの成分の痕跡は何も残っていないときでさえも，それ自身の生命をもっている（その生活体へのあらゆる危険も含めて）ということである。もし，消去が学習された行動の**制止**と等しいというのであれば（これはパブロフが考えたことである，Bower & Hilgard, 1981, p.58f.参照），この抑制は**通常**（そして**例外的でなく**）部分的で不完全なものにすぎないと，私たちの今の知識に基づいて，想定しても間違いないであろう。すなわち，私たちは常にもとの反応の消去されていない残部を考えに入れておかねばならないのである。

このように考えることが，単に理論上の構成物ではなく，学習理論の重要な現

象であることを示す，1つの例を文献から引用してみよう（Edwards & Acker, 1962, p.462）。第2次世界大戦時の陸軍と海軍の帰還兵を対象に，相異なる20個の聴覚刺激からなる系列を提示し，彼らの皮膚電気反射を測定するという実験が行なわれた。（戦艦の）戦闘配置信号，すなわちドラの音を1分間に約100回打ち鳴らす信号を聞かせたとき，陸軍兵と海軍兵の間に，皮膚反応には有意差があった。戦後20年以上経過しても，海軍の帰還兵においては，この刺激は嫌悪場面に対して自律反応を解発したのに対して，陸軍の帰還兵には，それは発見されなかったのである（Edwards & Acker, 1962）。

　もとの条件反応から残っている成分，たとえば，もとの条件刺激に対する生理的反応は，やがては，多くの類似した刺激（刺激般化）への反応のなかにふたたび現われることもあろうし，まったく異なった刺激（高次レベルの条件づけ）に対する反応においてさえ再現し，生活体の適切な機能をそこなうまでになる場合もあろう。このことに関しては，ストレスの問題とともに，心身症の話題として，第8章でより詳しく論じる予定である。

◆**消去の結果**

　恐怖反応の低減（あるいは学習理論の用語で言えば，消去）は，避けがたい刺激や刺激場面（たとえば独房の扉とか食事の運搬のような欠かせない行為）を，以前の反応（恐怖反応）とは両立しない新しい反応に結合し，それを強化することで達成されるかもしれない（また，実際に可能である）。たとえば，その看守を同僚といっしょに巡回させ，彼に扉を開けさせるが食事を直接配ることはさせない，というような形で実行できるであろう。その結果，以前の刺激場面の経験は，この作業のくり返しによって，よりリラックスした新しい反応と連合したものになる。

　これが要するに，アメリカの指導的学習理論家のひとりであるガスリー（1886-1959）の立場であるが，消去は条件刺激に対する以前の反応と両立しない，新たな反応を学習することによって起きるのである。この手順により結果的に，もとの条件反応（詳しくは第3章参照）の逆行抑制（すなわち，前に学習されたものに影響を与える）ばかりでなく，干渉が生じる。また私たちは，同僚が「ことはうまくいっているよ」という言葉でくり返し確認してくれることによって，その看守の新しい行動が**強化される**と考えたくなるかもしれない。しかし，強化は新しい行動の可能性をひとりでに高めたりしない。そうではなく，むしろ，もとの恐怖を生む信号と新たな行動以外の反応との間の結合が生じるのを防ぐ働きをしているだけである。

　その看守にとって受け入れやすい作業環境をつくり出すためには，その恐怖反

応を**新しい，両立不可能な反応**で置き換える試みをする道もある（ガスリー的なやり方）。あるいは，（囚人に攻撃されないような形で）恐怖感を生むような信号に，その看守をくり返しさらし，ゆっくりと，しかし確実に恐怖反応を弱めていく（消去）方法も考えられよう（パブロフ的なやり方）。これらのふたつの方法は，消去がどのような働きをするのかについての説明の点で，実際面での違いは理論面の違いほど大きくない（恐怖への対処の問題を違う脈絡で扱っている第7章も参照のこと）。

この看守はまた，自分である種の生理的反応（たとえば脈など）をコントロールすることを学習するといったような，まったく違った形の治療（つまり，フィードバック訓練）を受けることもできたであろう（詳しくは Bower & Hilgard, 1981, p.259f.）。たぶん彼は，そうすることで，恐れていた危機的な場面における少なくともなんらかの身体反応を，ある程度コントロールすることができたであろう。これらは確かに推論でしかない。しかし，私たちが今日まで研究してきた学習理論の領域に，間違いなくなく座を占める問題である。

❖この章のポイント

1　消去とは，一般的に言えば，条件づけされたS−R結合の漸次的減少，または完全な低減を意味する。古典的条件づけでは，CS（条件刺激）のあとにUCS（無条件刺激）が必ず続くという事態でなければ，消去が起こる。パブロフの犬では，**無条件**刺激は食物であった。時どき，食物を与えるという手続きがなくなると，唾液分泌はついには消えてしまった。

2　本章で例とした看守の恐怖反応は，速やかに，容易にということではないにしても，代理刺激（たとえばほかの囚人）が彼にとって脅威とならなくなったとき，消去されるであろう。

3　条件づけられた行動とその消去は複雑なプロセスを形成しており，行動的要素と生理的要素の両方の構成要素をもっている。完全な消去によって，すべての要素が減少したり消滅したりするかどうかについては，だれにも確かなことは言えない。

4　パブロフによれば，消去は学習された反応や行動の抑制である。そのような抑制は，通常，不完全のままでとどまると考えて間違いなかろう。

5　本章で取り上げた心臓発作は，学習プロセスと関係づけて考えることができる。それは，学習された（条件づけられた）恐怖の生理的要素が消去されることなく，心臓血管系に対してネガティブな影響をもち続けた点から言える。

第3章

だらしない子の変身／新しい習慣へのシグナル

3.1 はじめに

　本章で紹介する学習プロセスは，私たちが今まで検討してきた行動主義的伝統の領域内の問題である。これから検討するトピックスは，次のようなものである。すなわち，ある望ましくない反応の引き金となるのは，どのような刺激なのか，それに対応する習慣（S-R結合）の形成を強化するものは何なのか，ある条件のもとでは望ましい反応が強化されないことがあるのはなぜなのか，といったような問題である。さらに私たちは，新しい信号の助けで**望ましい行動パターン**が確立される仕組みとか，これらの行動パターンはいかにして維持され，どのようにして**新しい習慣**になっていくのかについて見ていくことにする。同時に私たちは，ソーンダイクとガスリーに沿って，**強化についての異なった理論的解釈**について知ることになろう。

　信号という用語は，解発刺激と同じ意味をもつ。本章でのほかの重要な用語は，**近接性，忍耐法，矛盾反応法**，および**消耗法**である。

3.2 習慣，信号，および強化の効果

◆場面例

　10歳の少女（ルーシーと呼ぶことにする）が，家に帰って来るやいなや上着と帽子を床に投げ出し，そのまま台所の冷蔵庫のほうへ向かったり，自分の部屋に入ってしまったりする。彼女は長い間，こういう行動をして母親を悩ませてきた（母親が心理学者に語ったこと；Guthrie, 1935, p.21; Bower & Hilgard, 1981, pp.87-88）。

◆分析

　この場面は，一見単純そうであるが，実は結構，複雑である。少なくとも，そこに関与する学習プロセスについての心理学的分析という面では複雑である。こ

こで問題となっているのは，長期間にわたりでき上がってしまっている**習慣**，すなわちガスリーによれば，その場面に存在する一定の刺激によって喚起された複雑な行動パターンである。

　しかし実際には，どのようなＳ−Ｒ結合が，この**望ましくない**行動を生み出すのであろうか？　この刺激場面と個々の反応は，実際にはどのようなものから成り立っているのであろうか。こうした結合の形成において重要な役割を演じるのは，どのような**強化要因**であろうか。さらに，**そうした習慣を打破し，望ましい**行動を学習するのに，どのような可能性があるのであろうか？

　自分の衣服を床の上に投げ出す行動は，ひとつの反応と見られるかもしれない。もし，そうであれば，その反応は，どの刺激場面なり，信号とリンクしているのであろうか？　このような反応を，結果としてもたらしたと考えられる外的刺激をただちに見つけることは困難である。少なくとも，ことの始まりにあっては，コート掛けに空きがなかったということが考えられる。だが，その行動は明らかに責任逃れである。その子は，自分の衣服を掛けるための空間をつくるよう，ほかの衣服を掛けかえることができたはずなのに，その課題を避けたのである。ここでは，はっきりした強化要因は見い出せない。ソーンダイク流に言えば，衣服を投げ出す行為が，その子の満足につながる力をもったことになる。

　彼の**効果の法則**によると，このことは，すでに確立している連合（ここでのケースでは，「空きのないコート掛け」という刺激と「衣服を床に投げる」という反応の連合）が再現する確率を高めたのである。また，**刺激般化**も働いていたかもしれないので，もし，衣服を床に投げ出すという行為が満足につながるものであった場合は，**ほぼ満杯の**コート掛け，あるいは完全に空いている掛けくぎが１本もないということが，その反応を生み出した可能性もある。もう１つの寄与要因は，その子が次のときにコート掛けの脇を通った際，彼女の衣服が，もちろん彼女自身によってではなく，母親によってきちんと掛けられていたということであるかもしれない。このことは，たとえ，それが彼女の行為の**直接的で間を置かない**結末でなかったとしても，強化要因として機能することがある。これが，そうした習慣が形成されるに至った姿であると考えることができる。少なくとも母親は，くり返されるその場面を，こんなふうに述べていた。

　母親は，また，娘に衣服をきちんと掛けるようにくり返し言ってきたと断言している。このことは，すなわち，母親の強要（insistence）という**新たな刺激場面**をもち込むことになる。娘のほうは，結局のところ，叱られればそのつど，自分の衣類を掛けるようになるが，叱ること自体は両者にとって不満足で不快な後味を残すことが容易に想像できる。ソーンダイクの効果の法則によれば，その新しい刺激場面（母親の叱責，小言，あるいは要するに命令）と，新たな反応（子

どもが自分の上着と帽子を掛けること）との間の連合は，強固で持続的なものでないことが容易にわかる。この連合は，必ずしも望ましいものではなかったとさえ言えよう。娘のほうは，小言を言われなくても自分のものを掛けることを学習すべきなのである。他方，母親のほうは，叱ることによって無理にでも娘に衣服を掛けさせること以外に，選択の余地はなかったと思われる。

3.3　効果的な新しい信号と強化のさまざまな解釈

　このケースの場合の刺激（つまり，空きのないコート掛け，または，私たちが気づかないほかの刺激でもよいのだが）は，まず間違いなく，**望ましくない行動**を生む。その一方で，叱るというような不快な刺激が**望ましい行動**を生む。研究室の外ではいつもそうなのであるが，この刺激場面は複雑である。そこで，行動の変化をもたらすための新しいどんな刺激または信号も，はっきりと認識されるものでなければならない。つまり，まだ何も掛けられていない掛けくぎが目に止まるような状態になければならない。ガスリーがこの母親に助言するとしたら，子どもを叱ることはせず，帽子と上着をもたせて外へ出し，あらためて家に入り直させたらよい，というであろう。しかしながら，これは，**行動調節的刺激**（この場合は空の掛けくぎ）がある場合にのみ有効である。おそらく，母親もまた，自分でコート掛けをきちんとしておくことを学習する必要があろう。

　モデリング理論あるいは模倣学習の理論（Bandura, 1977）によれば，これは，この問題に取り組むためのひとつの有望な方法と思われる。もちろん，子どもを**叱る代わりに**もう１度外に出すことは，非常に重要な信号の機能をもっている。それは，ある反応に対する新しい刺激である。つまり，やがては帽子と上着をきちんと掛けるようになることの先ぶれとなる活動である。「もう１度，家に帰る」ということが，今はただ，衣服をきちんと掛けることに先行する。いまや，母親自身が（空いている掛けくぎとともに），子どもの記憶（内的反応）を解発する刺激となる。つまり，外着をきちんと片付ける課題をやり終えなければ，また外へ出されることになる。

　この学習プロセス，すなわち，**新しい連合**または１つの習慣になるべき望ましい行動の確立は，娘の片付けのよさに対して，母親が報酬を与えるという形で**強化される**のである。母親は娘にほほえみかける（**社会的強化**）とか，何か飲み物を出してやる（**完結強化**　consummatory reinforcement）などすることがあろう。それはすべてソーンダイクの**効果の法則**に対応するものと言えよう。

　ガスリーは，この種の報酬の効果については**まったく異なる理論的解釈**をするであろうが，そうした報酬を与えることには異議を唱えないはずである。しかし，

ガスリーにとって，そうした報酬（**社会的強化**としてのほほえみとか**物質的強化**としての飲み物）は，（ソーンダイクが言うように）生理学的基礎に対して安定化効果を及ぼすとは思われない。むしろ彼の言い方では，強化というものはどんなものでも，ひとつの**新しい刺激**となるものであり，そしてその刺激が，今度はそれ自体に対する反応に導くのである。強化刺激としての母親のほほえみに対するひとつの反応のしかたは，たぶん，娘がほほえみ返すことであろう。そして，飲み物を出されたときの娘の反応は，それを飲むという行為であろう。ガスリーにとっては，これは決定的な要因である。これらの反応は，前の反応（すなわち衣服を掛けること）に**干渉することはない**。つまり，**この習慣は不変のままで残る**。これが，望ましい行動が**学習される**際のようすである。空いている掛けくぎ（または全体の刺激場面のなかのほかの部分）は，望ましい反応と連合することになる刺激である。その同じ刺激場面とそれに対応する反応は，報酬が与えられた場合に続いて起こるまったく異なった活動（たとえば，飲み物を出されたことへの反応としての飲む行為）によって影響を受けることはない。これが，なぜ以前に学習された行動がなかなか**学習解除されない**のかという，その理由である。ガスリーによれば，報酬とは，連合を強化するのでは**なく**，**干渉から守る**，すなわち学習解除されることから守る役割を果たすのである。これが，強化の効果についてガスリーのたいへん興味深い観点である。

反応と刺激とのカップリングによって，実際に何が起こるのかという疑問へのガスリーの答えは，**近接性**（contiguity）である。つまり，刺激と反応の空間的時間的な接近・近接である。その場面で力をもつ刺激（当該の人間の内部にある固有受容的，運動誘起的刺激を含む）は，それが条件刺激となったときは，新たなコンテクストに導入された場合でさえも，同じ反応を生み出すことがある（Guthrie, 1935, 1960）。S-R連合の強度と安定性は，その場面のなかのどれだけ多くの刺激がその反応と結合した状態になるかということと，その結合がどれだけ頻繁にくり返されるか，ということにかかっている。

3.4 新たに学習された反応の安定化

自分が脱いだコートをコート掛けに掛けるという望ましい行動が，はっきりした行動調節的シグナルや強化を通じて学習されたと仮定しよう。

次の課題は，この行動を日常的場面に般化することである。これは，解発刺激（この場合は，空の掛けくぎ）を変えてやることで可能である。まず，母親は軽くて目立たないスカーフ（できれば，子どものスカーフ）を掛けくぎに掛ける。それから，ほかの場所に掛けるべき服を1枚つるす。ここで私たちがやっている

ことは，**般化の効果**の利用である。つまり，ここでの反応は，もとの条件刺激と**似ている**刺激への反応である。解発刺激の変化はステップ・バイ・ステップで行なわれる。

もちろん，こうした学習場面は何回もくり返されなくてはならない。ガスリーの頻度の法則によると，複雑な場面からの新しい刺激（たとえばクロークの鏡）は，この手続きがくり返されるたびに連合したものとなる。**望ましい反応とカップリングする刺激が多ければ多いほど，その反応は出現しやすくなる**。なぜならば，その新しい反応は，いまや，さまざまな刺激によって引き金を引かれ得る状態になったからである。同時に，これらの（ほかの）刺激に対する，望ましくない反応が生起する確率は低くなる。

そこで，基本的には，複雑な刺激場面からの多様な信号があることで，ルーシーが衣服をきちんと片付けるようになる。ここでの例では，私たちは数多くの可能性のなかから，空の掛けくぎという，ひとつの可能性を選んだのである。

3.5　古い習慣をあらためること

本章での事例検討の出発点は，ルーシーが自分の衣服を床に投げ出したまま家に入るという望ましくない反応をすでに身に付けてしまっていた，ということであった。そうした反応を変えることがむずかしいのは，なぜであろうか。ガスリーによれば，習慣は運動の複雑なパターンから成り立っている。それぞれの運動は，**固有受容的**刺激を生み出す。そして，その刺激が今度は次の運動の引き金となる条件刺激として働く。こうして，ひとつの習慣をつくり上げている運動の全系列が，もとの刺激から多少とも独立した統合的な行動パターンとなるのである（Guthrie, 1960, p.106）。運動の全系列を動かすのに，多くの条件刺激のうちのひとつで十分である。固着した，統合のよい習慣を破るには，その運動系列のなかのひとつのＳ－Ｒ連合を消去するだけではなく，その反応の統合体を解体する必要がある。ガスリーは**制止条件づけ**という言葉を使っているが，その意味は，ある条件刺激が，それと矛盾する反応を学習することによって効力を失い，こうして古い反応を制止するということである。彼は制止条件づけの３つの方法を示唆している（Smith & Guthrie, 1921）。

第１の方法では，望ましくない反応が生じ得ないような場面に，刺激が導入される（**矛盾刺激法** method of incompatible stimuli）。そして，この刺激場面は，望ましくない反応の出現を防ぐ，ほかの刺激を含むようなものに拡張される。だが，この方法は明らかに，ルーシーのケースでは実施はむずかしい。ひとつの可能性は，ルーシーが家に入るとき，彼女がコートを脱ぐのを母親が手伝ってやり，

第3章 だらしない子の変身／新しい習慣へのシグナル

コートをルーシーに直接渡すことが考えられる。ここでの望みは，この場面が，衣類を床に投げ出すことと相容れないものとなり，そこで，ルーシーが望ましい反応を学習してくれるであろうということである。

習慣をあらためるために使われる第2の方法は**忍耐法**（toleration method）であるが，この方法は，第1章での白衣を怖がる幼児の例を使って説明できるであろう。私たちは，この恐怖はひろく般化されており，眼科医院が入っている建物を見ただけで現われるものと考えた。**忍耐法**では，望ましくない反応を生じさせないような微弱な刺激を最初に導入する。それから，次第に強度を増大させる。たとえば，母親は何回か眼科医院が入っている建物の近くを通り過ぎるが，少しずつ，少しずつ，近くまで行く。もちろん，この技法も，本章のルーシーのケースにはそのまま応用はできない。というのは，解発刺激としての掛けくぎは，彼女に気づかれないほど微弱なものにはできない，はっきりした信号だからである。

望ましくない行動を取り除くための第3の方法は**消耗法**（exhaustion method）である。ただ，この方法は，動物の場合でもさえも議論が分かれている。この方法は，たとえばロデオに使う目的で，野生馬を飼い慣らすのに使われている。この場合，馬は満ちあふれる刺激（すなわち鞍や騎手）にさらされ，疲れ果て，望ましくない行動を示さなくなり，そして結果的に，新しい反応を学習する準備ができることになる。服を床に投げ出すという問題に，この方法を応用するなら，ルーシーがあきるまでコートを床に投げ出させ，そして，コートを掛けることを学習する用意ができるまで待つということになる。この方法を使ってみようなどと，真剣に考える人はまずいないであろう。

これら3つの方法に共通していることは，もとの刺激が新しい反応を生み出すよう条件づけられ，そのため，もとの反応が抑制されるということである。条件刺激は，別の種類の行動と結合することで，その効力を失う。このことが，私たちが**拮抗条件づけ**について語る理由である（Guthrie, 1935, p.70f. 参照）。

望ましくない習慣を破ろうとするとき，私たちは，それが**新しい習慣**によって置き換えられることを期待する。ルーシーのケースを扱う最も効果的な方法は，おそらく次のような形で，その刺激場面を変えることであろう。まず，ルーシーが望ましい行動を示すのを励ましてくれる面倒見のよい母親といったような，はっきりした付加的信号を導入し，そして，たとえばルーシーにほほえみかけるように母親にしてもらったりして，この行動を強化することである。次のときには，この手順の多くのものが，ルーシーの記憶や，場合によっては心的イメージという形で彼女のなかに再活性化されるであろう。そして，それが今度は（母親や掛けくぎとは別の）内的刺激として働く。行動主義者ガスリーでさえも，記憶が刺激として働くことを認めるであろう。しかし彼は，そのような現象を，彼の接近

性理論の文脈において，視覚的想像および思考として説明している。

　ガスリーは，**矛盾刺激法**との関連で，好ましくない習慣を好ましい習慣で置き換えることに関する問題について，興味深い例を紹介している。

　　何年もの間続いてきた飲酒や喫煙の習慣は，幾千ものきっかけ（reminder）によって，また始まってしまう行為のシステムである……。私はかつて訪問客を得て，その人に「私が今しがた食べ終えたリンゴが，タバコを避けるためのすばらしい道具なんですよ」と話していた。ところが，その客は，私がそのとき，タバコを吸っていることを指摘してくれた。タバコに火をつける習慣は，食事を終えることと固く結びついていたため，喫煙が自動的に始まったのである（Guthrie, 1935, p.139）。

　この場合，新しい反応（リンゴを食べること）は，喫煙という古い習慣をしばらくの間，実際に中断ないし抑圧していた。しかし，古い刺激，つまり食事の終わりとかリンゴの芯を捨てるなどの最後の動作（それは，ナイフとフォークを置くとか，皿を脇に押しやったり，口を拭いたり，ナプキンを折り畳んだりするのとまったく同じように気軽にやったのであろうが）が，次の反応，つまり，タバコとマッチに手を伸ばす動作を引き出したのである。ほんとうに禁煙するには，多くのさまざまな刺激について**拮抗条件づけ**がなされるべきであろう。たとえば，食事の終了を，深く息を吸い込むとか，新聞に手を伸ばすとか，皿を片付けたりするなどの反応と結びつけてもよかろう。しかし，喫煙者ならだれでも知っているように，喫煙にはほかに無数のきっかけがあり，そして，それらのひとつひとつに対して矛盾反応を練習しなければならないであろう。もちろん，刺激によっては，より簡単に除去されるものもある。もし，タバコとか灰皿等が視界の外にあれば，それらが解発刺激なることは最初から避けられる。

❖この章のポイント

1　習慣とは，運動の安定化した自動的系列のことである。それは，多くの異なる外的刺激や運動誘発的・内的（固有受容的）刺激によって活性化される。

2　望ましい習慣は，活動の開始点に信号となる刺激を導入し，その信号に対してはほかの（望ましくない）反応が起こらないようにすることによって，その新しい信号への反応となるような形で形成される。

3　新しい習慣は，望ましい行動へのとくに目立った信号を取り入れ，通常の刺激場面に似たものになるまで，連続的に変化させることによって獲得されることがある（刺激の変容による般化）。

4　強化は新しい習慣を安定化する。ソーンダイクは満足の状態（大部分は生理学的）という言葉で強化の効果を説明している。他方、ガスリーは、強化はさらなる反応を喚起する、ひとつの新たな刺激として働くと主張する。刺激場面におけるこうした変化は、ほかの反応が古い刺激場面と連合することを防ぐ。こうして強化は、S‐R結合を混乱から守り、それが無傷で学習されたままの姿で残るのである。

5　望ましくない習慣は、ある刺激に対する反応が、別の矛盾した反応で置き換えられるという形の制止条件づけ（拮抗条件づけ）を使って、崩すことができる。

6　矛盾刺激法では、制止条件づけによって古い信号がほかの信号と組み合わされて、望ましくない反応と矛盾する新しい（望ましい）反応を喚起するようになる。すなわち、その両方が同時に現われることは不可能である。

7　忍耐法では、望ましくない反応が生じないくらいの弱い形で、解発刺激が導入される。そのため、刺激の強度は小さなステップで継続的に強められ、望ましくない反応が現われなくなる。

8　消耗法では、被験者は疲労のために望ましくない反応が現われなくなるまで、解発刺激にさらされ、その時点で新しい反応が学習される。

9　喫煙を止めたいと思っている人は、家のなかでタバコをもつことは絶対避けねばならない。なぜなら、タバコが視野に入るだけで、火をつける反応の引き金を引きかねないからである。また、数多くの刺激に対して、喫煙と矛盾する行動でもって反応することを学習しなくてはならない。

第4章

トラブルメーカー・マイケル／オペラント条件づけと社会認知的学習

4.1 はじめに

　本章では，とくに複雑な学習場面，すなわち学校の授業における学習を取り上げる。私たちが目を向ける問題は，ある行動がどのようにして生じるかと，それはいかなる影響を受けるのかを例証しようとする，ふたつの学習理論である。スキナーの**オペラント条件づけ**は徹底した行動主義理論である。それに対してバンデューラの**社会認知的学習理論**は，認知プロセスと自己調節の可能性を考慮に入れる。本章におけるそのほかのキーワードは，以下の通りである。**オペラント行動，レスポンデント行動，正の強化，負の強化，消去，分化強化，弁別，弁別刺激，刺激制御，漸次的近似法，自己制御，消去への抵抗，連続的強化，間欠的強化，間隔強化，定率強化，強化スケジュール，ランダム随伴性，罰，嫌悪刺激，学習の社会認知的理論，モデリング，代理強化，自己効力感に対する期待**。

4.2 授業の場面

　「マイケル，おしゃべりやめなさい！」と教師が授業中に注意する。マイケルはほとんど気にしない。「マイケル，隣の人と話すのやめなさい！　何回言わなくてはならないの？」筆記用の鉛筆は何回も削られた。マイケルは鉛筆削りを落とす。それがガチャッと開いて，削りかすが床に散る。「なんてことするの，マイケル！　今，何やったの！　ほうきとちり取り，もって来て，きれいにしなさい！」マイケルは足を引きずるように歩いて姿を消し，やがて手ぶらで戻ってくる。「どうしようもないわね！」ほかの生徒の注意は，ずっと前から，彼らがやっているはずの文法の練習からそれている。中断は終わった。休み時間まで20分以上あった。生徒にも教師にも同様に長い20分である。口頭の語彙テストの時間になった。
　「『楽しむ』（To enjoy）って？」と教師が尋ねる。生徒たちが手をあげる。ひとりの生徒が手をあげて，ドイツ語で „Geniessen!" という。次の質問。「『すす

る』(To sip) は？」マイケルが質問に答えようと手をあげるまでは，練習はまったくスムーズに進む。彼は指を鳴らして手を空中でふり回し，その動作ごとにうなるような声をあげる。そこで，教師は彼の名前を呼ぶ。「マイケル！」すると彼は「その単語ってなんだっけ，もう1度言ってよ」という。すると笑い声が起こる。「なぜ，ちゃんと聞いてなかったの！『かむこと』(To chew) です！」「『かむこと』(To chew)。ああ，そうだった！ わかったー！（Kauen！）」「『ほめる』(To lick) とは？）」

　この場面には一連の行動パターンが含まれているが，ソーンダイクとガスリーによれば，それは先行の刺激場面によって解発されるものである。彼らは，S－R連合を学習には強化が関わっていると信じている。本章で紹介する理論は，刺激のほうにはあまり重きを置かない。私たちが注目するのは，先行刺激との結合よりも，むしろ行動の**必然的結末**である。

4.3　オペラント条件づけ——興味の範囲内での強化

　ソーンダイク流に考えれば，この授業中のマイケルの行動は，ただ単に自分を満足させる行動であると，私たちは解釈するかもしれない。他方ガスリーは，そこにはなんらかの解発刺激があるはずだと考えるであろう。アメリカの心理学者で学習理論家であるスキナー（B. F. Skinner, 1904-1991）は，たぶん，最もよく知られた行動主義であるが，マイケルのおしゃべりのような行動は，それは先行刺激によって直接に制御されるのではなく，むしろ，その後に続く結果によって制御されると考える。彼はマイケルに見られるような行動パターンを**オペラント行動**と呼ぶ。彼は，パブロフの古典的条件づけの方法（第1章と第2章参照）によっては学習されないあらゆる行動様式は，この行動カテゴリーに属すと述べている。そして，古典的条件づけに対応するこの種の行動のことを，彼は**レスポンデント行動**と呼ぶ。こうした行動の1例が第1章で検討した白衣に条件づけられた恐怖である。スキナーはこの反応は条件刺激によって引き金を引かれるものであることに同意する（1938, 1953）。日常語で言えば，オペラント行動は随意的行動と見なされ，レスポンデント行動は非随意的行動と見られる。

　マイケルが隣の子とおしゃべりした結果は，教師の叱責であった。いくつかの授業を見て，叱られたときには，マイケルがいっそうおしゃべりをすることがわかったなら，私たちは，叱ることが彼の行動の**正の強化要因**であると結論するであろう。ここでしばらくの間，行動主義理論を脇に置くとして，マイケルは明らかに仲間からほとんど注意を払われていないと言えるであろう。そこで，教師から不平を言われることでも，彼にはプラスの価値があることになる。しかし，徹

底した行動主義者であるスキナーにとっては，ある様式の行動の結果が快として経験されようが，不快として経験されようが，それは関心の対象ではない。彼は，ある刺激がそれに先行する行動をより頻繁に起こすならば，それが強化要因であると考える。マイケルをめぐる場面での悲しいことは，実際には教師が**望ましくない行動を強化している**ことである。

スキナーは**正の強化要因**と**負の強化要因**を区別する。正の強化要因は，マイケルのおしゃべり（強化された行動）に対する教師の叱責（正の強化要因）の例におけるように，その行動がより頻繁に起きるという結果をもたらす。負の強化要因もまた，不快な刺激また嫌悪刺激が後に**取り払われる**ためであるとはいえ，その行動をより頻繁に引き起こすことがある（この例は次の節に出てくるであろう）。

スキナーは，特定の行動と後続の強化事象との間の連合の形成を**オペラント条件づけ**と呼ぶ。それは，強化事象が正の強化要因であるか，負の強化要因であるかは問わない。ここに示したオペラント条件づけの理論は，ホーランドとスキナーの研究に基づいている（Holland & Skinner, 1961）。

4.4　強化の正しい場所と間違った場所

今度はスキナーの観点から，この授業における第 2 の学習系列，すなわち語彙テストをながめてみよう。マイケルは明らかに，あまり多くの語彙を知らない。時たま知っている単語が出ると，彼は大いによけいな騒音を出したり動きをしたりして，自分に注意を集めようとする。大概の教師にとって，この厄介な行動は，それをやめさせる反応へと導くことが多い。それゆえ，その望ましくない行動をやめさせることは教師にとって負の強化要因である。教師はマイケルの名前を呼び，彼が指を鳴らしたり，腕をふり回わしたり，声をあげたりするのをやめさせようとする。つまり，教師の行動（マイケルの名前を呼ぶこと）は**負に強化**される。他方，自分の名前が呼ばれることは，マイケルにとって**正の強化要因**である。なぜなら，それに勢いを得て，彼は自分に注目させる行動をし続けるからである。こうした形の相互強化は，社会的関係のなかでは普通に見られることである。ここでの特定のケースでは，その**相互強化**により，彼の妨害行動はさしあたってはやむ。しかし，マイケルは助長されて，ますますその行動をする。その場面は悪循環となる。

少なくとも十何人もの生徒が静かに手をあげたと思われるが，彼らは名前を呼ばれなかった。私たちは後に，スキナーのいわゆる強化スケジュールについてみるが，それは，生徒全員が等しく質問に答える機会を与えられることが，なぜ大切かを説明してくれる。とにかく，ここでの教師は望ましくない行動を強化し，

望ましい行動（授業への積極的参加）を強化しないというミスを犯したのである．

4.5　望ましくない行動の消去

さて，マイケルにとって，注目は（不平を言う形においてでさえも）正の強化要因であると，あらためて考えてみよう．もしマイケルが，叱責という形であれ，ほほえみや賞賛という形であれ，そのために注目を得たときに，彼がほかの先生にもこの妨害行動を示すとしたら，私たちのこの仮定で正しいことになる．ここでの例の教師は，マイケルの妨害行動をいつも認めてしまっている．**もしこの教師が**，マイケルの妨害活動に**反応せず**，ひと言も声をかけず，まったくかえりみなかったとしたら，どういうことになるのであろうか．級友からの喝采などのほかの強化要因があるために，彼が妨害的であり続けることは考えられる．もちろん教師は，マイケルが妨害的にふるまっているときには，彼に注意を払わないように，クラスのみんなに言うかもしれない．しかし，もし彼の行動に対してなんらの強化も与えられないとしたら，どうなるであろうか？　スキナーによれば，強化はオペラント行動を生じやすくするだけではなく，それを持続させもする．もし，ある行動への反応として強化がもはや与えられなくなると，その行動は次第に頻度が減っていくであろう．スキナーはこれを**消去**と呼ぶ．

　私たちはまた，消去のプロセスを**認知理論**に照らして解釈することもできよう．ここで私たちは，マイケルが注目されることを必要としていて，自分の（妨害的）行動の結果について，ある期待をもっていると考えてよいかもしれない．もし，実際，彼の行動が期待された結果，すなわち教師からの反応を得ることができないとしたら，この経験は，彼に自分の行動をあきらめさせることになるであろう．しかしながら，スキナーはこの説明に賛成しない．彼は，観察された行動と環境的状況および条件との間の関係における規則的パターンを確定することだけにのみ言及している．

4.6　さまざまな場面に行動を適応させること——弁別学習

　今度は教師のほうに注意を向けてみよう．彼女の行動を観察すると，彼女がほかの生徒たちの中断的行動にははるかに落ち着いて対応していることに，私たちは気づく．もし，彼らが授業中にしゃべり出すと，彼女はただしばらく話すのをやめるだけである．それは，マイケルにするのとは違ったやり方である．彼女がちょっと沈黙すると，実際，ほかの子どもたちは話をやめる．なぜ，この教師はマイケルの妨害にも同じやり方をしないのか？　私たちは，彼女がすでに彼に対

してこの方法を使ったが，うまくいかなかったのだと考えなくてはならない。ある反応がある刺激の前では強化されるが，ほかの刺激の前では強化されないとき，その反応は**部分的に消去**される。つまり，非強化刺激があると，その反応は次第に現われなくなり，そして，やがてまったく消えてしまう。**弁別**が確立し，その反応はいまやそれに先行する刺激場面によって制御される。すなわち，その行動はいまや**弁別刺激**の存在するところでのみ，示されるものとなる。私たちの例では，授業が中断されたとき，マイケル以外のすべての生徒が，教師の短い沈黙のような行動様式に対する弁別刺激となったであろう。ある反応が一定の刺激条件下でのみ強化されるときは，いつもこの種の**刺激制御**が続いて起こるのである。

4.7　望ましくない行動に代わる選択肢を与えること
　　　──新しい行動の形成

　多くの教師や親は，消去の試みは，いつも特別うまくいくわけではないという事実を受け入れなければならない。もし，マイケルの妨害的行動やわずらわしい挙手になんの注意も払われないとしたら，彼はすぐに，簡単には無視されないほかの行動様式を取るようになるであろう。まず，教師がまったく彼を無視すれば，彼はたぶんもっと授業を妨害するであろう。たとえば大声で叫んで，授業を続けることができないようにしてでも，教師にむりやり自分に注意を向けさせるかもしれない。実際，強化を与えることを厳しく拒否し続けるのは不可能であることが多い。望ましくない行動を消去するには，強化を控えることのほかに，それとは両立しない望ましい行動が，その位置を占めるよう助長してやることが賢明であろう。もし，私たちの例の教師が，マイケルに注意を向けることが彼にとって正の強化要因になることを知っているなら，それは，彼女にとって彼に望ましい行動を取れるようになるのを助けるチャンスである。彼女は，彼が質問に答えたいというシグナルを出したとき，彼の名前をすぐに呼ぶという形で，この方向への最初の対応のステップを見せた。だが，残念なことに，自分に注意を引くための彼の不快なやり方をも強化してしまった。重要なことは，マイケルの行動が正常な要求と一致するときにのみ，教師が彼に強化を与えることである。

　この問題に対処するもう1つの可能性は，**行動のシェーピング**である。ここで教師は，スキナーの原理のなかの2つを参考にすることができよう。まず最初に，彼女はマイケルに**弁別強化**，すなわち望ましい行動には報酬を与え，望ましくない行動は無視するという方法を取るとよいだろう（上記を参照）。第2に，**漸次的近似法**（successive approximation）を使って，望ましい最終的な行動を徐々に形成していくこともできるだろう。漸次的近似法では，望ましい最終的な

行動の最も基本的な要素が強化される。マイケルの場合，最終のねらいは彼が妨害せずに授業に集中して，普通の形で手をあげ，積極的に参加することである。この行動の基本的な要素は，彼が自分の椅子に5分間じっと座っていられるようになることである。そこで，初めは（もし，ほめられることがマイケルにとって効果的な強化要因であることがわかったなら），彼がなんとか5分間じっと座っていることができるたびに，ほめてやる。漸次的近似法の法則（**シェイピング shaping**）に従えば，強化要因の基準は，次第に，望ましい最終の行動へ移っていくのである。すなわち，自己訓練期間をより長く続けられたり，手を正しくあげたりなどの行動に対して，賞賛が与えられる。

しかし，これは人々が実際に日常場面でやっている行動のしかたとは，かなり異なっている。教師や教育者は通常，子どもの行動が満足のいかないものである場合，ただ批判するだけに終わりがちである。このことは，とくに子どもが同時にいくつかの異なる基準に合致するよう期待されているときには，子どもに対して過大な要求をすることになるであろう。それはさらに，望ましい行動に向けての漸次的接近のなかにも，常に存在する小さな断片を強化する可能性まで無視してしまっている。スキナーにとって，この種の強化は，望ましい行動を発展させるプロセスにとって決定的に重要である。漸次的近似法の原理は，さまざまな機会に強化が与えられることを可能にし，そのため，間断なく行動上の発達や変化に対して積極的な貢献をしているのである。これは，望ましい最終的行動が理想的な形で現われるまで待つことよりも，はるかに効果的である。

さて，望ましくない行動を望ましい行動でもって置き換えることは，**拮抗条件づけではない**ということに注目しておくことが大切である。行動のシェイピングに関するスキナーの形式は，消去のプロセスとオペラント強化による新しい**反応－結果連合**の発達に基づいているものであって，S－R連合に基づくものではない。それとは対照的に，拮抗条件づけは（パブロフの古典的条件づけとガスリーの接近理論におけるように），解発刺激と新しい非両立的反応とのカップリングに基づいている。すなわち，刺激は変化しないままでの，新しいS－R連合の学習である。

4.8 情動的反応

マイケルの妨害的行動への対処に困っている例の教師に，もう1度目を向けてみることにしよう。彼女は彼の妨害に対してほぼいつも反応し，さまざまな方法でやめさせようとしていることがわかる。だから，妨害をやめさせることは，彼女にとっては負の強化である。マイケルの妨害は頻繁に，また大がかりに起こる。

しかし，それをやめさせようとして教師が取る対策は，実際にはどれも成功していない。このような状況から，私たちは，彼女が怒りや恐怖さえ抱いて，感情的に対応していると考えるほかない。情動は常にさまざまな生理的反応（反射）にともなって生じる。ここに，いわゆる活性化症候群の作用が見られる。エピネフリン（アドレナリン）の分泌が増え，瞳孔は散大し，平滑筋組織と消化が働きを止め，呼吸と発汗が加速される。活性化症候群は一定の刺激，つまり**情動的刺激**によって引き起こされる。

マイケルはおそらくこの教師にとって，怒りや恐怖の反応を引き起こす情動的刺激であろう。怒りや恐怖は，彼の妨害（嫌悪刺激）をやめさせようとする彼女のさまざまな試みが失敗に終わるときに高まる。私たちは，この教師にとって，その場面がいかにむずかしいか理解できる。彼女は嫌悪刺激を止められず，情動的に反応している。古典的条件づけ原理（第1章，第2章参照）によれば，この教師は，マイケルと同時に存在するほかの刺激，たとえば教室の光景にも，おそらく情動的に反応する可能性が高い。もし，教室を見るだけで，それが怒りや恐怖の引き金となるのなら，第1章の白衣を怖がる子どもの場合とまったく同じように，古典的条件づけによって教室が条件刺激になっていると言えよう。

では，どのようにしたら，この教師を助けられるであろうか？　古典的条件づけの観点からすれば，これは**拮抗条件づけ**の明白なケースである。そこでの目的は，怒りや恐怖を生み出す刺激に対する彼女の反応を消去することである。怒りや恐怖の反応は，いわゆる系統的脱感作のプロセス（第7章7.4参照）で見たように，一歩一歩，リラクセーションの反応で置き換えられる。

まず，彼女は自律訓練法，またはより現代的なバイオフィードバック法を使ったリラクセーション技能を学習する。いったん彼女が完全にリラックス（弛緩）することを学習してしまったら，怒りや恐怖を引き出す刺激の階層，つまり最も弱い刺激から始めて，最も強い刺激で終わるような刺激の階層を打ち立てるよう求められるであろう。最も弱い刺激は，おそらくだれもいない教室を想像することであろうし，最も強い刺激は，授業中にマイケルが立ち上がって「もうたくさんだ！」と叫び，ほかの生徒たちが笑っているなかを教室から出て行くことであろう。そのとき彼女は，弛緩の状態で，だれもいない教室を何度も想像し，ついには恐怖や怒りの反応なしで，なんとかイメージを思い起こすことができるようになるであろう。同じように，刺激はひとつずつ弛緩反応と連合され，教師は最後には，怒りや恐怖の感情を経験することなしに，最も強い刺激でさえも想像できるようになる。

この方法は，確かに，この教師にとって役に立つであろう。しかしながら，教室においては，彼女はマイケルの妨害的行動に対抗する別の技法，たとえば，前

述の行動シェーピングなどを，なお必要としているであろう。スキナーは，そうした方法の学習をオペラント条件づけとして記述するであろうが，結果的にマイケルの妨害的行動が減少し，彼の積極的参加が増えるならば，この教師が行動シェーピング法を使用し続ける確率を高めることになろう。

4.9　自己制御

　仮に，マイケルの行動が改善されようとしていたとしても，最初のうちはまだなんらかの混乱が起こるに違いない。この教師は，自分の怒りや恐怖の反応を制御することをさらに学習することによって，こうした混乱に対処できるであろう。たとえば，邪魔されたときは深呼吸をし，感情的興奮が収まる時間をつくることもできよう。この場合，深く息をすることは**制御反応**であり，情動反応は**被制御反応**である。この制御反応は負の強化によるオペラント条件づけによって学習される。なぜなら，それは情動反応を弱める効果をもつからである。自己制御によって情動反応をやわらげることで，彼女は，よりくつろいだ，冷静なやり方で対応できるであろう。おそらく，より穏やかな形で話し，より注意深く言葉を選び，「あなたって，どうしようもないわね！」というような言葉でマイケルを攻撃したり，侮辱したりしたくなる気持ちを抑えることができよう。こうした形の穏やかな対応によって，おそらく妨害の回数は少なくなることであろう。

　スキナーによれば，ひとつの反応がもうひとつの反応によって制御されるという形の，この種の**自己制御**が学習可能であれば，あらゆる種類のオペラント行動（たとえば喫煙）に影響を与えることができる。いろいろある**制御反応**のなかのひとつは，喫煙者がタバコやライターや灰皿を自分の視界の外に置くことである。こうすれば，喫煙を促す弁別刺激を除去し，**非制御反応**が生じる確率を減らすことができる。

　どのようにしてタバコをやめるかということについてのスキナーの**理論的**説明は，明らかに，ガスリーの立場（第3章）とはまったく異なるが，**実践的**助言に関しては同じである。

　このテーマについては，自己制御の**認知的**側面を論じる第5章で再度取り上げるであろう。

4.10　強化スケジュールとそれぞれの効果

　反応の生起確率を高めるためには，一般に，その反応と強化要因をくり返し結びつけるだけでよい。特定の反応の学習速度と**消去抵抗**（すなわち消去が起こる

までに必要な非強化反応の数）は，その反応が常に強化されるか，あるいは間欠的にしか強化されないかにかかっている。強化のそれぞれの効果は強化のタイプ次第である。スキナーは，強化の条件を系統的に変えながら，動物実験（多くはハトとネズミであるが）によって，このことを徹底的に研究した。

　そうした動物で観察された行動上の法則は，人間に適用することはできないのではないかという議論があろう。その議論は，とくに人類が高度に進歩した神経組織をもっていることを考えれば，妥当な意見である。その一方で，なぜ私たちは，同じ行動上の法則を使って，人間の行動の理解や予測ができるかどうかを検証するために，人間に対して，コントロール実験を実施してはいけないのであろうか？　スキナー自身は，彼の行動法則の妥当性を実証するために，人間の経験と行動から多くの例を使っている。たとえ，私たちが今日，より新しい理論をわがものとし，人間の生活についてまったく異なる考え方をしているとしても（スキナーの徹底した行動主義的観点の限界が，明らかに認められるようになって），私たちは依然，強化の有効性の条件に関する，彼の知見の適切性を認めなくてはならない。

◆連続強化（continual reinforcement）

　スキナーは，1回ごとの反応が強化される**連続強化**について語っているが，この形式の強化は，反応の出現の急速な増大につながるとはいえ，明白な短所ももっている。最も重要なことは，強化がやむと反応も**速やかに消去される**点である。子どもたちは，自動販売機のスロットにコインを入れると，チューインガムが出てくることを知っている。もし，コインが機械のなかに入ってもチューインガムが出てこない場合，機械のなかにもう1度コインを入れる子はごくわずかであろう。まして，2回目にコインを入れて何も出てこなかったとき，3回目のコインを入れる子はさらに少なくなるであろう。連続的強化は，行動の急速な発達という利点を提供するが，それと裏腹に，**消去抵抗が極端に低い**という短所も抱えている。

◆間欠強化（intermittent reinforcement）

　間欠強化では，すべての反応が強化されるわけではない。しかし，この場合の強化は，一定時間経過した後の最初の反応を強化する（**固定間隔強化**）とか，一定数の非強化反応後の反応を強化する（**定率強化**）などの形で，体系的に与えられる。

　固定間隔強化では，ハトが，実験箱の壁にかかっている小さな円盤を，たとえば3分間経てから，最初に突いたときに，穀類のエサを報酬として受ける。そし

て，さらに3分間の間隔の後に円盤を突いたときに（望ましい行動）強化が与えられる。その間にハトが何回円盤をついばんだかは関係ない。スキナーは，また，**強化スケジュール**または**強化プログラム**について語っているが，それは，彼が実験を遂行するために給餌器をプログラムに入れることができたからである。このタイプの強化のもとでは，反応率は強化（固定間隔）の後にかなり早めに減速し，次第にまた増加し，そして次の強化が与えられる直前にピークに達する。このタイプの行動の1例は，学校での**季節勉強家**である。この生徒たちは，通知票の時期になるとより一生懸命勉強し，その日が差し迫れば迫るほど，さらに猛烈に努力する。

定率強化では，ハトは，円盤を20回ついばむごとに，1粒のトウモロコシが与えられる。この強化の形は製造業で使われる。たとえば，労働者が出来高払いで雇われるとき，彼らがつくるある製品が30個になるごとに，一定のお金が与えられる。この種の強化は反応の比率を高めるが，しかしまた，強化が与えられると，直後に下落が見られる。

上述の強化スケジュール（**固定間隔**あるいは**固定比率**）では強化後に反応の中断が起こるという欠点があるが，**不定間隔強化**あるいは**不定比率強化**を用いた場合は，そうしたことが起こる確率はずっと少なくなる。**不定間隔強化**では，強化が与えられる前に経過する時間は変えられる。もし，ある教師が月に1度，抜き打ちの筆記テストをする場合，テスト間の実際の日数はそのつど変わるので，いつも着実に勉強することを生徒に奨励するねらいが果たされよう。不定間隔強化の1例として，平均1か月の間隔を考えてみよう。この種の強化はきわめて高い消去抵抗を提供する。不定比率強化を用いることによって，より高い反応率が得られるだけでなく，最高度の消去抵抗が達成できる。スロットマシンでは，平均勝利率は決まっている（もちろん，その遊技場の得になるように）が，プレイヤーが1回勝つ前に負けるゲームの数は不定である。こうした機械で遊ぶギャンブラーたちの粘り強さは，この強化プログラムで達成される消去抵抗が非常に高いことを示している。

ところで，**間欠強化**は**連続強化**よりも反応の生起確率がゆっくりと増加する。他方，**消去抵抗はかなり増大**する。これら双方の強化プログラムから成果を得るためには，行動が連続強化を使って発達し，それから不定率強化にスイッチすると，強化当たりの平均反応数は徐々に増大する。最初，連続強化をした後で，反応と強化の平均比率を，たとえば3：1とし，次に6：1に，そして最後に，20：1で終わるように続けていくことができる。ほかの方法では，やがて消去されてしまうような望ましい行動を維持するためには，時どきの強化を与え続けることがきわめて重要である。

◆ランダム随伴性と迷信的行動

スキナーは，ほかの強化プログラムやプログラムの組み合わせによる実験も行なっている。彼は，ハトに観察されたひとつの奇妙な現象を，迷信的行動として記述している。

彼は，数羽のハトを別々の実験箱に入れ，そしてプログラムされた給餌器がそれぞれのハトに15秒ごとに少量のエサを与えた。そのとき，ハトが何をしているかは問わない。だから，この強化プログラムは，強化が与えられる前に特定の反応が見られたかどうかには注意を払わないという点で，間隔強化とは異なる。後で研究者が実験室へもどると，1羽の鳥はじっと座っており，もう1羽は1本足で跳び回り，別の1羽はぐるぐる回っていた。その3羽はそれぞれ給餌と給餌の間，各々の行動の儀式をくり返していた。スキナーはこの種の行動を**迷信的**と呼んだ。なぜなら，行動と強化との関係は**ランダムな随伴性**に基づいているからである。時どき，迷信的行動は，たった1つのランダムな強化の後で出てくることがある。ハトがエサを受け取る直前にやっていたふるまい方が強化されたのである。

スキナーは，人間の迷信的行動はまさしく同じやり方で発達すると考えた。もしあなたがある問題の答えを見つける前に頭をかいたとしたら，その行動は強化され，（その行動が時どき強化されるなら）ひとつの習慣が形成される。同様に，ランダムな負の強化要因は，次のことを説明する。すなわち，なぜある人々は黒ネコが道を横切ると自分がしていることをやめるのか，あるいは月の第13日には，なぜすべての大切な活動を避けるのか。モデリング（Bandura, 1977）によって学習されたのではない多くの迷信も，ランダムな随伴性と間欠強化にその起源をもっている。

◆日常場面と教室場面における強化プログラム

強化プログラムの具体個別の効果についての知識は，私たちが共通な教育上の諸問題を回避するのに役に立つ。もし，ある父親がスーパーマーケットで3歳の息子にキャンディがほしいと執拗にせがまれて，**時どき**その子のいうことを聞いてしまうとしたら，彼は**間欠強化**を与えていることになる。また，もし，ある両親が，子どもがとくに**厄介な**やり方なり，とくに**愛すべき**やり方でふるまったときに，ふつうは無視するようなその子の願いに屈したり，聞き入れてしまったりしたら，同じことが言える。私たちは，間欠強化は子どもの成功的行動を次第に増やし，そしてその行動は，後で非常に消去しにくくなることを知っている。このことは，**一貫性**が，子どもを育てるポイントであるという教育専門家の見解に強い支持を与える。オペラント条件づけ理論についての知識は，また，間違った

場所で強化を与えることによって，知らず知らずのうちに望ましくない行動の発達を奨励してしまうことを防ぐことができる。

マイケルについて言えば，私たちは前に（4.7），いかにして彼を励まし，授業に積極的に参加させるかについて論じた。そのためには，彼の妨害的行動を無視し，**分化強化**と**漸次的近似法**を使った**行動のシェーピング**を用いることによって，望ましい行動を増やすという方法を取った。

いまや私たちは，漸次的近似法の重要性を認識できる。初めは強化の基準を低くして，強化のための機会が多くなるようにする。教師は，行動上の変化のための要求を徐々に増やすとき，可能な限り，連続的に強化を与え続けるべきである。彼女は，このひとりの生徒に多大な注意を注ぐことが，ほんの限られた時間のことだとわかったなら，そうするだけの価値があることを知るであろう。しかしながら，ここで大切なのは，教師にとってもマイケルにとっても，望ましい行動をたまにしか強化されない間欠強化に，切り替えることである。

4.11　嫌悪刺激——罰

電気のソケットで遊んでいて，ショックを受けたことのある人はだれでも，以前の活動の直接的結果として，**嫌悪刺激**を経験する。これは**罰**という現象であり，これに対応する活動はおそらく，くり返されることはないであろう。

しかし，学習心理学のコンテクストに，罰をおいてみたらどうであろうか。スキナーは，強化要因（正または負の）を，前の行動がふたたび起こる確率を高める事象として定義している。スキナーによる罰は，次のことを必要としている。①**行動の直接的で即時の結果**としての嫌悪刺激の導入（嫌悪刺激が反応の後に消える負の強化とは対照的に），あるいは②**正の強化要因の除去**（強化された事象が起きる正の強化の実現とは対照的に）。そこで，罰は行動の直接の結果であり，（正または負の）強化のまさしく正反対のものである。しかし，負の強化のために，嫌悪刺激は，罰せられた行動とは相容れない回避行動の発達に導くことがある。換言すると，罰は回避行動を強化することによって，望ましくない行動が起こるのを間接的に減らすことができる。

マイケルの場合，もし彼が罰せられたなら，おそらく以前のように授業を妨害するのはやめるかもしれないが，回避行動としてひそかに反発することを始めるかもしれない。他方，罰が適切に行使され（次に見るように），強化する余地がないとしたら，望ましくない行動の消去のためになることは間違いないであろう。マイケルの場合では，罰を与えても，望ましい前向きの教室行動をもたらしはしないであろう。これは本章の4.7で述べたステップを使って試みることができよ

う。

　ここで，罰に関するスキナーの初期の研究（Skinner, 1938）に対するバウアーとヒルガードのコメント（Bower & Hilgard, 1981）をながめてみることが役に立つであろう。

　　スキナーの罰についての見解は，何年にもわたってくり返し修正されてきた。彼の初期の諸研究は，弱い加罰手段（押されるとレバーがネズミの足を下からたたく）を使っている。その結論は，罰は行動に永続的な変化を生み出すには比較的効果のない手段であるというものであった（Skinner, 1938, p.154）。そして，次のようにも主張している。罰は，それが行使されている間は行動に対して抑圧的効果をもつが，罰が除かれると，以前の反応が回復し，消去の間でも罰を受けなかったときと同じくらい出現する，というものである。罰は行動を変えるのにあまり効果がないという，この解釈はひろく引用され，行動変容の実践的応用における，さまざまな自由な議論のために使われてきた。そこで，処方としては，正の強化だけを使うことである。なぜなら，この加罰手段は効果がなく，ただよくない副作用をもつばかりだからである。
　　しかし，あらためてながめてみれば，その解釈はむしろおかしい。この奇妙な論理によると，正の強化は無効であり，永続的効果のない一時的なものにすぎない，なぜなら，強化が手控えられると反応は消えるからである，ということになるかもしれない。アズリンとホルツによる，その後の罰に関する研究と分析（Azrin & Holz, 1966）は，食欲行動を抑えるのに罰がどれだけ効果的であるか，罰はそのパラメータによってどのように法則的な形で変化するか，そして罰が除かれ，強化が続いた後では，行動はいかにして回復するかを示している（Bower & Hilgard, 1981, p.187）。

　上であげたアズリンとホルツ（1966）は，彼らの大規模な研究を次のように要約している。
　①罰となる刺激は，勝手な逃避を許さないような形で準備されねばならない。②罰となる刺激は，できるだけ強力なものであること。③罰の頻度は，できるだけ高いこと。④罰となる刺激は，反応の後すぐに与えること。⑤罰となる刺激は，徐々に強めるのではなく，最大の強さで与えること。⑥長期間の罰は，とくに罰の強度が低い場合は，避けること。というのは，その間に回復効果が生じるかもしれないからである。軽い強度の罰を用いる場合は，ごく短期間用いることがベストである。⑦罰となる刺激の提示が，強化提示と分化的連合を生じないように十分注意すべきである。さもないと，罰となる刺激が条件性強化特性を獲得する

かもしれない。⑧罰となる刺激の提示は，消去の期間が進行中であることのシグナルまたは弁別刺激となるものでなければならない。⑨被罰反応を出そうとする動機づけの度合いは低減されねばならない。⑩被罰反応に対する正の強化の頻度も低く抑えられねばならない。⑪その被罰反応と同じ程度か，または，より大きな強化を生むような代替反応が用意されていること。たとえば，犯罪行動に対する処罰は，その犯罪行動と同じメリットを生み出す非犯罪行動が可能な場合は，いっそう効果的であることが期待される。⑫もし，代替反応が用意できない場合は，被験者は，罰せられることなく，同じ強化を得ることのできる別の場面への入場券をもつべきである。⑬もし，ある反応の後で，罰となる刺激そのものの提示が不可能であっても，罰の有効な方法は，まだ使用可能である。すなわち，条件づけられた罰を得ようとする反応に続いて，条件刺激を提示するのもよかろう。⑭実際的，法律的または道義的理由で，体罰の使用ができない場合は，罰として正の強化を減らす手も使えるであろう。正の強化の取り下げによる罰は，強化頻度を減らす期間を設けたり（タイムアウト），条件性強化の減少（反応コスト）を織り込むなどの方法で，そうした場面で実施できよう。このふたつの方法で要求されるのは，被験者が高いレベルの強化から始められるということである。そうでなければ，強化の取り下げは不可能である。もし，非身体的な罰を使おうとする場合は，望ましくない反応に対する罰として強化を取り下げる機会を残しておくため，被験者に実質的な強化の経歴を与えてやることが望ましいであろう（Azrin & Holz, 1966, pp.426-427）。

　これまでの論述から，私たちは，本章の例の教師がマイケルの妨害的行動をやめさせられるのは，多種多様な嫌悪的対応策を取ることによってしかできないことを知るであろう。本章の最後の部分で，もうひとつの代案について考えるであろう。第5章と第6章でも，罰のテーマは取り上げる。

4.12　観察と模倣による学習

　もうひとりの学習理論家，アルバート・バンデューラ（Albert Bandura）の観点から，マイケルの場面をながめてみよう。バンデューラは，私たちの行動のある部分が刺激によって引き起こされること，また，行動の結果に影響される部分もあることを完全に容認する。しかしながら彼は，個人の行為は，おもに初期経験の記憶と認知プロセスによって決定されること強調する。彼は完全な行動主義者とは対照的に，認知プロセス，とくに個人の**自己制御**と**自己調節**の能力を考慮に入れる。

　子どもの攻撃行動パターンの起源に関する，彼の研究プロジェクトのなかで，

彼は，他者についての単なる観察に基づく学習プロセスの重要性に注目した。これは彼の**観察学習（モデリングや模倣学習としても知られている）**に関する理論の基礎をなすものである。バンデューラはこの理論を発展させ，それが完全な**社会認知的学習理論**となった（Bandura, 1977, 1986）。晩年，彼はますます自己の体系，とくに自己効力感に専念するようになり，そうするなかで，行動主義から離れる道をたどった。

私たちは，ここで，マイケルの妨害的行動が，クラスのほかの生徒にどんな影響を及ぼすのかを，**モデリング**という背景に照らして検討してみる。彼の仲間の生徒たちが，彼の模倣をするかどうかは，いくつかの要因にかかっている。まず，彼は仲間に完全に受け入れられていなければならない。そして第2に，彼の妨害行動に対して，級友たちの目が注がれているということがなければならない。第3に，マイケルの行動の結果（と，教師の反応）が，強化（**代理強化**）として，クラスのほかの生徒たちから認知されなければならない。最後に，彼の行動を模倣する生徒たちは，彼と同じ強化を受けるということがなければならない。これら4つの条件がすべて満たされると，マイケルの行動は模倣されるであろう。

逆に，マイケルは，同じ条件が満たされれば，級友たちから協同的で，建設的な教室行動を学習することができるであろう。バンデューラにとって，行動と行動の結果の関係は，行動主義論者が信じるような機械的な方法ではなく，認知プロセスによって形成される。彼は，**行為の結果についての期待**が，ある行動が模倣される原因になっていると信じている。

私たちはまた，期待を使って，マイケルの妨害的行動についての新しい解釈の基盤をつくることができる。もし私たちが，彼の行動が単なるオペラント行動ではなくて，彼の期待の結果であると考えると，マイケルはもはや，正常な協力的なやり方でふるまうことによって，教室のなかで十分な成果を上げようとは思っていないと考えるのが理にかなっている。あるいは，バンデューラが言うように，マイケルは目の前の教科に関して低い**自己効力期待**しかもてないのかもしれない。もしそうなら，教える側のおもな課題は，たとえば彼に課外指導をするなどして，彼が自分の実際の能力と知識を向上させるのを援助してやることであろう。

4.13　1つの授業のなかで機能する学習プロセスの多様性

本章で分析してきた場面をふり返ってみると，さまざまな学習理論のいかに多くの側面が，こうした状況についての私たちの理解に寄与し，また，行動の変容のしかたについての示唆を与えているかに驚くであろう。**オペラント条件づけ**の理論は，行動の結果が，いかにその行動の発達や維持，あるいは消去に影響する

かを説明してくれる。それは，マイケルに建設的な教室行動を促す方法についての示唆を与えてくれる。私たちはまた，学習プロセスにおける情動の役割について理論的な観点から吟味した。私たちは，罰が効果的に行なわれるために満たすべき条件を検討し，そこではスキナーの初期の知見よりもむしろ，バウワーとヒルガードの理論に注目した（Bower & Hilgard, 1981）。私たちはさらに，よりひろい視点からの**社会認知的学習**の理論を検討し，モデリングとそれに関連した認知プロセスを考慮に入れて，教室場面のより多くの側面について理解しようとした。とくに，この理論は，マイケルの問題行動について，この行動は授業を終える際の彼の不充足感（自己効力感の低さ）から生まれたものであるという新しい解釈を，私たちに提供してくれるものであった。

しかしながら，私たちがこれまで見過ごしてきた授業の，もうひとつの側面がある。つまり，消去や罰を使うことによって，マイケルが望ましい教室行動を身につけるのを励ましたり，彼の授業妨害をやめさせることとは別に，この教師には授業後に，彼を脇に連れ出して，軽いおしゃべりをするなどの可能性もあるはずである。彼女は彼に，彼のやむことのない妨害を認めるわけにはいかないことや，マイケル自身も気づいているように，いやな手のあげ方も認めるつもりはないことなどについて話してやることもできよう。彼女の期待は，彼の行動が速く変化することである。もし，マイケルがそこそこに利口な生徒であれば，すぐに**理解**するであろう。理論的には，彼は一種の軽い罰を受けただけでなく，**フィードバック**も受けたことになる。つまり，教師のその言葉は**情報的な性質**をもっている。彼女の言葉に含まれている軽い罰となる刺激は，機械的にではなく，その言葉についてのマイケル**自身の教師の言葉の解釈**を通して作用する。マイケルも，教師が自分のことを気づかってくれるようにするためには，自分は何ができるかについて情報を得る。私たちはここでふたたび，**強化についての認知的解釈**（ひとつの刺激場面としての教師の言葉）が学習プロセスの説明を与えてくれることを知るのである。この教師の言葉は，バンデューラが言うように，行為の結果についての新しい期待につながる。

もし，私たちが，前述のような**代替行動を採用する**（ここでの問題にとっては非常によい解決法である！）ことを奨励する選択肢を考えれば，適切な教室経営にとって，少なくとも，ふたつの面があることが明らかに理解できよう。それは①**完全な教材準備**，すなわち内容（これは私たちのここでのおもな関心事ではない），および②**管理プラン**，である。教材の入念な準備は，教師に対して安心感や知的優越感，および内在能力（エネルギーや強い気力）を与えてくれる。それらは，第2のポイント，つまり，教師が絶えず反応し，フィードバックを与え，そして調整することが求められる，授業の流れの編成とコントロールということ

にとって必要なことである。教師は，自分の行動が，生徒たちにとってはひとつの刺激場面になっていることをけっして忘れてはならず，彼らがどのように，それに反応するのかを絶えず観察していなければならない。

❖この章のポイント

1 オペラント条件づけは，行動が後続の事象（結果）によって強化されるときに起こる。特定の行動が生じる頻度は，正の強化要因の導入あるいは負の強化要因（嫌悪刺激）の除去によって増加させることができる。

2 オペラント条件づけの理論は，最初，B・F・スキナー（1904-1991）によって開発された。

3 古典的条件づけでは，基本的行動と新たな刺激との間に連合が形成されると考えるが（第1章「この章のポイント」参照），それとは対照的に，オペラント条件づけでは新しい行動様式が学習される。

4 もし行動が，ある刺激はあるが，ほかの刺激はないという状況下で強化された場合，やがて，この行動は強化時に存在した刺激への反応においてだけ示されるであろう。この刺激は弁別刺激と呼ばれ，将来，行動を制御するために使われる。

5 望ましくない行動もまた，強化によって成立する。そうした行動の変容が起こるのは，消去，罰，（両立不可能な）望ましい代替行動の強化，理解（行動の結果についての認知的解釈），モデルからの代替行動の学習（観察学習，模倣），自己効力感および実際の能力についての期待の変化，などによってである。

6 自己制御法においては，制御反応（たとえば深く息をする）が学習されて，被制御反応（たとえば怒り）に対する弁別刺激（たとえば生徒の妨害行動）の影響を抑えることができる。

7 ある行動のシェーピングは，一方では弁別強化，すなわち望ましい行動を強化し，望ましくない行動はすべて無視することをともない，他方で，漸次的近似法を通して期待された最終行動の漸次的形成を促すことをともなう。後者においては，期待された最終行動の最も基本的な構成要素が初めに強化される。それから，強化要因の基準が，期待された最終行動の方向に徐々に移動される。

8 反応の生起確率の増大は，一般に，その反応と強化要因との何回ものカップリングによってのみ達せられる。学習の速度と消去抵抗（すなわち最初の反応を消去するために必要とされる非強化反応の数）は，期待された行動が**現われるたびに強化されるか（連続強化**），それとも**偶発的に**強化されるか

(**間欠強化**) にかかっている。

9 　連続強化は，反応の生起頻度の急速な増加をもたらす。しかしその反応は，強化がやむと急速に消去される。間欠強化では，反応の頻度の増加はきわめてゆっくりであるが，消去抵抗ははるかに高い。

10 　間欠強化は，間隔スケジュールまたは定率スケジュールを使って与えられる。間隔スケジュール強化は，一定期間後に示される最初の期待された行動に対して与えられる。定率スケジュール強化は，ある比率に応じて（たとえば3：1とか40：1など），一定数の非強化反応があった後に示される最初の期待された反応に対して与えられる。間隔スケジュールと定率スケジュールは固定型でも変動型でも可能である。すなわち，時間間隔と割り当て比率（quota ratio）は，全体の条件づけプロセスに対して一定のレベルで設定されるか，あるいは変動させることもできる（一定の平均をもつ変動間隔と変動比率）。

11 　両方のタイプの強化プログラムの利点を生かすためには，最初は連続強化を使うことによって行動パターンをつくり上げ，それから，変動比率強化に切り替えて平均比率を徐々に上げていくこと，すなわち強化の頻度を徐々に下げていくことであろう。

12 　罰は，行動の結果としての嫌悪刺激の導入または正の強化取り下げとして定義される。それは回避行動へつながることもある。スキナーによれば，罰を受ける反応が生じる確率は，罰の随伴性が存在し続ける限りの程度と長さで減少する。だが，罰の効果が長期間維持されるようにするための原理がある（Azrin & Holz, 1966）。

13 　バンデューラによると，行動もまた，モデリング（観察学習，模倣）によって形成される。行動が模倣されるか否かは，モデルと，モデルが受ける強化（代理強化）と，模倣者によって受け取られた強化の特性にかかっている。

14 　バンデューラは，たいていの行動は，条件づけられたもの（古典的あるいはオペラント的に）ではなく自己調整を必要とするもの，と考えている。とくに行動の結果の期待と，自己効力の期待である認知プロセスは，行動の説明に非常に大切な役割を演じている。自己効力の期待は，能力の不足を改善する技能を与えることによって，うまく増やすことができる。

第5章

「待つこと」と「なしですますこと」の学習／衝動と行動の制御

5.1 はじめに

　本章では，個人生活の面でも社会生活の面でも大きな役割を果たす，1つの技能，すなわち「なしですますこと」ができる能力，あるいは少なくとも（関係あるすべての人にとって）適当な時間が来るまで待てる能力を身につける学習の問題を取り上げることにする。

　本章は，見方によれば，学習理論についての一種のレビューと言えるかもしれない。いくつかのテーマ，とくに罰と観察学習については，より体系的に扱われるであろう。しかし，本章の最重要のテーマは，衝動や行動の制御を可能にするプラン，または思考系の学習ないし構築という問題である。これまでの章で私たちは，ある種の行動が外的強化の助けによって学習されることを見てきた。しかしながら，私たちが（子どもを含めて）人々に期待するのは，彼らの行動が内側から，つまり外的な助けや制御なしに成り立つことである。だが，後で述べるロナルドのケースは，そのことがいかに困難であるかを示している。以下では，このケースに見られる学習の行動的側面と認知的・心理的側面について，いくぶん詳しく検討してみることにする。

　これまでの章で，学習理論の最も際だった特徴について見てきたが，この章で主役を演じるのは，次のキーワード群である。すなわち，**罰としての正（プラス）の強化の取り下げ，罰のモデリング効果，しつけの身体的・心理的手段，衝動・行動を制御するためのプラン，行為を調節するための認知的構造**（動作調節的思考系），**刺激状況の変容，代替行動の学習，報酬の遅延，行動の言語的自己制御，自己活動の強化，目標志向的・報酬志向的プラン，子どもと母親の具体個別の行動の相関**などである。とくに，後者の問題（母子の行動の相関）は，自分の衝動と行動を制御する能力に深く関わっている。かくして，次の数ページには，これまでの章で考察してきたことがらを超える，多くの考えが含まれるであろう。

　この第5章は内容的に，本書全体の典型であると言ってもよいであろう。なぜならば，本章は日常的な学習場面がいかに複雑なものであるか，また，個人の発

達に対して協働的促進効果を発揮することになるような、みのりある学習過程を招来する環境をつくり出すには、いかに注意深くなければならないかを如実に示しているからである。

5.2 行為の結果とその強化的効果

　ここで、ひとつの仮想的場面について考えてみよう。ひどく暑いある日、若いお母さんが3歳くらいの男の子を連れてスーパーにやって来る。子どもの名前はロナルド。お母さんがショッピング・カートを押して、店内をあちこち歩き回るが、ロナルドはカートにぶら下がったり、落ち着きなくまとわりつき、引っ張られるようにして歩いている。ソフトドリンクの売場に来たとき、突然ロナルドが「ぼく、のどが渇いた」と言う。母親は聞こえなかったそぶりで、品物をカートに入れ続けている。すると、ロナルドはまた、「何か飲み物がほしい。のど渇いた！」と言う。母親は紙パック入りのオレンジジュースを棚から取り、カートに入れる。ロナルドは「オレンジジュースがほしい」「のどが渇いた」といってぐずり泣きを始める。母親はカートを押して肉や冷凍食品売場のほうへ行って、順番待ちの列に加わる。ロナルドは今度は前よりもいくぶん大きな声で「飲み物、今ほしい」「オレンジジュースほしいの！」と言いながら泣く。母親が「だめ、今は！」というと、子どもはますます大声で泣き、「オレンジジュース！　ぼく、オレンジジュースがほしい！」と言いながら、じだんだをふむ。ふり返ってロナルドを見る買物客もいる。母親は子どものからだを揺すりながら「黙りなさい、お黙り！」という。そのことで、彼の泣き声はますます大きくなり、母親にしかわからない言葉でわめき散らす。母親はほかの買物客の視線を気にして自分を見失い、ストローをジュースの箱に押し込んで、それを子どもに渡す。子どもはやっと静かになって飲み始める。

　このような場面は、時にもっと弱い形か、あるいは逆にもっと激しい形で展開することがあろう。しかし、結果は明らかである。つまり、母親は飲み物をあげることによって、子どものぐずり泣きをやめることに成功したのである。子どもは自分の欲求を満足させ、母親はほかの買物客たちの厳しい視線を避けることができたのである。

　さて、ここで、上のできごとをスキナー流の観点から、すなわち当事者の内面で起こっている感情や認知的プロセスを考えることなしに、分析してみることにしよう。ロナルドは棚の飲み物によって（その後ではカートのなかのオレンジジュースによって）「活性化された」（「動機づけられた」）のである。こうしたジュースの箱は、これまで常に欲求満足に先行する**刺激**であったし、それゆえにまた、

5.2 行為の結果とその強化的効果

弁別刺激である。母親がロナルドの要求に注意を向けなかったことが，彼の行動をしずめるのではなく，むしろ強めることになったのである。これは消去の局面の初期によく見られる現象である。母親はジュースの箱をカートに入れたが，これはロナルドの行動になんの効果ももたなかった。彼女はロナルドが泣き叫び，じだんだをふみ出すとロナルドのからだを揺すって叱ったが，この双方の行動は**オペラント行動**である。からだを揺する行動は**嫌悪刺激**——つまり罰——と受け止めることができる。しかしながら，からだを揺すったことが，手のつけられないわめき声をともなう，強い**情動反応**を引き起こす**無条件刺激**になったと考えるのが自然である。

つまり，この母親の対応が一種の反射（スキナーの用語では**レスポンデント行動**）を起こさせる引き金になったのである。そこで彼女はロナルドにジュースをあげ，彼の泣きわめきとまわりの人の視線が弱まる。この両方の効果は母親にとっては**負の強化要因**となり，近い将来，またジュースをあげる確率が高まったと言える。他方，母親のそのほかの行動（ロナルドを飲み物売場から離すとか，彼のからだを揺するなど）は強化されることなく，彼の行動を強めることになった点で，むしろ**罰**となったと見られる。このことが，今度は，母親の情動レベルを同じように高めることになる。

ロナルドにとっては，ジュースを飲むことは自分の要求を満たす**正の強化要因**であるとともに，ジュースを飲んでいる間は情動レベルが下がるという意味で，**負の強化要因**でもある。これもまた，**社会的相互作用場面における相互に効果的な条件づけプロセス**の例である（マイケルと教師の相互交渉について考察した第4章参照）。つまり，ロナルドの不適切な要求行動は母親がジュースを与えたことによって強化され，ジュースを与えれば，その不適切な要求がやむことを母親が知ったがゆえに，彼女はふたたびそうするであろう確率が高まったことになる。

さて，ほかの理論では，この同じ場面のなかでも別の局面に焦点が当てられるかもしれない。たとえばドラードとミラー（Dollard & Miller, 1950）の理論によって，ロナルドの要求の高まりを解釈すれば，（飲み物を得るという）目標の達成が妨げられたことが怒りをともなう欲求不満を生むことに導いたということになろう。この怒りが動機づけ効果をもって，攻撃行動に導いたのかもしれないのである。つまり，ロナルドのだだこね行動は，いわゆる欲求不満−攻撃仮説で説明できるかもしれない。この場面では，たとえば「ぼく，ママなんかきらいだ！」というような言語的行動のような，ほかの攻撃反応も起こり得たであろう。そこで，さらに別の理論では認知的プロセス，とくに期待の役割に注目するかもしれない。

こうして，同じ場面の違う側面に分析の目が向けられることがあるので，さま

ざまな理論が必ずしも矛盾するわけではなく，説明しようとしている側面が違っている点に注意を要する。次のセクションでは，まず行動主義的な学習観について考察し，続いて，自分の衝動と行動を制御する学習の，最も重要なプロセスに関する認知的解釈を見てみることにしよう。

5.3　母親はどのようにして学習を制御できるか──ほかに考えられる可能性

　言うまでもなく，**すべての**母親が上に述べたような反応を示すわけではない。上の例は**別の行動パターン**も可能であること，とくに**消去**と**罰**の力に頼る場合もある点に，目を向ける役割も果たしている。子どもにとって，**待つことの学習**を可能にし，**フラストレーション**と折り合いをつけるのに役立つような方法，よりひろく言えば，子どもが自分の欲求や，そこから来る衝動を制御するのに役立つような方法を見い出すことが重要である。私たちはこれまで，子どもの**望ましくない行動**が母親の（見かけ上）うまく行った対応によって強化されるようすを見てきた。しかし，この子どもはまだ，自分が望むもののために待つとか，自分の行動を制御することを学習してはいない。

◆消去

　ロナルドの母親は，彼がのどが渇いたと言っても，最初は反応を示さなかった。もし彼が飲み物を何も得られなかったとしたら，彼の行動は強化されなかったかもしれない。これはひとつの消去のケースである。少しの間，彼の要求は強まったかもしれないが，たぶん，そのうち薄らいでいったであろう。とはいえ，彼の要求行動の完全な消去が起こるのは，スーパーに行って泣いたりわめいたりしても，目的は果たせないことを何度か経験したときに，初めて可能になると考えることもできよう。この例では，母親はオレンジジュースの箱を棚から抜き取り，カートに入れるという行動を取ることによって，ロナルドが要求を強める局面で，消去が起こることを妨げてしまった。ジュースの箱は常に目の前にあることになったので，この**弁別刺激**が今度は彼の要求行動をコントロールし，もはや消去は不可能となる。この**刺激制御**の活性化を防ぐためには，彼女は店内を歩き続けるべきであった。

　この子の自分の行動制御は，有効性をもつまでには至っていない。それは，子ども自身がその賦活者ではないからである。母親が歩き続けていけば，ロナルドは自分の行動を制御することを学習する機会を失うことになったかもしれないが，彼は別の（もっと受け入れられやすい）行動を取るきっかけを見つけたかもしれ

5.3 母親はどのようにして学習を制御できるか——ほかに考えられる可能性

ない。ここで，スキナーの理論に基づく，行動制御の最初の解決法を目にすることになる。つまり，この子どもは，飲み物売場を素通りし，そのまま歩いて行くことによって，この刺激場面に変化をもたらすことを，強化という手段で学習するのである。

◆罰

ロナルドのからだを揺すったり，彼を叱ったりする**物理的（身体的）罰**が効果がなかったのはなぜであろうか？　叱るということは，通常，ロナルドが望ましくない行動をやめ，また，回避行動をもたらすことにつながるような，かなり強い嫌悪刺激であることは間違いない。しかし，あいにくなことに，彼の行動を制御する弁別刺激としてのジュースの箱がカートのなかにあって，目に見える状況にあった。さらに，ロナルドは実際にのどが渇いていた。だが，なぜ，実際にはジュースの箱よりもはるかに強い刺激である，からだを揺する行為が，彼の行動を止められなかったのか？　それは，ひとつには，からだを揺する行為があまりに強すぎたために，ひとつの無条件反射，すなわち，きわめて強い情動反応の引き金を引いてしまったと考えられる。ロナルドの泣き叫びは，この場合，オペラント反応ではなく，むしろ，レスポンデント反応（反射的反応）である。この場面では，ジュースの箱が（ほかの特徴でもよいが）常に目の前にあるため，それが（古典的条件づけでいうところの）情動反応の条件性解発要因（conditioned release）となり，それが今度は，後の回避行動の確率を高めることになると考えられる。ロナルドが，条件性情動反応を形成したかどうかはわからない。このことは，後にスーパーに行ったときにのみ，はっきりするであろう。こうして，母親の厳しい**身体的罰**が成功しただろうことを排除できず，また，ロナルドにジュースの箱を与える必要はなかったかもしれないということも排除できない。

ロナルドの要求が強くなる前に，そしてまた，弁別刺激（訳注：ジュースの箱が目の前にあること）が行動制御力をもつようになる前に，罰または**罰の脅し**が加えられていたとしたら，それは，どのような性質のものになるかと考えてみよう（ここでは，母親がロナルドに「静かにしていれば，後で遊び場に連れていってあげるよ」といって，別の行動の強化もできたのではないかということは考えないことにする）。

身体的な罰は明らかに不適切であったと思われるので，「すぐにやめないと，夜，お話ししてあげないわよ！」とか，「よしなさい。でないと，入口でひとりで待つことになるわよ！」などの形の**愛情**または**特典の取り下げの脅し**か，それとも，**ひとりぼっちにする**という脅ししか残らないことになる。もちろん，こうした脅しの言葉は，ほかにもいろいろあるだろう。

第5章 「待つこと」と「なしですますこと」の学習／衝動と行動の制御

　こうした脅しの罰は，どちらも子どもに不安を引き起こし，結果的に，彼の要求行動を終結させることがある。スキナー流に言えば，こうした脅しの罰は不安と**回避行動を引き出す嫌悪刺激**である。しかし，認知的プロセスに目を向けてみよう。子どもは母親の言葉を解釈し，そして「結果についての予測」が不安を呼ぶ。ロナルドは一方で特典（母の愛情と情愛　love & affection）を失うことになり，他方で買物客のなかでひとりにされる。そして，母親はきっと罰の脅しを実行するだろうという知識が，不安レベルをぐっと引き上げる。

　そうした罰の脅しが早い時点で行なわれた場合は，実際に子どもの行動を，ある程度，方向づけることができるかもしれない。母親の愛情を失うのではないか，ひとりにされるのではないかという恐れが，彼の行動制御の道をひらくかもしれない。こうして，言葉による罰の脅し（母親による嫌悪刺激）は子どもの反応を**抑制**し，それが今度は，この例のなかで述べてきたような形で発達する，より大きな行動群の一部になるのである。

　罰によって子どもの反応を抑制しようとする場合，早い時点で実施したほうがよい（このことは多くの研究が示している。たとえば，Walters & Demkoff, 1963；Bandura & Walters, 1963, p.162f.）。ロナルドの例では，彼が飲み物をほしがったとき（抑制さるべき望ましくない要求），最初または2回目の要求で対応すべきであったことを意味する。こうした刺激場面は，子どもが飲み物をほしがったときには常に起こり得るが，不安反応と組み合わされて，望ましくない行動にではなく，**待つ行動**につながる可能性のあるものである。この場合の強化は，明らかに負の強化である。子どもがさらなるぐずり泣きやねだりをやめたとしても，不安との連合は**皆無**であることを意味する。すなわち，**嫌悪場面**（入口でひとりで立っていること）は起こらないのである。それは，純粋な意味で，一種の**負の強化**である。そうした強化は，しばらく待っている間，行動を抑制し，鎮静化させることができる。

　上で述べた処罰は，母親による**嫌悪刺激**である。しかし，この刺激の用いられ方は一様ではなく，嫌悪の度合いもさまざまであり，大仰な脅しや攻撃（顔を表情や身ぶり，語調など）をともなうこともあり，「それはよくないことよ！」というような形の**真の情愛**をともなう**前向きの姿勢**から発せられたものである場合もある。あるいは，そうした行動を取れば，その後，どういうなるかということをはっきり（しっかり）言葉で**説明**してやることもあろう。この種の処罰は，**心理的**な対策であって，**物的**な対策ではなく，頻繁に，比較的少ない努力で実行可能である。というのは，子どもは，自分の要求に対して，母親が折れてくれることを当てにしてはいけないことを諭そうとする母親から出される**非常にかすかな刺激**（very faint stimuli）に対して，速やかに波長を合わせるからである。つまり，

5.3 母親はどのようにして学習を制御できるか——ほかに考えられる可能性

子どもたちはそうしたメッセージに対するアンテナをもっており，自分の行動が成功を収めるかどうかを，感じ取る力をもっているのである（もちろん，同じことがおとな同士の間でも当てはまる）。こうしたアンテナは，意識的，無意識的に（このほうが多いが），母親から発する**弁別刺激**の知覚を可能にする（第4章のオペラント条件づけの節とHolland & Skinner, 1961参照）。このアンテナは少数の子どもだけの特別な天性などではなく，育児に責任のあるそれぞれの人（たち）の機能（function）と見るべきものである。つまり，人は（自分のためにも）子どものなかの前向きの反応の引き出し役となり，それが今度は，自分が発する弁別刺激のタイプを含めて，自分自身の行動に対して影響を及ぼすことになるのである（もちろん，こうした非常にかすかな刺激場面でさえ知覚するような学習は，目に見えない形で成立するのかもしれない）。

スキナー流の見地からすれば，これらの嫌悪刺激はすべて，同時に**なんらの強化**も起こらないことを物語る弁別刺激でもある。つまり，ロナルドが示したような要求行動は，ある場面で消去されても，別の場面では強化されるかもしれないことを意味する。これは**分化強化**である。

しかし，私たちの例には，ほかの，より積極的な性格の罰の方法も含まれている。すなわち，ロナルドがぐずり泣きやわめき泣きをしても，母親がそれを押しとどめようとせず，オレンジジュースの箱を棚にもどして店を出ることである。ロナルドがまた泣き出さないようにするには，ジュースを買っても，後でそれを彼にあげないことである。これは**正の強化の物の取り下げ**の役を果たし，子どもが泣きわめいてもむだになる。正の強化が撤去されることは，ロナルドにとって当然強いフラストレーションとなる！　その結果の予測は容易ではなく，おそらく攻撃的な反応を引き起こすであろう。

しかし，このことはどんなに強調しても，強調されすぎることはないのであるが，中心的役割を演じるのは，しつけの方法の**コンテクスト**である。ここでまた，考えられる手段は数多くある。まず，母親は家を出るときに，静かにそれとなく，なぜ今はジュースがもらえないかを**説明**してやることもできよう（随伴性の詳しい説明）。母親は彼の行動が好きでないこと，そんなことをすれば，やんちゃになること，ジュースはほかの日のために，いっしょに飲むときのために取っておいたほうがよいこと，そうすれば，彼が何か**よいこと**をしたことになるのだ，というようなことを言って聞かせることもできるであろう。次に，叱りつける場合も考えられる。「大勢の人の前で泣くんじゃないの。泣いてごほうびをもらおうとしてもダメよ」。第3に，非常に皮肉な形になるが，母親自身が子どもの目の前でジュースを飲んでしまうこともあろう。そして，事実，こうしたことは時に起こる。

第5章 「待つこと」と「なしですますこと」の学習／衝動と行動の制御

　正の強化の保留の方法はさまざまあり，その効果もいろいろであって，予測は困難である。それは，その効果が，子どもの**これまでの社会化**や**学習パターン**（スキナーの言葉では強化の歴史）によって規定されるからである。

◆罰のモデリング効果

　ここで注目すべきことは，母親による罰の**モデリング効果**は，母親（社会化の担い手）がどういう方法で，その罰を与えるのかということにかかっている点である（Bandura, 1977, 1986）。すなわち，将来的に抑制されるべき，ぐずり泣きやわめき泣きなどの望ましくない行動ばかりでなく，愛情のこもった目でながめたり，説明してあげたり，さらには攻撃性や口答えなどの行動も，模倣によって**学習**されることがあるのである。母親はたぶん自分のモデリング効果には気づいていないであろうが，子ども自身による衝動や行動の制御の学習に関しては，モデリング効果のほうが，彼女の意識的対応よりも重要であるかもしれないのである。

　ところで，これまで扱ってきた罰は**心理的しつけ対策**の部類に属すものである。これはほかのタイプの罰，つまり**身体的な罰**と対比される。ロナルドの母親は，事実，お尻やほおを叩く（spank or slap）こともできたはずである。身体的な罰の効果は多様で複雑であり，その罰が加えられる**コンテクスト**や罰の**与え方**及びその**程度**によって規定される。上述の場面では，また長い目で見ても変わらないが，ロナルドの母親は彼に待たせることもできたはずである。すなわち，**無条件反射**，この場合は身体的な罰，という手段を用いたなら，そのときの場面の特徴も母親の行動の特徴も，古典的条件づけの性質を帯びたものになったかもしれないのである。この場面における望ましくない行動の抑制の学習が，類似の社会的場面に転移するという形で**刺激般化**すら生じたかもしれない。期待理論からすれば，ロナルドは自分の行動の受け入れがたい結果を予想し，自分で適切な行動を取るであろうと考えることができよう。

　しかしながら，身体的な罰の行使には，ふたつの大きな問題がつきまとっている（同じことが極端に攻撃的な叱責にも当てはまる）。すなわち，上述のことから，罰というものは常に，なくしたいとされる行動よりも厳しいか強いものにならざるを得ないことが明らかになろう（Azrin & Holz, 1966；第4章参照）。しかも，罰には下降傾向（downside）がある。つまり，子どもに服従を強いるために取られる手法が強制的であればあるほど，その効果は下がるであろう。そのような服従は罰する人がいないときは長続きしない（Sears et al., 1953；Rosenhan, 1969：Lepper, 1973）。スキナーは罰というものは一般に消去にはつながらず，ただ，罰の随伴性が存在する限りにおいて，行動の**抑圧**につながるだけだといっ

ている。ただ私たちは，バウアーとヒルガード（Bower & Hilgard, 1981）に準拠して，この点についてひとつの立場を批判的に取ってきており，そのうえで罰の有効性を強調しているのである（第4章4.11およびAzrin & Holz, 1966参照）。

次に，正の強化の取り下げとの関連で先に指摘したように，私たちは**2次的**学習効果も計算に入れなければならない。身体的罰や攻撃的な言葉による叱責は，それが行動を制御し調整するために（例外なく）使える**唯一の**方法を意味するという点で，**モデリング効果**をもたらすこともある。そのため，身体的な罰や攻撃的叱責は，やがて**あらゆる**相互作用場面で，他者の行動を制御したり修正したりするために自由に使える**最良の**方法となってしまうかもしれない。子どものほうは母親に対して，こうした方法を（まだ）取れないかもしれないが，きっと妹や弟に対して使おうとするであろう。身体的または言語的攻撃を，しつけのおもな方法ないし唯一の方法として用いる母親の子どもは，自分の影響力を保障し確保するために，遊び仲間に対して同じ手段を用いることを諸研究が示している。そうした子どもに顕著なことは，母親以外の重要な人々（祖父母や先生方，あるいは遊び仲間でさえも）が示す**正の強化**や**説明**，あるいは**理にかなった議論**など，ほかの手段を受け入れようとせず，反抗的でさえあることである。

このように，身体的な罰を用いることには，そうしたしつけの手法のモデリング効果から来る2次的学習効果ゆえに，相当のマイナスがある。ここで欠けているのは，社会的コンテクスト，換言すれば欲求不満と付き合わなければならないような場面における望ましくない行動を処理するための，**代わりとなる非攻撃的手段のモデル**である。

身体的または言語的罰に関して，次のことも重要である。すなわち，もしロナルドが肉売場での発作的行動のためにお尻やほおをぶたれることになったとしたら，この負の経験は彼にとって，**ひとつの特殊な**，すなわち**最後の刺激布置**と結合してしまうであろう。そして，それがついには，刺激とそれに対応する反応の長い系列のなかの唯一で最終のものになってしまうであろう。これはもちろん，その場面において母親が目標としたことではない。上でふれたように，罰がなんらかの効果をもつものになるためには，極端な反応を呼び込まないために早い時点で行使されねばならない。つまり，**罰のタイミング**が大きな役割を演じるのである（Johnston, 1972）。

ところで，望ましくない行動を長期的にわたって除去のために処罰が貢献するとしても，やはり望ましい行動が望ましくない行動に取って代わる必要がある点を忘れてはならない（第3章および第4章参照）。

5.4 衝動と行動を制御するためのプランの学習

◆衝動と行動の効率的制御の構成要素

1 ロナルドは,環境刺激によって引き起こされた望ましくない行動を抑制するには,どうすべきかを教えられる必要があった。ジュースの箱が目に入ったことで,飲み物に対する彼の欲求が高まり,「ぼく,のど渇いた!」という最初の言葉が出てくる。自分の衝動や行動を自分で制御する最初の要素は,そうした反応を抑制する能力だということになろう。

2 そこで,彼は「あることをしないこと」を学習しなければならない。これは,もしほかのなんらかの行動(買物となんらかの結びつきのある,彼の欲求を満たしてくれる代替行動)が,この望ましくない行動に取って代わるなら,実現することは容易なことである。とりわけ,このことは,人のすることは,一連のステップと目標からなる方向性と順序性をもったものであること,すなわち,品物を探して何度か行き来すること,時に待たされたり,店員のサービスを受けたり,時には直接棚から物を取ったり,お金を支払い,そして店を出るなど,を彼が学習しなければならないことを意味する。これらのことはすべて,買物に行くという経験に属すことである。

　代替行動を用意してやる最も単純な方法は,刺激場面を変えることである。たとえば,ロナルドがジュースの並んでいる棚から離れて,その刺激を完全に回避するなどの形で,**自分自身**で刺激場面を変えることを学習したら,それは彼にとって利益になったであろう。こうした代替行動が,スキナーのいう**制御反応**である(第4章4.9参照)。

3 さらに,ロナルドは,願望や欲求の充足を後まで遅延させることを学習しなければならない。報酬が得られるのはいつごろかを,ある程度はっきりさせて,彼に目標をもたせることは有効であろう。しかし,空想のなかに居座ってしまうような目標表象を,身につけてしまわないように注意しなければならない。ロナルドは,とりわけ,我慢強く待つことも**価値あること**だということ,そしてそのことによって,報酬そのものやそれを得る楽しみが大きくなり,母親の喜びも自分の喜びも度合いを増し,何かを成し遂げることの達成感も得られることを学習しなければならない。

4 最後に,衝動・行動をコントロールするための,プランの構築を促進することができる予防的対策をあげることも忘れてはならない。

こうした待つことの学習は,**目標に沿った行動系列**の行程の制御を保障する**構造的プランの学習**の1例である。関与する**すべて**の人の目標を含めるとしたら

（それらは母親と子どもで同じとは限らない。つまり，母親は順番に買物をすませたいと思うであろうし，子どものほうは家に帰りたいと思うかもしれない），買物という動作系のプランの問題を考えることになる。

◆この先の検討事項

　ここで，これから先，何が問題になるのかについて少し見ておくことにする。第10章と第11章では，そうした動作系の問題を記憶心理学の視点から検討する。そこでは，**包括的認知構造**とか**動作系列のためのプラン**，あるいは**スクリプト**など，さまざまな命名が可能である。それらは，つまり，日常生活のなかの多少とも型にはまった場面や事象とかできごとについての，概念的情報の長期的，図式的貯蔵である。社会的知識もこうした形で貯蔵される。それは，（眼前の刺激から来る）特定の場面で予期することのできる組織と，整然と組織された事象系の場合と同様であり，人はそこから自分が置かれている社会的環境のなかで生じるであろうことがらについての，予想と推論を引き出すのである。この種のスクリプト（ここでは買物スクリプト）が**再生**され，その人の行動をガイドし，調節するために採用されるのである（Schank & Abelson, 1975 : Abelson, 1976）。

5.5　衝動・行動制御プランの学習における中心的領域

　次に，上であげた4つの学習領域を，さらに詳しく検討してみることにする。

1　望ましくない行動・衝動の抑圧──「なしですます」ことの学習
◆言語的行動調整

　子どもは，ふるまい方を教えてくれるプランをもっているなら，課題からの逸脱を効果的に軌道修正できることを，多くの研究が示している（たとえばMischel & Patterson, 1978）。魅惑的な刺激（たとえば小さなマシーンが走り出すなど）の影響のもとでも，子どもは「だめ，今はそれをするときじゃない！」と（声に出して）自分に言うこともあろう。ロナルドの例について言えば，「だめ，今は飲み物をもらうときじゃない。買物をしてるんだ」と言ったかもしれない。このことによって，誘惑にストップがかかったであろう。

　もちろん，人は**どのようにして**，そうした自己教示のためのプランを学習するにいたるのかについて解明する必要がある。子どもはだれもそうしたプランをもっているとか，それを使うことができるなどと，当然のことのように考えることはできない。

第5章 「待つこと」と「なしですますこと」の学習／衝動と行動の制御

◆母親のモデリング効果
　そのようなプランは自然に現われることはまれであって，**モデリング・プロセス**の結果である場合が多い。先に私たちは，身体的な罰との関連で，母親がしつけの担い手として，もっと一般的には**社会化**の担い手として，モデリング効果をもつことを見てきた。もちろん，そのようなモデルは，望ましくない願望や行為を抑圧するための学習スキルに非常に**積極的な効果**を示すことがある。たとえば母親は，次のように言って学習されるべき行動を**実演**して見せることもできよう。「あら，私，オレンジジュースでもほしいわ。でも，自分に言い聞かせなくちゃ。**いけない，今は飲み物を飲むときじゃない。お買物してるんだから**。でも，お買物が早く終わるのが待ち遠しいな！」
　ロナルドの例について言えば，彼が「ぼく，のどが渇いた」と言ったとき，母親は「私も。でも，自分に言い聞かせなくちゃ。**今は飲み物を飲むときではないわ。今は買物をしているんだから**」という言葉で対応できたはずである。こうすれば，彼女はロナルドにとって完全なモデルとなったであろうし，同時に，彼女は目標を設定することによって，ひとつの誘因を予告したことになったであろう（後出3参照）。

◆自分の行動の制御を強化する方法
　ロナルドが望ましくない行動を抑えるための学習をすることは，彼がごくわずかでも「なしですまそう」とするサインを見せるたびに，すなわち不適切な衝動や望ましくない行動を抑えようとする兆候を示すたびに，それが常に母親によって（オペラント的に）強化されることで進むであろう（スキナーのいう**シェイピング**）。この目的のために，たとえば，ロナルドがある行動をりっぱにやり遂げることができて，母親自身がどんなにうれしいかを話してやるなどの形で，社会的強化要因を用いることもあろう。
　さて，ここで論じていることは，人はいかにして**自己制御のプラン**を確立するかという問題，すなわち思考体系の構築，またはその道の専門家たちが言うところの，行動をガイドする**認知構造**の構築という問題である。こうした複雑な学習過程のコンテクストのなかにも，学習理論では周知のきわめて基本的な現象（たとえばオペラント強化）が見られることは興味深い。**認知的学習**がいかに複雑な問題であったとしても，その全体の構築過程の低次のレベルでは，基本的な学習過程が統合的な構成要素となっているのである。換言すれば，日常生活で見られる認知的な学習過程も，行動主義的学習理論が提起した基本的学習過程を排除するものではないのである。

2　おもな活動への焦点化——プランがあるための順調なショッピング

ロナルドが自己制御を学習するために、**最初に**必要とするスキルは、衝動や行動を抑制することの学習、または、完全に**なしですますこと**の学習である。先に私たちは、もし望ましくない反応に代わる別の反応を取ることができるなら、その学習はより容易に成し遂げられることを見た。ロナルドの例では、このことは、**必要な待ち時間を短縮する**ことに役立つ、すべての行動を意味する。このことは、単に買物場面ばかりでなく、多少とも型にはまった場面または儀式化された状況（式典や教会の礼拝など）全体に当てはまる。もちろん、「なしですますこと」の学習はまた、たとえば子どもが遊んでいるときに、母親がかかってきた電話に出て、そのために母親がもどってくるのを待たなければならないときなどのように、子どもが日常経験する、多くの予期せぬ場面でも重要なことである。

◆モデリング

この場合、母親はどのようにして待つのかを、ロナルドに示してやる（観察による学習または模倣による学習、Bandura, 1977）。最初、母親は、待つ間にすることも含めて、ショッピングのためのプランを立てる。彼女は大きな声で自分に語りかけ、同時に子どもに対して次のような形で、立ち寄り場所、つまり目標についての、ざっとした説明をしてやる。「さあ、今度はミルクのところに行こう。その次はお野菜。それからお肉のところ」。あるいは、ふたりが何を買わなければならないか、レジにたどり着くまでに、どれだけ買うものが残っているかを正確に話してあげることも考えられよう。こうしたことは、子どもの注意を、ショッピングに関わる動作の連鎖に向けるために設計された対応策である。そうした動作の連鎖は時間のギャップを埋めるための、代わりの反応または活動を提供するものではないが、そのための地盤の用意にはなる。こうした動作が、全体としてショッピングのプランを形づくる。そして、母親がそのプランづくりと実行段階の両方を実演して見せてやる。そればかりでなく、彼女は、ロナルドがこのプランのなかで演じることのできる役割についても、ヒントを与えてやっていると言える。

ロナルドは、こうして、ショッピングとはどんなものかについてある程度正確に予測し、また経験することができ、どこまですんだかを比較的よく判断することもできる。母親は、とくに順番待ちの場面で、彼にとってのモデルとなる。このモデルの効果を決めるのは、肉売場のカウンターとか、レジなどの待たされる場面での**母親のふるまい方**である。母親の忍耐の強さや弱さとかいらだちやすさなどは、子どもとその子の行動に転移する。

ところで、レジでの順番待ちは、抜け目のない売り手によってたくみに設えら

第5章 「待つこと」と「なしですますこと」の学習／衝動と行動の制御

れた場面であって，実にさまざまな刺激（とくに甘いもの）が配列されており，それらが行動を制御する弁別刺激となることもあれば，別の反応——まったく不適切な買物行動——のもととなる場合もある。この場面でのもうひとつの選択肢は，たとえば，品物をカートやバッグに詰めたり出したりすることを手伝わせるなどの形で，子どもをほかのことにかかりきりにさせることである。

本節では，私たちは，中心となる活動にどう焦点を合わせるかについて考えている。望ましくない行動の学習解除についての論評から，私たちは，**新しい刺激が新しい反応**を引き起こすことを知っている。ロナルドの例では，このことはまったく単純に，彼のなかに欲求を引き起こした古い刺激（ジュースの箱）が取り去られ，そのことによって新しい場面がつくり出されたということを意味する。ロナルドは母親の例から，そうした場面をつくり出すにはどうしたらよいか，すなわち，動き回ったり，ほかの棚に注意を向けたりすればよいこと，を学習することができる。もちろん，たとえば「ママはほんとうに好きなものが目に入ったときは，そのまま歩き続けて行くの」というような形の，母親による言葉の説明が役に立つこともあろう。下でもう1度，言語的な行動制御の方法について少し考えてみることにする。

◆子どもの活動——認知的学習のための刺激づけ

たぶん，子どものほうは，買物の計画について母親が説明してくれる，すべてのステップを覚えてはいられず，また，ようやくレジまでたどり着けるのはいつになるのかについては判断できないだろうから，何度も何度も「あと，どれくらい？」と尋ねるであろう。そこで，母親は「今日はあなたにミルクを取ってもらうわよ。次はバター。今度はチーズ」というようなお手伝いをさせ，ぼんやりしていられない状態においてやることもできるであろう。こうしたことこそ，**待つこと**に対応するほんとうの**行動選択肢**であり，その買物プランが展開される間にその場で強化される。カートや袋に品物を入れたり出したりするのを手伝うことにも，それと同じ目的が含まれている。

また，母親はもっと直接的な形で（すなわち，買物プランの**意味的**コンテクストのなかで）彼を買物プランに関わらせることもできる。たとえば，前の年のちょっとした買物でよく使った手，すなわち，「この野菜（または果物）の名前，覚えてる？」というような形で，陳列棚から取る商品の名前を，そのつど，言わせてみるという手を使うこともできよう。こうすれば，彼は早い時期から品物の名前を学習するだろうし，果物や野菜，めん類といったものについての彼の知識のなかで言葉のほんとうの意味を深めていくことができよう。もちろん，買物は結構たいへんな仕事で，そんなゲームみたいなことをしている暇のある母親な

んていない，と反論されるかもしれない。だが，ここで，「コスト　対　利得」（cost／benefit）分析をしてみるべきである。やがてロナルドは，**自分**で品物を棚から直接取れるようになるだろう。これは彼自身の活動を強化するための願ってもない機会である。

さらに母親は，「そうだ，ケーキを焼くのだから，小麦粉がいるね。ほかに何がいるだろう？」と言って，品物についてのより大きなコンテクストを導入することができよう。また，「ママ，いつも大きいほうのジュース買うの。小さい箱4つ買うより安いから」といって，子どもが必ずしも十分理解できないことについても，早い時期に説明してやることもできよう。そうすることで，ロナルドは，たとえ彼がまだすべてのことを理解したり記憶したりはできないにしても，買物というより大きな**意味的ネットワーク**を知ることになろう。彼は意欲的になり，心的な結合を働かせ（make mental connections），何が**足らないか**を考え，母親にリクエストすることすらあるかもしれない。これらのことはすべて，彼が自分の活動を伸ばしていくための認知的必要条件である。

◆言語的自己制御

子どもは，買物品をすべて自分で棚から取ったり，カートに出し入れすることはできないのだから，どうしても待つ時間が生じることになるが，それは行動調節のための言語的表現の好機でもある。たとえば「ぼく，お手伝いできるよ！」とか「ぼく，待っていられるよ！」とか，あるいは「これの次はこれ！」というような言葉は，その時どきの活動または場面に直接向けられたものである。最初のふたつの発言は一般的な性格のものであり，子ども自身について言ったものであるが，最後の発言は行動調節の目標をもっている。

行動の言語的調節における母親のモデリング効果がきわめて重要であることは言うまでもない。しかし，ここでもう1度，次のことを指摘しておく必要がある。すなわち，母親は子どもに対して目を向けていることや愛情をもっていることを示してやり，また「ほら，あの小さな女の子もお母さんのお手伝いをしているよ。あなたたち，りっぱね」というような形で，ほかの子を引き合いに出してやることも含めて，学習するべきいろいろな新しいスキルを意図的に強化することができるはずなのである。

ミシェルとパターソン（Mischel & Patterson, 1978）は，眼前の課題に焦点化するためのプランは，**誘惑への抵抗**のために使われるプランよりも効果が弱いことを示している。しかし，彼らの研究は，絵がいっぱい描かれた四角形を模写するといったような比較的退屈な活動に関するものである。他方，ここでは実際に母親の手伝いをするという，直接的な価値をもつ活動を問題にしている。したが

って，買物のための行動コントロール・メカニズムとしての動作プランと，その暗黙の意味的ネットワーク（知識構造）の役割は非常に大きいと考えても不思議はない。

3　誘因と報酬の役割——目標と目標イメージ
◆目標設定とモデルとしての母親（再考）

さて，ロナルドのエピソードは，ずいぶん違った形で展開することもあり得たであろう。母親は，彼がのどを渇かしていることを，もっと早い段階で気づくこともできたはずである。そこで，彼女は家で何か飲み物をあげるのを忘れたこと，買物の間にのどが渇くかもしれないということに対して，彼に心の準備をさせなかったことについて，自分に腹を立てるかもしれない。こうして彼女は，自分とロナルドの双方にとってのひとつの目標を立てる。「お買物したら，ジュースを棚から取ろうね。そのこと，ママが忘れないように助けてちょうだい。全部，お金払ったら，ジュースを飲めるね」。

こうした言い方にはひとつの**誘因**が含まれており，飲み物に対する欲求の原因となるような永続的な刺激をつくり出すことなしに，ある行動系列のためのひとつの目標を与えることになる。この誘因は，子どもに対してばかりでなく，行動制御，つまり**遅延報酬のために待つこと**のための**モデル**としての**母親**に対しても決定的な誘因となる。そうした手順は，何に対して彼が努力しているのか，すなわち，目標に至る途上で望ましくない反応を抑制するばかりでなく，自分の行動を調整し制御することを，ほんとうに学習するためのチャンスを高めることになる（詳細は既述の1，2参照）。

ミシェルとパターソンの研究（1978）を始め，諸研究の結果は，**目標（または報酬）志向的プラン**が最大の効果を発揮するのは，それらが，子どもの注意をある動作の**プラスの結果**に向けたときであることを示している。上の例では，母親は明らかに，子どもへの話しかけを通して，このことを行なっている。同時に彼女は，「最後に，みんな買い終わったら，ジュース飲めるね」という形で，子どもがどのようにして，自分の行動を**言語的**に目標のほうへ向けさせることができるかを示している。

◆望ましい行動の強化——1つの認知的解釈

ふたりはレジで支払いをすませた後，待ったことに対する（首尾よく買物をすませたことに対する，とも言える）への報酬を受ける。つまり，何か飲み物を手にする。それが取引（deal）でもあった。母親はまた，ロナルドが課題をとてもよくやり遂げたことやお手伝いをしてくれたこと，そして，のどの渇きを抑えて

辛抱強く待ったことがうれしかったということを示してやることで，全体のコンテクストのなかに，その報酬を組み入れたのである。彼女はさらに，そうしたことは，大きい子でないとなかなかできないことだと思うとか，彼が期待通りのことをしてくれたなどと，彼に話してやることもあろう。こうして，待つだけの価値があったことがわかり，報酬の味も倍加することになろう。

◆実験的研究の諸結果

複雑さに富む自己制御の学習を経験的または実験的に吟味することは容易でない。だが，よい成績をあげたことに対する当然の報酬を**遅延**させる能力，すなわち目の前の小さな報酬の代わりに，後になってからのより大きな報酬を選ぶ能力を，子どもがもっていることについて検討している研究がある。ここでは，**報酬を得るために待つことが自分の行動の制御を示している**（Mischel & Staub, 1965；Mischel & Underwood, 1974）。

他方で，この研究者たちは，子どもたちが実験室でひとりにされたとき，禁止されたことに手を出すかどうか（たとえば，何かにさわるとか，ずるをする），つまり**誘惑に抵抗**できるかどうかを観察している。

報酬の遅延に関する多くの研究は，自己制御の学習は，長期にわたって非常に重要なおもな**社会認知的**スキルのひとつであり，般化する場合もあることを証明している。目の前の報酬をあきらめたり，自分から遅らせたりする能力は，**低い攻撃性や高い社会的責任感**，さらには自分に対する**高い成績**期待と相関があった。また，報酬遅延能力の高い子の親は，しつけの方法，とりわけ**望ましくない行動がどういう結果を招くことになるか**について，言葉で説明してやる傾向が高かった。そうした親たちは，また例外なく，子どもの望ましい行動を強化し，真剣に**モデル**としての役割をとっていた。このことは，自己制御の学習は，より複雑なひとつの行動プランの学習でもあることを示している。

4　予防的対策

前述のように，ロナルドの母親は，次の買物のとき，彼が外で飲み物をほしいと言いそうであったら，何か飲ませてから出かけるようにするかもしれない。もちろん，彼女は買物のお手伝いのための報酬が，すでに冷蔵庫のなかにあることを子どもに告げてやることもあろう。しかし，いつも飲み物や食べ物が用意されているとは限らない。お話をしてやるとかゲームの相手になってあげると約束することが報酬になる場合もあろう。手に入れられるはずの**遅延報酬が，どういうものであるかをはっきりさせておくことが重要である**。こうして，たとえば，母親自身で代わりの刺激を用意する（子どもの気をそらすなどして）とか，妨害的

反応の原因になりかねない目前の刺激の除去または修正，あるいは望ましい行動を強化してやるなどの形で，待っている間の子どもの反応を制御する面で母親が貢献することができる。

　家を出る前に子どもの欲求（のどの渇き具合や空腹状態とか排便）をいろいろチェックできると同じように，母親は「きょうはお家出るのが遅かったから，かなり長いこと並んで立っていなければならないかもよ」というような言葉で，事前に予防的に，一定の**予期**を制御しておくことができるかもしれない。こうすることで，彼女は来るべき困難な場面を指摘して，予期をもたせてやり，**予期されたことと実際に経験されることとの間のズレを低減させる**ことができよう。母親はまた，買物中の子どもの望ましい行動を予測し，「きょうはお母さんに代わって，ミルクのところでミルクやほかのものを棚から取って，カートに入れてくれたら，うれしいな」というような言葉をかけることができよう。加えて，彼女は，自分が彼のお手伝いを当てにしていることをはっきりさせることで，彼に対する**個人的期待**を表現してやることもできよう。

5.6　包括的行動プランの一部としての行動制御

◆この節のポイント概要

　最も大切なことは，子どもが母親によって設定された目標を（母親の説明に基づいて）受け止め，徐々にでもその目標を認め，受け入れ（これは，そう簡単であるとは限らない），自分でそうした目標を設定でき，そして，目標が達せられたかどうかを判断できるようになることである。このことによって子どもは，自分の行動を自立的に制御し始めるのである。

　少なくとも最初のうちは，衝動や行動を制御するためのプラン設定の成否は，家の中であれ，道の途中であれ，そうしたプランが適切に用意されていたかどうか，すなわち，子どもが理解できるような形で**明確に**かつ**十分詳しく**説明されていたかどうか，にかかっている。子どもはたぶん，注意散漫にさせたり気をひいたりする刺激に対して，どう言語的に対応すべきかについての簡単なプランは覚えておくことができるだろう。他方，母親は時おり，いくつかのステップから成る，より複雑なプランをくり返し説明して，子どもが覚えていられるように手助けしてやらねばならないであろう。

◆全般的枠組みとしてのアクション・プラン

　上であげた予防的対策は，やがて生じる事象のためのひとつの**構造**を提供するものである。それが今度は，好ましい形で買物を終えるための心の準備を可能に

する。こうして，子どもは母親への抵抗につながりかねない**期待と現実の間の無視できないずれ**を免れることができる。こうなれば，動作の全コース，つまりは母親と子どものふたりが演じる役割が統合的プロセスとして進行する。もし，スーパーの店員やほかのお客とか，場合によっては商品の品数（品切れなら，ほかの店に行かねばならない）などのほかの変数を考慮するなら，自分の行動を制御し，その時どきにふさわしい行動を取り，望ましくないことをするのをやめることを，この場面で子どもが学習する姿を目にすることであろう。また，このことは単に先行の刺激によって，次つぎ喚起されたにすぎない一連の反応ではなく，子どもがプランの全体系ないし全般的プランを学習したことを示すものと言える（Miller, Galanter, & Pribram, 1960）。

　そうした**動作調整的認知系**に含まれるものは，各コンテクストにおける刺激事態についての解釈，期待（すなわち，ある行動系列のなかの決まったポイントごとのイメージ。たとえば，母子双方の共通の目標としてのレジまでたどり着くこと），強化についての解釈（強化が常に即座に起こるとは限らない理由の**理解**を含めて），および，この認知系の各要素間の関連の広範なネットワークなどである。異なる行程においても同一の反応をすること（たとえば，自分に言葉で言って聞かせるなど）が徐々に般化されることがある。すなわち，いろいろな買物場面のような，非常に違った刺激場面と認知的にリンクされる。このように，そうした反応を引き起こすのは，同一の場面やそれぞれの弁別刺激だけではない。そのようなプランまたは認知系は（動作の要素の互換が可能だということを含めて）柔軟性に富むものなので，一連の反応とか習慣（ガスリーが言う意味である。また，Lashley, 1951を参照のこと）とかと言われるものを超えている。

　衝動や行動を制御するためのプランの学習は，動作調節的認知系を組み立て，（そして後に）拡大することを意味する。子どもが**メタ認知**を使えるようになると，すなわち，自分の考えや動作を反省したり判断したりでき，自分の行動を社会的に容認される価値と比較して考えることができるようになると，彼は**成功の原因帰属**を正しく行なえるようになり，衝動や行動を制御する自分の力について，自尊の意識を強めていくことであろう。

❖この章のポイント

1　罰というものは，望ましくない行動の結果として起こる嫌悪刺激を見せつけることになるばかりでなく，正の強化の取り下げや保留ということも含んでいる。

2　自分の衝動・行動を制御する学習は，①望ましくない衝動（欲求）や動作を抑制すること，②代わりの行動を始動すること，③報酬を遅らせること，

第5章 「待つこと」と「なしですますこと」の学習/衝動と行動の制御

などの意味をもつ。

3 衝動・動作の抑制は言語的自己教示を通して成し遂げられる。このスキルはモデリング（母親をモデルとして）を通して学習される。

4 代替行動の始動は刺激事態を変えることによって可能となる。つまり，代替行動が中心的活動（ここでのケースでは買物）の一部となっている場合，より容易に学習される。

5 報酬の遅延は，（遅延で被害を受ける）子どもにとってプラスの結果を暗示する行動目標についての言語的説明と直接的に関連している(相関が高い)。そうした行動目標は行動の調節・制御のためのプランの最も重要な構成要素である。

6 行動を制御するプランの学習と応用のために子どもが成すべきことは，①目前の事態とその事態への対応のしかたを考えている母親の目標を認知的に把握すること，②母親のふるまいをよく見ておくことである。そして，③母親は，その場面で自分の行動を制御しようとしている子どものすべての試みを強化してやる必要があろう。

7 諸研究の結果は，報酬遅延の能力は，攻撃性の低さ，社会的責任感の高さ，よい成績を得るために自分に課す要求の高さなどと明確な相関があることを示している。

8 （行動の制御という形での）報酬遅延能力は，また，次のような育児方法と高い相関を示した。すなわち，典型的なしつけのテクニックとして，望ましくない行動がどういう結果を招くかについて，言葉でよく説明してやっていることが多いということ，子どもが望ましい行動をした場合，必ず強化していること，そして，親が意識的にモデルとしての役割を演じていること，などである。

9 予防的対策を施すことで，予備的構造化の効果が期待できる。そうした対策は行動調節的プランの学習を容易にし，場面についての期待と現実との間のズレを低減させることができる。

10 衝動・行動調節のためのプランの構築はひとつの社会認知的学習プロセスである（認知的過程は，高次の学習プロセスに属すと考えられることが多いが）。日常の学習場面での基本的な行動の体制化のレベルにおいても，オペラント条件づけのような基本的な学習過程の例を見ることができる。このことから，認知的学習理論は，行動主義的学習理論に包括される現象を排除するものではないことが明らかである。

第 *6* 章

向社会的行動の学習／社会認知的プロセスと社会的価値システムの獲得

6.1 はじめに

　前の章では，自分の行動を調整するための個人の能力に注目したが，ここでは人々の社会的相互作用，より正確に言えば**向社会的行動**（つまり，ほかの人のためになるような行動）について考えてみることにする。ここでもまた，**社会的価値システム**ばかりでなく，**行動調節的認知システム**が必要となる。以下で私たちは，それぞれの学習過程にきっかけを与え，また，それを維持してくれる人の情緒的関与の役割について考えてみる。社会的価値システムの学習は，人の生涯にわたるプロセスであるが，ここではそのごく初期の段階についてながめてみることにする。
　本章のキー概念は，上にあげたもののほか，思考システムならびに学習さるべき行動から出てくるものとして，次のようなものがある。すなわち，**期待の学習，期待のシステムの構成，社会的場面の理解，攻撃的行動の抑制，排除**という形の**罰，他者の感情への定位反応**，「**親身の説明**」とリンクした**共感の学習**，そして，**観察学習**と**代理的強化**，つまり**モデルからの学習**などである。

6.2 新しいタイプの罰――「タイムアウト」(time-out)

　2歳から4歳くらいの子どもたち何人かが，児童公園の砂場で遊んでいたとする。母親たちは少し離れたところに座っておしゃべりしている。子どもたちはまだ協力して遊ぶ経験が少なく，それぞれてんでに砂を盛り上げたり，パイをつくったりするのに夢中になっている。時おり，子どもたちの間でちょっとした小競り合いが始まる。しかし母親たちは気づかない。
　だが，そのうち，明らかにもっと深刻な事態が起こる。たしかに，理由がないわけではないが（私たちにはそれ以上のことはわからないが），ピーターがメアリーの腕に歯形がくっきり残るほどかみついた。メアリーの母親は彼女をなぐさめ，腕をさすってやる。ピーターの母親は彼を脇に連れて行き，「そんなことし

第6章　向社会的行動の学習／社会認知的プロセスと社会的価値システムの獲得

たら遊べないでしょ，ピーター。メアリーを傷つけて泣かしてしまったじゃない。あんなふうにかんだりするなんて，いけませんよ」と言って，彼におもちゃをいくつかもたせ，母親たちが座っているベンチの後ろの少し離れたところに移らせる。「きょうはもう，ここで遊んでなさい。あした，みんなともっとお利口に遊べるようになったら，みんなのところへもどっていいからね。ママはあなたがお砂場で，いい子でいてほしいのよ」という。こうして，彼女はピーターを移動させ，ほかの子どもたちの遊びからはずすという形の罰を用いた。これは「タイムアウト」（time-out「一時中止」）と呼ばれる特殊なタイプの罰である（Johnston, 1972）。

　もちろん，上述の場面は，かなり単純化され，理想化されたような場面である。砂場の空気というものは，いつもそんなに平和的ではなく，むしろ，かなり気をつかわなければならない場所なので，母親たちが上の例のようなたくみさをもって対応するのはむずかしいであろう。それでも，この場面のなかでも，ある種の非常に大切な学習のプロセスが進行しているので，それについて考えてみることにする。

6.3 「親身の説明」（Affective Explanation）の重要性

　上記のエピソードは，向社会的行動そのものの例ではない。逆に，ピーターの攻撃的行為について述べたものである。だが，それは，母親の対応のある面について明確に認識させてくれるものであって，彼女のそうした対応を「学習」の用語で解釈することを許容するものを含んでいる。ピーターの母親は，彼を**のけ者にする**，あるいは**ひとりにする**（タイムアウト）ことによって彼の攻撃行動を罰した。さらに彼女は，**はっきりした強い調子の説明**によって，自分のその行為を力説した。

　この場面を，もっとひろい枠組みのなかで考えてみよう。**向社会的行動**（愛他的行動とも呼ばれる）とは，**援助，なぐさめ，救助，救済，分かち合い，支持，保護**などを意味する。ザーン－ワックスラーらの研究は，母親の育児パターンとその母親の子どもの向社会的行動との関連について，数多くの興味深い洞察を生んだ（Zahn-Waxler, Radke-Yarrow & King, 1979）。

　彼らは，非常に小さい子どもたち（約20か月）においてさえ，向社会的行動が観察されることに驚いている。一般に，子どもが援助行動を見せるのは，ただ，彼らが相手のニーズを認識できるまでになったとき，すなわち助け手のほうが援助者の役割を，ある程度取ることができ，その人の靴で歩くことができるようになってからだ，と考えられているかもしれない。発達研究が示すところでは，

6.3 「親身の説明」(Affective Explanation)の重要性

そうした**役割取得能力**は，もっと後の，学齢期になってからのように思われる (Flavell et al., 1968参照)。

ザーン-ワックスラーらが研究した子どもたちは，**向社会的行動の初期の形態**もしくは萌芽を見せてくれたのかもしれない。私たちにとって大切なことは，そうした援助やなぐさめなどの行動形式の学習に必要な環境状況を理解することである。ほぼ2歳の子どもたちが，ほかの子にいやな思いをさせて泣かせてしまったというケースの約3分の1において，彼らはその後で，おもちゃをさし出したり，なぐさめようとしたり，手助けしようとしたり，あるいはおとなに助けを求めたりするなど，自発的な償いのそぶりを見せたのである。これらの行動はすべて**向社会的行動**の原初的形態である。しかし，子どもたちは援助の度合いの点で大きく違っていた。このことに刺激されて，研究者たちは，子どもの行動とその母親たちの育児行動の間の結びつきを調べてみる気になったのである。これはそんなにむずかしいことではなかった。

すなわち，母親たちに研究への参加を求め，彼女たちの子育てのようすを観察すればよいわけである。その結果，母親の**親身の説明**と子どもの向社会的行動との間に，最も高い相関があることがわかった。母親の親身の説明とは，たとえば，前に見たピーターの母親の次のような言葉かけがある。「メアリーを傷つけて泣かしてしまったじゃない。あんなふうにかんだりするなんて，いけませんよ」。ほかのケースの場合，親身の説明は，説明と組み合わせて何かを禁止することや，プラスの強化を取り下げたり控えたりすることを意味する場合もあろう（愛情の取り下げのひとつの方法。第5章参照）。もう1つの可能性は，下記の母親の言葉のように，子どもの行為に対して一定の理解（無条件式でなく）を示してやると同時に，ある行為に対しては，だれが考えても妥当で明確な禁止を示してやるような説明のしかたをすることである。「あなたがメアリーにとても腹を立てたことはわかるわよ。でも，だからといって，メアリーをかんでもいいことにはならないわ。かんだら傷がつくでしょ！」

一方，「モニカは，あなたが押したから泣いているのよ」というような**中立的説明**（**親身でない説明**。つまり，加害者と被害者の双方の感情をしずめようとする言葉かけ）と向社会的行動の学習との間には，なんら相関はなかった（より正確に言えば，母親によるこの種の行動と子どもの行動との間には相関はなかった）。他方，「やめなさい！　そんなことしちゃだめ！」というような，母親の完全ではあるが，ほかに説明のしようのない命令の表現は，とくにそれが身体的な罰をともなう場合は，子どもの向社会的行動の低さとの間に相関が認められた。

このように，2歳児においてもなんらかの向社会的行動を観察することができるが，それはとくに，そうした子どもたちの母親が，知的（認知的）説明だけで

なく，犠牲になった子の感情とほかの人の痛みや怒りをも理解していることが伝わるような情緒的関与を示す場合によく観察されたのである。そうした母親たちは，自分の子どもに明確な形で許容の限度を示すとともに，尊敬されるような行動（それが後に社会的責任のある行動となる）を要求していた（Maccoby, 1980, p.346f. 参照）。向社会的行動を学習するひとつの方法は，攻撃的な行動が起こったら，それを早いうちに矯正することのようである。換言すれば，もし，親がプラスの学習条件の助けを借りながら攻撃行為をやめ，同時に別の非攻撃的な選択肢を提示するということができるなら，その攻撃行動は逆の向社会的行動に置き換えられるのである。

6.4　共感することの学習

　ところで，親の行動が理想的（上でふれた意味において）であった場合，厳密には何が子どもに伝えられ，何を子どもは学習するのだろうか。第1に，これまでの章であげた強化のメカニズムがあるが，それはここでのケースの場合，攻撃行動を強化するものではなく，むしろそれを弱め，明確に禁止するものである。子どもを孤立させることは，ほかの子どもたちといっしょにいる特権を奪うこと，つまり「一時中止」（タイムアウト）である。もちろん，私たちがここで論じているのは母親による強化や罰が下される行動連鎖の最後の環（links）にすぎず，同じ刺激場面（メアリーがまた，ピーターの砂バケツを奪い，彼がつくった砂のパイの1つを壊してしまうというような）が起こっても，それが再度，望ましくない攻撃行動の引き金になるかどうかは知るよしもない。

　母親の情緒的関与が，明らかに2歳児に対してさえ大きな効果をもつが，砂場のエピソードについて言えば，それは次のような2つの点においてである。①メアリーが痛みを経験しているということ，メアリーが外からでは必ずしも明白でない内的感情をもっているということ，彼がメアリーの腕に残した歯形が彼女の痛みの直接的な原因だということを，ピーターがはっきりと理解するようになること。ピーターが**痛みの存在**について学習し，痛みは**感情**と結合しているということを学習すること。②母親の対応もまた，私たちがここで考えていることは周辺的な問題でなく，むしろ彼女にとって**大変重要で価値ある**何かであることを例示している。こうして，ピーターは否応なく，直接目にすることのできない何か，つまり**他者の感情**，に関わらざるを得ない立場に立たされることになる。こうした焦点化は，**定位反応**のひとつの特殊なタイプと言えようが，ただ，それだけにとどまらない（少なくとも継続的に経験された場合）。すなわち，それは他者の感情（たとえば泣くことに表現されているような）の**代理的**経験である。これが

共感と呼ばれるものであり，相手の情緒的状態についての非意図的感情であり，時によっては非常に強い感情体験である（Hoffman, 1976参照）。

　私たちにまだわかっていないのは，子どもたちのどれほど多くの共感が，事実上部分的にしろ，役割取得行動の結果であるかということである。小さな子どもたちが，ほかの子どもの存在が単なる空間的事象（それは時に不快さにつながるものかもしれない）以上のものであることを理解し，お互いに働きかけ，働きかけ返す存在であることを経験し，また，ほかの人たちにも感情があることに気づくようになることは，確かに重要である。ピーターの例に即して言えば，重要なことの第1は，彼がほかの子の感情を体験することを学習することであり，第2に，彼の置かれた場面が彼に，他の人の情動が源泉（彼自身の能動的参加）ともなり，結果ともなることを教えてくれることである。彼のお母さんは彼の行為をよくないことと判断し，彼について別の考えや期待を抱いている。ピーターの行動がどんな情愛面の結果をもたらすかについて，彼女がふれたことは，償い（適当なころあいに）や切迫した場面での他者との適切な相互作用を含めて，別の非攻撃的なふるまい方があることを，黙示的にも，明示的にも示唆している（ここでは，ピーターにも感情，すなわち怒りがあったということについては，これ以上考えることはしない。彼の母親は，彼の行動を叱り，彼の行動が相手の感情にどういう結果をもたらしたかについて話してあげながらも，彼の気持ちもわかっていることを示すことができる）。

6.5　社会的コンテクストにおける期待と価値体系の構築

　親身の説明をしてやる母親が手始めに用意する学習プロセスは，**社会的場面を理解する**ためのひとつの学習であり，社会的相互作用における母親自身の価値に対応する，心的イメージと期待についての認知的システムの構築に意味を付与する学習である。この認知システムは，小さい子どもにおいては非常に萌芽的ではあるが，それでも幅のひろい包括的なシステムの基礎を形づくっている。母親の中立的な説明は，そうした期待の種まきをすることはできない。まして「すぐやめなさい！」といったような説明抜きの要求では，そうした期待の芽を育てられないことは，日常生活からだれでも知っている。

　そのような**期待のシステム**の確立は，後に行動調節的認知につながるものであるが，より複雑な社会認知的学習のごく初歩的な発生を物語っている。そのようなシステムの発達は，子どもの手によるものであるかないかにかかわらず，そのままストップしてしまうものでないことを忘れてはならない。私たちがここで扱っているのは，母親の価値体系のほんの一面でしかないので，むしろ，母親の行

動の結果について考慮すべきことが多々あるのである。すなわち，ピーターの母親は彼女自身の価値体系に沿って強化を与え，ピーターは母親の行動（彼にとっては正・負の強化の役を果たす）が彼の萌芽的認知と直接結びついていることを学習するのである（「かんだりしてはいけないんだ。だれかを傷つけるから」「メアリーのことで腹を立てても，かんではいけないんだ」）。

6.6 もう1つの説明

　念のため，筆者はここで次のことをあげておきたい。すなわち，共感の起源とそれに続く向社会的行動の解釈として，認知要素を用いない条件づけメカニズムだけに頼る，もう1つの方法があるということである。この方法のメリットについては，読者自身の判断に任すことにする。

　共感は，小さい子どもが，ほかの小さい子が転んで泣くのを見て自分でも泣き出す，というような原初的形式から始まる。この種の共感は，古典的条件づけのパラダイムで説明できるかもしれない。すなわち，小さい子どもたちは，彼らの人生のなかで，何度となく泣く経験をするが，その危難の場はさまざまであり，その理由もいろいろである。しかしながら，このような事象には，不快感やみじめな感情，あるい痛みとかそれに類するものなど，共通の要素がある。泣くことは，本人が泣いた場合であろうと，ほかの子が泣いた場合であろうと，容易に不満感（ないしそれに似たもの）を生み出し，以前にも似たようなことがあったという記憶を呼びさますことさえある。だから，もし，ある子がほかの子の泣き声を聞いて，その子に話しかけたり，起き上がる手助けをするなどの形で泣きやませようとしたら，その子は自分の行為によって泣きやめさせられたということで，よかったと思うであろう（負の強化の1例，第4章参照）。その子のそのときの最善の興味は，ほかの子を泣きやませることにあったので，それはその子の向社会的（愛他的）行動を高めるものである。

　アロンフリードの研究によると，向社会的行動には2つの必要条件がある（Aronfreed, 1969）。第1に，彼が研究した小学校2年生のなかで，向社会的行動を示すと見られた被験者群は，パートナーとなった生徒たちと同時に不満や苦痛を経験しなければならない。第2に，パートナーは**痛み**（または何かほかの感情）を経験していることの**明確なシグナル**を出さねばならなかった。研究の結果，単に，だれかが気分よい状態にはないということを**知る**だけでは，向社会的行為を解発しないことがわかった。初期段階の向社会的行動を示した子どもの母親たちが**親身の説明**をしてやるときは，いつも，子どもの比較的弱い情緒的表出を，より力のある信号に変換しているようである。あるいは，そうした母親たちは，

76

自分の子どもを，共感を呼ばずにはおかないような，かすかな情緒的信号をさえ認識するように導いていた。これは，つまり，他者の**感情の代理的経験**である。この解釈によると，いまや，その子のうちに，共感反応とそれぞれの行動を引き出すことのできるような刺激が存在するのである。このことは，そのもうひとつの説明を，たぶん，条件づけメカニズムに基づいてはいるのであろうが，高度に認知的な説明に変える。すなわち，「そんなことするあなたは，いけないことよ」というような形で，行動の情動的部分に目を向けさせることによって，行動をコントロールできる観念と期待を含む認知系が確立されるのである。

6.7 観察学習

　痛みの表出として解釈される顔の表情が刺激となって，そのときの情緒的場面を変えようとする，なんらかの動作を引き出す場合も，実際にあるかもしれない。しかし，では，どんな反応の引き金が引かれるのであろうか？　また，子どもは，どんな反応が適切なのかを，どこで学習するのであろう。向社会的行動は，どんな形のものであれ，何かの信号（上で述べた意味での）があったから，すなわち，共感する能力があったから，という理由だけで起こるものではなさそうである。また，向社会的行動は，なんらかの初歩的な認知系にだけ基づいているわけでもない。共感と期待は援助や支持的行動をつちかうこともあろうが，しかし共感と期待そのものなかで，それぞれの場面にぴったり合致し，必要とされる動作をそれ自身で行動を定義づけるものではない。ここで，**観察**と**模倣**を通して獲得される行動パターンが，その子にとって利用可能な向社会的行動レパートリーにゆっくりと加わっていくのである（Bandura, 1977, 1986）。

　連合的結合に基づいて共感や援助行動を引き出すような，明確な刺激があるだけでは十分でないのである。むしろ，複雑な行為調節的認知系が，そこになければならないのである。このことは，だれかがほかの人に残酷に打ちのめされているという極端な刺激があるのにもかかわらず，割って入ろうとも助けようともしない人たちが大勢いるという，怖くなるような例のなかに見られるかもしれない（傍観者効果）（この場合，すぐに行為することを禁止するような，条件づけられた強い情動があったと見ることも可能である）。

　次に述べるすべてのものが，共感を育み，向社会的行動を生み出す。すなわち，身近な人の反応に関する詳しい知識とひろい理解，ならびに，その人たちのいうことや行なうことに基づいて，顔や身ぶりのうえでの刺激を間違いなく受け止めること（換言すれば，ごく身近な社会的環境についての十分確立した認知系）などである。そして，アイデンティティの分かち合いの度合いが大きければ大きい

ほど，向社会的行動も大きくなるのである。この場合，共感は愛他的行動に合流すると言ったほうがより適切かもしれない（Krebs, 1975）。

◆実験から得られた知見

　ヤーローらの研究は，観察学習を通して，子どもたちに向社会的行動を教えることが可能であることを示している（Yarrow, Scott, & Waxler, 1973）。彼らはまず，研究のために選ばれた幼稚園の場面を観察した。そして，すでに自発的に向社会的行動を示す子どもたちを除いて，残りの子どもたちについて研究を開始した。個別の訓練セッションでは，それぞれの子どもは，ある人物（時には動物）がみじめな，または苦痛をともなう体験をしている似通ったシーンを2系列見せられた。実験者は，子どもたちが向社会的行動を習ぶためのモデル役となり，次のように言って実験を開始した。「あーあ，おばあちゃん，お裁縫箱全部，床に落としちゃって。でも，背中が痛いから拾えないんだね。ぼくが全部拾い集めて箱のなかにもどしてあげるよ。ほら，テーブルの隅に全部集めたからね。もう，だいじょうぶだよ」。

　実験者は，そのシーンのなかの人物または動物が困った場面に置かれていることをわかりやすい形で示してやり，その人物または動物の**情動的状態**を力説する形で話してやる。そして，実験者自身が共感をもっていることを，言葉と行為の両方で示してやる。実験者は，また，その結果の情緒的な価値，すなわち，その困っていた人（または動物）にとって，その場面がよい方向に変わったのを見て，実験者自身も喜びを感じたということも見せてやる。

　その結果，観察学習に4つの局面があることが明らかになった（Bandura & Walters, 1963；とくに Bandura, 1977, p.23参照）。①モデル（ここでは実験者）が，好ましくない困った場面に置かれているおばあちゃんに対して，何と言い，どうしたかということに子どもの注意をひきつける。そして，その場面の**情緒的誘意性**（emotional valence）が言語的に強調される。②子どもがそのシーンの最も重要な要素（行動系列）を符号化する。③子どもが，その行動を，最初は想像することによって，**再生し**，またその会話の最も重要な部分を順を追って話すことができる。④そして最後に，そのお話のポジティブな結末（おばあちゃんが手を貸してもらって喜んでいること）が強調されることで，子どもは，おばあちゃんも実験者（モデルとして）も幸せな気持ちになっていることの**代理強化**を体験する。この観察段階に続いて，ふたつ目の似たようなシーンが（絵で）提示され，子どももそれに参加する。この第2のシーンの終わりに，実験者はふたたび活躍する。すなわち，実験者は，そのおばあちゃんが，困った場面から救われたことで，どれほど喜んでいるかを強調していう。子どもは，自分がだれかを助けたこ

とになっているを知っているが，直接的な報酬は何もない形になっているので，そのことは子どもにとっては間接的強化である。子どもがこの2段階の訓練セッション（手助けしたり，なぐさめたりすること，など）で向社会的反応を示さなくても，実験者は子どもの行動についてネガティブなコメントをすることなく，訓練の第2ラウンドに進む。

◆観察学習のための諸条件

　最も重要な問題は，モデリングを通して学習された向社会的行動が日常生活に転移され，そこで生かされるどうか，また，そうであるとしたら，それはどのようにしてか，ということであった。その結果，向社会的行動が出現するのは，ただ，訓練が実生活場面に深く関連したものである場合だけ，そして，子どもが訓練者とよい関係をもてた場合（訓練者は2週間前に子どもと顔を合わせている）だけであることがわかった。このことは，先にふれた母親の育児スタイルに関する研究の結果，つまり，子どもと母親の両者の間に密接で気持ちの通う関係がなければならない，ということを確認するものである。興味深いことに，もし子どもが**モデルと自分を同一視**する場合，モデルが**何を言ったか**ということよりも**何をしたか**ということのほうが重要であるということを訓練セッションが示したのである。子どもが**モデルと自分を同一視**するという場合，そこには，類似の行為や発言，対等の計画立案構造など，いくつかの共通項が含まれる。そうした同一視が確立するということは，その後の行為を制御し調節する認知系の構築を意味する。「行ないは言葉より雄弁である」（"Deeds speak louder than words."）ということは，より容易な制御力または全般的システムおよび高いレベルの情緒的誘意性に関係しているものかもしれない。

　子どもの向社会的行動の学習は，条件づけ過程に根をもっているのではなく，むしろ，その子どもの生活における最も重要な人々の社会的価値体系を含む，行動調節的認知機能の全体系の構築と拡張に根づいているのである。

❖この章のポイント

1　罰（たとえば攻撃的な行動に対する）のほかの形は仲間はずれにすることである。これはタイムアウト（time-out）とも言われるが，ほかの子どもといっしょにいるという特権を取り去ること，つまり正の強化の撤回である。
2　向社会的行動の形成に対する最も大切な人たち（重要な他者）の情動的関与，とくに情動的説明の形の関与は，次のような結果をもつ。①子どものなかにその子の情動が直接生み出されるが，同時に，他者の情動もその子どもによって認識され，そのことにより，共感の学習が生じることになる。②そ

れ（共感）は，大切な人（たとえば母親）が他者の情動的場面を変えることに本来的な価値を認めることを示し，また，その価値に対する自分の対応がそれなりの結果（自分のやったことに満足したり，逆に罰したり）をもつことを示している。③親が与える説明（とくに命令とは逆の親身の説明）は，子どもがその場面を理解するのを助け，社会認知的構造のネットワークをつくり上げるのを助ける（社会的価値体系の構築）。教育する立場の人は，（攻撃的な）子どもに対して，その行為を容認しないまでも，彼の気持ち（怒り）はわかっているということをシグナルで伝え，また，その気持ちが他者に対して，どういう結末をもたらすかについて，シグナルを発してやることができる。

3 共感は，他者の情動の代理的経験であり，向社会的行動の必要条件である。時に，役割取得能力も必要なものとしてあげられることがある。向社会的行動は観察学習を通して獲得される。

4 観察学習は，次のような4つの部分的プロセスから成っていると考えられる。①まず，モデルに対して，そして（とくに，ここでの例においては）その場面の情緒的意味，およびその場面の社会的価値に対して注意が向けられる（注意過程）。②モデルの行動を観察して，それが符号化される（把持過程）。③観察された行動が内的に再生される（再生過程）。④学習者は，観察された行動の結果に基づいて代理的報酬を受け取る（動機づけ過程）。

第7章

テスト不安克服の道／「脱感作法」を超えて

7.1 はじめに

　この章では，テスト不安の学習解除（unlearning）という問題について考える。テスト不安というこの特殊な恐怖を克服するために，行動主義的学習理論ではガスリー（Guthrie）の**忍耐法**（toleration method）（第3章および第4章参照）やウォルピの**系統的脱感作法**（systematic desensitization）（Wolpe, 1958）を使うことを示唆しているが，これらの方法については本章7.4で詳しく吟味する。私たちは，この同じテーマを認知心理学の視点から「不安への対処」という形で扱うが，この立場は，**テストが求めるものについての解釈と自分の潜在力についての自己評価との間の**知覚された**不均衡**にとくに注目する。ここでは，最初にテスト不安というものの複雑な性質と，それがどのようにして学習されるのかについて考察し，そして最後に，この不安を学習解除するためのさまざまな可能性に目を向けてみることにする。

　本章で使うおもな用語は，**テスト不安の成分，リラクセーション訓練，逆条件づけ，脱感作，条件反応の能動的制止，対抗リラクセーション反応，不安への対処，予期位相と対決位相，試験場面の統御可能性，予想，先行決定因，対処方略の適・不適，言語的自己教示，課題不関連認知（撹乱要因），メタ認知能力**などである。

7.2 テスト不安という現象

　テスト不安とは，ある生徒がテストの前やその最中に，自分に課せられていると感じる要求と，自分の能力や行動選択肢についての自己評価との間の**不一致**，または**不均衡**を経験するときに起こる**感情**のことである。さらに言うと，自分が満足できる方法で，この不均衡に対処できないことに気づいている状況である。この不安は必ずしもほかの人には知覚されない。たいていの場合，テスト不安に悩む生徒は，まず，テストの前には行動の不確定性としてその不安を体験し，テ

ストそのものにあっては**ストレス**としてこれを体験する。

◆テスト不安の構成成分
行動的成分と認知的成分　　上述の行動不確定性は，いたって簡単に見て取ることができる。すなわち，ある生徒（便宜上，ジャンと呼ぶ）が，間近に迫ったテストのことで不安を感じていたら，彼はどこか落ち着かない行動を示すであろう。彼は勉強をするのをやめ，全然関係ないこと（たとえばコーヒーを飲んだり，電話でガールフレンドと話したりするなど）をやり出す。彼のノートはまとまりがなく，文献からの引用もいい加減である。

　ジャンは明らかに，自分で自分の行動を認知的にコントロールできなくなっている混乱した姿を見せる。すなわち，彼は自分でも**集中力が著しく欠けていること**に気づいている。まわりの刺激からばかりでなく，自分の思いや考えによっても注意散漫になっているのである。そのため，彼の勉強の計画も害を被る。仮に比較的長期の学習計画を立てたとしても，それを守るわけではない。試験に備えて，ある教科の学習の計画を立てたとしても，その学習活動は全体として不適切なものであったであろう。その教科はほどよいセクションに分割されておらず，大きすぎたり，学習すべき教材との対応が不適切だったりする。そのため，彼は情報を正しくコード化すること（たとえば，キーワードを覚えたり，例や類比に注意したりすること）が困難となる。すなわち，新しい事実と既知の事実との間に精巧で複雑な連合を形成したり，一定の内容を視覚的イメージに符号化したりということが困難になる（第10章，第11章参照）。

　テスト不安の認知的成分のなかでも，とくに妨害的な要因は，**失敗の予測**をめぐって去来する，さまざまな考えや空想，または白昼夢である。そうした心の働きのなかに，失敗した場合の成り行きについての思いが，長い間住みついてしまう。

感情的成分——不安　　自分自身の行為の不確定性の経験，とくに，場面の好転のために行なう努力や対策の不適切や無意味さについての予想（当たっている，いないは別として）は，ジャンの心のなかに一般的な**興奮**状態を呼び込み，そしてそれが，テスト不安の初期段階と考えられる**心配**（worry）へと発展していく。ジャンが感じているのが単なる心配なのか，それともすでに本格的な不安を経験し始めているのかは，そのプレッシャーをやわらげるために取られた対策——学習のための諸活動や，試験のある教科に関して援助してもらうなど——が成功したかどうかにかかっている。ここで重要なのがタイミングである。すなわち，試験日のずっと前に取られた対策のほうが，試験の直前に手を打たれた対策

よりもはるかに効果的であると，一般的に受け止められている。

後にもっと詳しく取り上げるが，テスト不安の大きさは，それにともなう身体的反応にも関係してくる。これが次の項目である。

テスト不安の生理的成分　テスト不安のない人たちでも，テストが行なわれる時間や場所に関しては，一定の落ち着きのなさを意識するものである。これはまったく普通の生理的反応である。だが，テスト不安というものは，もっと顕著な生理的徴候をともなう。最も明らかな徴候は——少なくとも現にそれを経験している者にとっては——脈拍の変化や皮膚電気反応（手に汗をかくなど）である。消化不良や筋肉痛，頭痛，背中の痛み，そして，とくに睡眠障害が起こることもある。記憶活動や注意集中力などと結びついた神経生理的反応は，多少とも自覚されないまま起こることがあるが，それは，そうした反応が制御できないものであり，また，まだあまり知られてもいないからである。

こうした生理的反応の多くは，単純な刺激によって引き起こされ，第1章で見た幼児の例におけるように，**古典的条件づけ**を通して学習したものである。しかし，これまで観察してきたことからも明らかなように，テスト不安と結びついた反応のほとんどは，**特定の刺激条件**によって直接引き金を引かれて起こるのではなく，むしろ，これらの条件についての複雑な**処理過程**と**解釈**によって，すなわち，不安に対処しようとする試みを通して喚起されるものである。

◆テスト不安の強度を決める諸要因

一般に，あるテストがストレスとなるリスクは，そのテストが求める達成基準が高ければ高いほど大きい。もちろん，そうなるのは，受験者がその基準を受け入れ，設定されたその目標を自分のものにしようと考える場合に限られる。また，テスト不安の強度は，求められている達成度の**客観的な**基準によって決まるのではなく，むしろ，そのテストについての受験者の解釈によって決まるのである。そして，この解釈は，そのときの学習の特徴や受験者自身の性格特徴によっても影響を受ける。

テストの要求性に対する受験者の解釈と，それに対処する自己能力（行動的，認知的，感情的）の評価との間の**不一致**（discrepancy）または**不均衡**（imbalance）が大きいほど，テスト不安が増す確率も高くなる。

ここで決定的なことは，そのテストが求めるものが，どの程度**制御可能**であり，**自分の手に負える**ものであるかについての知覚である。受験者が駆使できる**知識**や**スキル**が多ければ多いほど，その要求を制御することは容易になるであろう。その条件があれば，自分の知識におけるギャップの在りかや，そのギャップを埋

めるための**認知的対策**，**行動的対策**についての判断がより容易になるからである。さらに，その試験の**社会的コンテクストを含む場面条件**をよく知っていることも大切である。受験者と試験官との間の**能力や地位に明らかな差**がある場合，**社会的な相互作用**という意味において，その試験場面の統御不能性は増すであろう。受験者が，試験官その人や出題傾向を知っている度合いが少なければ少ないほど，その場面はストレスに満ちたものとなる。

最後に，どんな試験状況も，**準備期間が不十分なとき**，比較的統御不能なものに思えることを考慮に入れなければならない。一方，十分な準備期間があれば，自由と統御可能性の感を常に与えてくれるものである。ここでは，時間は恒常的な物理的価値を意味しない。そうではなく，ただ，受験者が時間をどう考え，どう使うかという観点から解釈されるのである。

また，明らかに，**失敗の結末**についての見積もりも，テスト不安の強度に影響する。その結果は，物質的なものであるかもしれないし，社会的なものであったり，個人的なものであったりする。たとえば，「もし，半期の授業をふいにしちゃったら，そのツケはどうなるだろう？」とか，「将来の義理の両親との関係はどう変わるのだろう？」とか，あるいは「同級生は私のこと，どう思うだろうか？」などの思いが胸をかすめるであろう。最も重要なことは，その結末が，受験者の**自尊感情**に対する**脅威**として経験され，結果的に，不安の感情を生み出すかもしれないことである。

7.3　テスト不安につながる学習プロセス

◆行動主義的解釈の不十分さ

学校での試験の失敗や，それまでのその他の試験における失敗に関連性のあるどんな刺激も，また，さまざまある般化刺激のどれも，それに対応する反応が，その後の試験におけるポジティブな試験によって消去されなかった場合，不安を誘発する条件刺激として働くことがある。この場合，**外的（物理的）刺激**は比較的重要でない。重要なのは**内的刺激**である。それは時に，試験場面や失敗の結末と関連性のある**記憶**や**知識**とか，**空想**，**期待**，**予想**および**評価**など，さまざまな認知の形を取る。バンデューラの社会認知的学習理論は，**先行決定要因**という形で，この事実を詳細に論じている。換言すれば，試験に関係した以前の（不快な）経験が原因となって（古典的条件づけ様の）刺激 - 反応効果が生じるのではなく，そうした経験に基づいて高度に分化した**期待**が学習されるのである。（Bandura, 1977, 第9章参照）。したがって，**内的刺激（認知）**を考慮に入れない極端な行動主義的観点は狭すぎるのである。

7.3 テスト不安につながる学習プロセス

　強度の不安を抱えていたにもかかわらず，試験に無事パスした場合，理屈のうえでは，その後一般にテスト不安は減るはずであるが，実際はそうはならないという事実を，極端な行動主義者はどう説明するのであろうか？　テスト不安というものは，おそらく，学校で何回ものテスト経験を重ねるうちに築かれてきたものであるだけに，非常に深いところに根をはっているのであろう。したがって，その不安を消去するには，何回も成功する経験を積むことが必要なのであろう。このことは，一度だけのポジティブな試験の経験では，条件刺激への不安反応の消去には至らないのはなぜか，ということを十分説明している。しかしながら，テスト不安は，本質的に媒介的認知過程を通して生じるものであり，**外的な条件刺激**によって誘発されるものではないということについては，まだ議論の余地がある。

　不安の誘引要因を突き止めようとするなら，（受験者の）**解釈**のしかたや**評価**のしかたの複雑な様式のなかに，それを探さなければならない。本章では，行動主義的不安治療のなかで通常見られる**不安の学習解除の1方法としての脱感作法**について吟味し，そして，**特殊個別の刺激条件**と学習性の**反応傾向**について考えてみることにする。しかしながら，検討すべき問題はほかにもいろいろあるということも忘れてはなるまい。不安の問題は，より包括的な形で扱わなければならないのである。**不安対処**の問題は，認知理論の観点から見てキーワードと言えるテーマである（この問題は，第4章4.8での**脱感作**に関する議論の続きである）。

　試験の失敗の結果として生じる個人的な不全感の経験や，それにともなうストレス，自尊心の喪失や低下および社会的名声の面でのダメージなどは，試験という主題と結びついた非常に**複雑な**（そして不快な）結末であるために，その根底にある**学習プロセス**を理解するためには，認知的な形の説明を取り入れざるを得ない。実際に試験に失敗したことがないにもかかわらず，テスト不安に苦しんでいる人の場合は，説明ははるかにむずかしくなる。以下では，このことについても考えてみることにする。

◆モデルからの学習と能力の自己査定

　ある生徒がテスト不安に陥る場合，必ずしも彼が自分でテストの失敗を経験してみなくてもよい。原理的には，仲間が失敗するのを想像し，その人の身に自分を置き換え，今，その仲間はこう感じているに違いないと想像する（同情）だけで十分である。この種の想像は，ふつう，**モデリング**にたどりつく。つまり，この生徒は，試験に失敗したほかの生徒たちのことをよく知っており，試験の前後における彼らの行動（感情や，起こりうる結果に関して口にした言葉などを含めて）を**観察**しているのである。

第7章　テスト不安克服の道／「脱感作法」を超えて

　しかし，ある生徒が，試験を受けようとしているひとりの仲間に注意を向けるのは，なぜであろうか。モデルの生徒は今，観察者の生徒がまもなく経験するはずの場面にいる。換言すれば，もし，このふたりが，能力や学習態度などに関して似通ったレベルにあるなら，そのモデルの生徒は**機能的価値**をもっていると言える。もちろん，そのモデル**は感情的誘意性**ももっている。つまり，観察者はモデルの運命に無関心ではいられない。ふたりは友人ですらあるかもしれない。試験は，学年のなかでも際だつできごとであるため，試験を受けようとしている生徒は**明らかなモデル**として，そこにいる。このように，観察者の生徒はモデルを観察することに大いに関心をもち，相手に付き添って道を歩むという一種の社会的関与のなかに入る。

　この場合，観察することに相当大きな注意が払われるので，彼らは強い形で**同化**される。**社会認知的学習**（Bandura, 1977）の面から見れば，彼らは**象徴的な形で符号化される**（すなわち，視覚的イメージや言葉の形で――人はそういう形でも，互いに交わりをもつのである！）それらは**認知的に体制化された**ものとなり，より効果的に貯蔵され，自分で観察した特定の経験（心の動揺や失敗とか，それらに関連した行動）を記憶しておくことによって，その経験を"生きた"ものとしてキープしておき，そしてそれらを**象徴的な形で再生**する。このようにして学習された行動様式の代理強化は，おそらく，その相手との大切な共有の経験とか同一視から派生するものであろう。そして，それが，危機的場面に置かれたその相手を助けようとする関わりにもつながっていく。このようにして，その生徒は，テスト不安の通常の兆候を見せながら，自分自身の試験場面と，その試験で要求されるものに関連した，ある種の**予期**をつくり上げていく。

　第6章で見たように，注意，把持（貯蔵），再生，および動機づけや強化は，**モデルからの学習**において，どれも非常に重要な部分プロセスである（Bandura, 1977, p.23）。

　バンデューラによる行動の説明において，とくに重要な概念は，**強化**と**予期**のふたつである。バンデューラも強化のプロセスが重要であると考える。もっとも，彼は**代理強化**（観察学習における）と**自己強化**を，外的強化と同じくらい大切なものとして強調する傾向がある。しかしながら，彼は，行動と行動の結果の間の結びつきを，行動主義者のように機械的なものとは考えていない。彼はむしろ，この結びつきは認知的プロセスによって媒介されていると主張する。すなわち，行動の結末をどう見るかということが，行為の結果に関する予期へとつながる。それゆえ，学習されるのは**予期**である。学習された行動が賦活されるかどうかは，単に刺激場面と**予期された行為の結末**ばかりでなく，当事者がその行為を実行できると感じるかどうかに，大いにかかっているのである。これがいわゆ

る自己効力感の予期である。バンデューラは，長年，自己効力感を研究している（Bandura, 1982, 1986）。自己効力感の問題は，バンデューラにとって，行動を説明するうえで死活的な要因なのである。自己効力感の予期と効率的な行為との間には密接な関係がある。自己効力感の予期の最も重要な源は，個人の達成成績である。

このように，テスト不安の認知的成分は，遂行結果についての好ましくない予期，たとえば，どういう理由かは別として，ある教科の試験が"むずかしい"だろうと予期することである場合もあるが，しかし，とくに問題なのは，自己効力感についての予期の低さである。その場合，次のような影響が見られる。

- 疑いや恐れ，そしてしばしば，自分の能力や資源の不適切な利用という事態が生じ，そしてそのことが，自己充足予言(self-fulfilling prophecy)（訳注：いわゆる「ピグマリオン効果」）の意味で，失敗への道を用意する(Merton, 1948 ; Rosenthal & Jacobson, 1968)。
- 自己効力感の自己査定にしたがって回避行動を取る。
- 困難な課題に直面すると，努力の低下や粘り強さの減少が起こり，課題の困難さと自己効力感の間のギャップが大きくなると，動機づけが低下する。
- 自分の行為を計画したり，環境を変えようとする活動の低下が起こる。
- 外的強化への依存が強まり，自己強化が低下する。

それゆえ，バンデューラによれば，テスト不安が学習されるのは，一方ではモデリングを通してであり，他方では般化された低レベルの自己効力感予期を通してである（これと同じ現象の例が，第4章で見たマイケルのドイツ語のレッスンの場合にも生じている）。次の節では，こうした影響への対抗策について考えてみることも調査する（第9章では，学習性無気力症という，関連した現象について考察する）。

7.4　対抗条件づけと脱感作によるテスト不安の低減

もし，特定のタイプ・強度のテスト不安を引き起こすのは特定の刺激であると仮定するなら，すなわち，条件反応としての不安を生み出す条件刺激というものがあると仮定するなら，この不安を低減するために，条件づけ理論から引き出された方法を使うことができるに違いない。しかし私たちは，極端な行動主義理論が示唆するものを超えて，イメージや予期も，条件刺激として機能をもつことがあると考えて考察を進めることにしよう。

第7章 テスト不安克服の道／「脱感作法」を超えて

◆不安を誘起する刺激場面についての探索

　試験を受けようとしている生徒のテスト不安を引き起こす刺激とは，実際にはどんな刺激であろうか？　カレンダーに書き込まれた受験予定であろうか？　それとも，試験についての公式発表や出題範囲についてのリーフレットとか，試験が行なわれる教室や講義室，試験の実施責任者である教授や答案を添削する助手であろうか？　あるいは「どう，調子は？」と尋ねてくる級友とか，前回70人が受験して30人（43％）が落ちたという事実であろうか？　はたまた，まったく別のことであろうか？

　明らかに，筆記試験で使われるボールペンは，テスト不安を引き起こす点では弱い刺激である。もっとも，最初，中立的であった刺激が不安反応のための条件刺激（CS）になることもある。とにかく，その時点では，ボールペンは不安反応ではなく，「書く」という反応を引き起こす働きをする。それは，試験が行なわれる教室とか，灰色のプラスティック塗装のテーブルとはまったく異なったものであるし，まして，設問の決定をする教授とは全然違ったものである。

　おわかりの通り，異なった刺激は，テスト不安反応を引き起こす力や誘意性の度合いの点でまったく異なる。テスト不安に陥りがちな人は，まず最初に，どの刺激場面が，自分の個人的不安誘発要因であるかを判別しなければならない。次のステップは，その潜在的な誘発要因を，その強度に沿って，弱いものから強いものまでリストアップすることである。このような形で刺激を見ることで，生徒は**自分自身の反応**をよりよく知ることになる。

　しかし，彼の実際の反応はどんなものであろうか？　もし自分が失敗したら，自分自身や両親はどういう反応するかについてあれこれ考え始める――想像し始める――であろうか？　彼は汗をかきだすであろうか？　机から逃げ出すであろうか？　試験のことを考えるたびにコーヒーを飲むようなことを始めるであろうか？　それともお酒を飲むとか，タバコに火をつけるとか，音楽を聴き始めたりするであろうか？　緊張するであろうか？　自分がいつ緊張し，いつリラックスしているかの自覚があるであろうか？　自分のあらゆる反応についてよく知っていることや，それらがどれほど多様であるかに気づいていることは有益である。これは自分自身の**反応傾向**を認識するうえで役に立つ。

　もし，ある人が自分自身のなかにあるテスト不安という現象を認識していたら，私たちは確かに，一定の誘引刺激に対してのひとつの（あるいは数多くの）好ましくない反応を扱っていることになる。人によってはそうした**刺激を避けよう**とするであろう。しかし，それはむずかしいことがわかる。なぜならば，それらは至る所で出くわし，常にその人自身のなかに，**心的イメージ**や**予期**の形で存在するからである。それらから逃れることはできないし，逃れようとすればするほど，

逆に，その刺激は強力なものになる。

　ほかの可能性は，**反応を変える**試みをすることであろう。これらは，対応する刺激が存在するときは常に起こるから（それら２つの間の連合は，自分自身の経験や観察を通して学習されたものであるので），唯一のチャンスは，不安反応を**予測**して，それをほかの反応に置き換えるか，あるいは潜在的な不安誘発要因を**再解釈**することによって，ほかのもっと好ましい反応を生み出すかのどちらかであろう。では，最初の可能性を見てみよう。

◆対抗条件づけと体系的脱感作

　この生徒は，家にいるときでも，自分がいろいろな刺激場面不安を感じるのは，どんな形においてなのかについて**想像**してみることはできるであろう。もちろん，これは簡単なことではない。というのは，自分に不安を感じることを強いるのは，楽しいことではないからである。にもかかわらず，刺激状況について想像することを絶えずくり返すことで，**疲労困憊**（exhaustion）というプロセスを通して，反応を**弱める**ことは可能である（第３章3.5参照）。

　もちろん，不安誘起的刺激場面が，別の非不安的な反応と新たな連合を形成することになれば，そのほうがよいであろう。このことは，実際に，ある間接的な方法で可能である。まず第1に，新しいスキルの学習，つまり深いリラクセーション，とくに筋肉のリラクセーションのスキルの学習が必要である。

　用いることのできるリラクセーションの技法としては，心地よく座った姿勢での深呼吸から自律訓練や超越的瞑想まで，多くのものがある。方法はなんであれ，リラクセーション訓練の目的は，筋肉のリラクセーションを，ある特定の（条件づけ）刺激，つまりや日常的な言葉のなかのキーワードとか，「平穏」（Peace）や「気楽に」（Take it easy），「Shumanom」のような，いわゆるマントラ（よく使われている効果的な決まり文句で，インドの瞑想が起源）に対する反応となるように条件づけることである。これは，テスト不安の問題とは別に取り入れなければならない，まったく新しい学習プロセスである。

　いったんその技法が学習されると，その学習のプロセスには若干の時間（少なくとも４,５日）はかかるかもしれないが，その生徒は**対抗条件づけ**の準備ができたことになり，それによって新しい反応が古い反応を抑制するように条件づけられる。すなわち，そのリラクセーション反応（いわゆる**対抗リラクセーション反応**）が不安反応と置き換わることになる。これが達成されるためには，リラクセーションを誘起する条件刺激（すなわちキーワード）が，たとえば生徒が試験にもって行くフォルダー（資料入れ）のような，不安喚起力の最も弱い刺激についての想像と連合するようにならなければならない。よく練習されたリラクセー

ション反応は恐れの反応(それはより強い反応で,したがって不安誘発的刺激,つまりフォルダーと結合する)を抑制する。条件づけられた筋肉のリラクセーション状態(それはいまや不安反応と置き換わっている)を通して,不安はいわば追い払われるであろう。すなわち不安は,条件反応(CR)として消去される。ここで私たちは,以前の条件性反応の積極的抑制を目にすることになる。**これが消去過程における決め手の要因である**(この消去についてのパブロフ的解釈については第2章2.4でふれた)。

　こんな方法でテスト不安を減らそうとする生徒は,みな,非常に弱い刺激に対しても不安反応を示す状態が,学習で得られたリラクセーション反応に道を譲るようになるまでには,何度もその手順をくり返さなければならないであろう。生徒はその技法をさまざまな機会に何度も練習し,うまくいったときは,そのたびに,たとえば「よし,ほんとにうまくいくぞ!」というような言葉を添えたりして,自分自身を強化しなければならない。刺激となり得るもののなかで最も弱い刺激が不安反応をまったく起こさずにリラクセーションを生み出す段階まで到達したら,次の段階へ進むことができる。リストのなかから次に強い刺激を取り出し,それをリラクセーション誘発性キーワードと組み合わせ,対抗条件づけプロセスを続ければよい。彼の目標は,リラックスした状態を保ちつつ,次第に強度を増す刺激と向き合うことを通して,自分の想像においてその試験場面に徐々に徐々に近づいていくことである。

　換言すれば,このアイデアは,もしその進行が十分ゆっくりしたものであるなら,不安反応(恐怖反応と呼ばれることもあるが)は,元の不安喚起的刺激の系列全体を通してひとつずつ消去され得る,というものである。その結果,その人は,2度とふたたび強い不安反応を経験することはないであろう(Bower & Hilgard, 1981, p.80参照)。

　不安喚起刺激のなかで,どれが最も弱く,どれが最も強いかの順位を決めることはむずかしいかもしれない。なぜなら,不安の原因となる刺激間の散らばりは,実際には(音階のように)漸次的な性格のものでは**ない**からである。むしろ,それらはその**性質**において,互いに異なっているのである。**物質的な**刺激(たとえばフォルダー)から**人的な**刺激(試験者)に至るステップは,とくに大きなステップであるかもしれないし,また,**想像上の**刺激から**現実の**刺激への移行は,全体の行程のなかで大きな障害となるかもしれない。この方法が成功するかどうかは,個々の関係者に合った大きさのステップが見つかるかどうかにかかっている。こうして被験者は,**関連性刺激のつながり具合い**に対して,初めのうちから特別な配慮と注意を払わなければならないのである。

　この漸進的な技法は**系統的脱感作**として知られており,1950年代後半という

早い時期にウォルピによって開発されたものである．すでに見たように，この技法は，**強度が連続的に高くなっていく刺激**——ここでは不安を喚起することに関係した刺激——**の選択に合わせた対抗条件づけ**から成っている．

第3章と第4章で見た**忍耐法**も，基本的には同じ技法のことをさしている．すなわち，次第に強さを増す刺激があっても，望ましくない反応の喚起は避けられるというものである．この2つの方法の違いは，脱感作では明白な拮抗反応の学習を必要とするのに対して，忍耐法においては，この学習は暗黙裏に，かつ，体系的でない形で起こる点である．

強度を次第に増していく刺激と直面することは，単に想像上だけではなく，日々の生活のなかで遭遇することであろう．したがって，本物の刺激をリラクセーション反応との連合のなかにもち込むことも勧められる．たとえば，試験室に実際に入ってみたり，言語的に条件づけられた刺激（「落ち着いて！」など）を使って実際にリラックスすることを試みてもよいであろう．ただし，これは明らかにリラクセーション訓練が成功した後にのみ有効である．こうすることで，その試験室は，刺激布置としてリラクセーション反応とカップリングされたものとなる．ここでもまた，試験室などで成し遂げた成功をサポートするために，言葉的**自己強化**（「ほんとうにだいじょうぶそうだ！」）が使われるべきであろう．

7.5 脱感作を超えて——**不安対処の認知的側面**

本章冒頭で述べたように，テスト不安は**テストが要求するもの**と**自分の力の自己査定**との間の感知された不一致または不均衡から来ている．この不均衡を打開しようとする自分の試みが不首尾であることに気づいたとき，テスト不安は起こる．したがって，ここでの目標は，この不均衡を統制下に置くにはどうすべきかを学習することである．

別の言い方をすれば，テスト不安は，受験者にとって試験場面が**統制不能**と思われるときに起こるので，その対処法は，試験場面（および，それにつながる一切のもの）を統制可能なものにする方法の学習であるということになろう．

テスト不安への対処はふたつの別々の段階から成り，それぞれ個有の要件で特徴づけられる．ひとつは**準備段階**または**予期段階**であり，もうひとつは**直面段階**，すなわち実際に試験が行なわれている間の段階である（Krohne, 1985；1975, 1981；Prystav, 1985；Lazarus, 1966；Spielberger & Sarason, 1978）．

◆準備的（予期的）段階の学習プロセス

試験の難易度の査定　テスト不安への対処で問題になることは，ほとんど

もっぱら，そのテストでは受験者に何が求められているのかを正確に知ることである。したがって，もし受験者が，そのテストの準備としてどんな情報を学ぶ必要があるのかを（試験の直前ではなく，十分時間的余裕がある段階で）判断できれば，非常に有利である。このように，テストの内容に関する限り，受験者は能動的な形で試験場をコントロールできる。もちろん，これで十分ということではない。すなわち，受験者は試験内容を詳細に分析し，**自分の理解しにくいところ**はどこなのか，すなわち，自分がどこで問題に遭遇しそうであるかを認識しなければならない。しかし，そうしたことについて適切に判断できるためには，常に自分の知識を見直すことによって，自分自身の学習，すなわち知識習得の方法を客観的に観察したり再検討する力をもっていなければならない。そして，**そのテスト課題を現実的に分割し**，それをうまくコード化し（例や類推とか視覚的なイメージなどで），それを保存するだけでなく，必要なときには**記憶から取り出す**こと，つまり内容を再構成することができなければならない（たとえば，いわゆる自由想起の形で書き取ったり，それらが正確であるかを評価したりして）。こうした方法で，受験者は有用な検索パス（回路）を準備するわけである。

学習ずみの情報のこの**検索過程**または**再構成過程**は，テスト中のようなストレス場面においてのみ高い要求を突きつけるわけではない。それは，ふだんよりもはるかに大きな注意を払わなければならないようなものを含む，どんな特定の場面でもあり得ることである。

獲得した知識の意識的，随意的検索の練習は，テスト中に頭が「真っ白」になって，自分が知っていたはずだと確信していたことすら思い出せなくなるような，ひどい状況を手順よく防ぐための，たぶん，最も信頼できる方法であろう。

試験に出される教科に慣れてくると，生徒は，自分にはどのくらい時間があって，勉強にどれくらいの時間を割り当てたいのかを判断できる立場に立つ。試験の準備というものは，教科の全領域にわたって同じような完璧さでできることはまれである。学習能力，関心，および時間的制約などがそれを許さない。その教科の徹底的な分析は，自分の弱点がどこにあるのか，丸暗記しただけで，ほんとうに理解していないのはどの領域か，どこで再構成や記憶の問題に遭遇するのはどのあたりかを知るのに役立つであろう。

学習と受験行動の社会的側面　多くの生徒たちは自分なりにベストの学習をしている。ただ，そういうケースばかりとは限らない。そこで，社会的学習ネットワークを立ち上げることで，多くの利点が得られる（Dansereau, 1988；Brown & Palincsar, 1989；Sharan, 1990；Steiner, 1997, pp.97f. 参照）。そうしたネットワークは，参加者たちに，さまざまなモデル（すなわち生徒仲間）から効

果的な方略や解き方を学んだり，教科について互いに問題を出し合ったり，知識のギブ・アンド・テイクをしたり，そしてもちろん，学習のモチベーションを高く保ったりするための機会を与える。

まだあげていなかったが，試験場面の困難度の査定にからむ社会的関連プロセスは，たとえば試験者との相互作用など，ほかにもたくさんある。生徒は，試験者についてよく知っておく努力をしたり，その試験者の出題の言い回しを探り出したり，また，より一般的に，その試験者の試験場面でのふるまい方を学習するための努力をすべきである。

上で略述した手続きは，さまざまな学習プロセスがあることを示唆しているが，ここでは詳しく討論するゆとりはない。ほとんどの場合，それらは**知識獲得**のプロセスである。しかし，**社会性コンピテンスの獲得**もここでは重要である。

ラザルスとラニエール（Lazarus & Launier, 1978）は，ある特定の場面がもつむずかしさやストレスの度合いを評価するために使われる**情報獲得**のプロセスを記述するのに，**1次評価**という用語を用いている。そして，彼らは，その相手となるプロセス（つまり自分自身の行為能力または潜在能力の評価）を，場面全体の査定のなかの**2次評価**と呼んでいる。後者についてより詳しく見てみることにしよう。

自分の行為能力の査定　自分自身の行為能力を現実的な形で査定するためには，テスト不安を引き起こす場面（刺激布置）や，その刺激がどう作用するのかがよくわかっていなければならない。私たちは，脱感作について述べた先の節で，感情の調整を通しての不安対処のひとつの方法を紹介した。

予備的段階では，ほかの問題志向的対処方略を使うこともできる。まず，不適切な方略から考えてみよう。試験が求めるものについてほかの人による誇張や，**間違った**時間での試験内容など，不正確な情報にふりまわされることは，なんとしても避けるべきである。受験仲間からの「土壇場情報」を手に入れることは，ふつうは非常に不利である。なぜなら，そのことによって，知識における自分のギャップをさらけ出してしまうことになり，実際にはそれ以上何もできないのに，テストの要求と自分の力とズレの認識をますます強めることになるからである。このズレが，めぐりめぐって極度のテスト不安に導き，そしてついにはパニックにさえつながることもあるのである！

もうひとつの，とくに**不適切な対処方略**（これは実際，精神分析学でよく知られているひとつの**防衛機制**であるが）は，試験の重要性や考えられる失敗の結末の瑣末化（trivializing）である。

私たちはすでに前節で，**試験の困難度評価**のしかたを述べるなかで，適切な方

略について論議した。能力や場面制御性の増加につながるものであったり，また，よりよい結果の予想につながるものであるなら，それはどれもよい方略である。そのなかには次のようなものが含まれる。まず，学習活動の計画，とくに**検索の練習**である（第10章，第11章参照）。次に，結合の再構成の訓練，進歩に対してフィードバックを与えたり，与えられたりすること，自分自身の才能を現実的に査定すること，すぐれた進歩を見せたときは自分自身に報酬を与えること（たとえば，映画に行くなどの形で，高い誘因価をもつ何かで自分自身をもてなすこと），などである。どんな状況下でも，目標達成に失敗したからとか，進歩が遅すぎたからといって，生徒は自分を責めるべきではないし，自分を無能だと思い込むべきではない。そうではなく，自分の学習のやり方をふり返ってみたり，あるいは単に，たとえば少しの間，余暇活動なしですますなど，実際の勉強時間を増やしたりすべきである（ただ，前述のように，そうした余暇活動が，学習活動の枠組みのなかで，特定の強化の目的や動機づけの目的をもたない場合であるが）。

では，こうしたことすべてを達成するために，実際に学習しなければならないことは何であろうか？　まず第1に，メタ認知スキル（自分自身の考えや学習過程を分析する能力）を発達させなければならない。もっと一般的な用語では，**行為調整的認知**である。換言すれば，行為の計画が定式化され，それぞれの行為が実行に移されなければならない。そして最後に，その計画は実行性のあるものであったのか，実際には計画通り実行されたのかが点検されねばならない。もし違っていたら，それらの計画は修正されねばならず，全体の手順が最初から再スタートすることになる。これが，ミラー，ギャランター，プリブラム（Miller, Galanter, & Pribram, 1960）が言う計画の意味である（第5章参照）。このプロセスが生徒にとってどれほど容易であるか，また，彼がそれを遂行する際にどれだけ一貫性があるか（必要なら何回も）は，準備と試験そのものに付与された重要性と，彼がどれほど自分の試みが首尾よくいったと感じているかにかかっている。もうひとつの重要な要因は，学習集団（社会的支援組織）から得られるサポートであろう。

◆直面的段階の学習過程

上で論じた行為調節的認知の多くは，注意深く発達したものであるなら，試験場面（直面場面）そのものにおいても機能する。しかしながら，私たちはこの特殊な場面がもつ一定の特徴と必要条件を考慮に入れなければならない。

平静さを保つこと　試験環境における不安喚起刺激は，脱感作訓練の助け

7.5 脱感作を超えて──不安対処の認知的側面

を借りて制御することができる。最後の執拗な「興奮のうずき」でさえも，この方法で抑えることができる。むずかしいケースの場合，リラクセーション訓練中に内面的平静状態を生み出したことのある，言語的自己教示に頼ることができる（「落ち着いて！」など）。しかし，（試験場面では）通常よりも高い興奮状態になるのは，ごく自然であるし，また実際，高い成績をあげるには不可欠なことであることを覚えておくことは，何より大切である。

最後に，**内的不安喚起要因の規制とその他の撹乱要因の制御**についても述べなければならない。内的不安喚起要因には，自分の能力についての疑念や失敗の予測がいきなりわき上がってくることも含まれる。もちろん，もしテスト中に，生徒が言っていることに試験官があからさまに否定するようなことがあれば，不安が活性化される（下記参照，また，Revenstorf, 1982 も参照のこと）。

◆部分的成功を得るための賢い方略

内的不安喚起要因は（少なくとも筆記試験では），知能的な問題解決方法を選ぶことによって，そらせたり弱めたりすることができる。たとえば，単純な課題から始め，部分的な成功を確実に得ることである。このことは，成功の経験に対する当面のニーズを満たしてくれ，過重な負担感や無力感が生じにくくなる。そして，ネガティブな自己査定の可能性も，一転してポジティブな強化へと変えられることになる（「今のところ，ほんとうにうまく行きそうだ！」）。

課題無関連認知の「封じ込め」（Imprisoning）　ほかの撹乱要因は，空想や偏執的観念，想像，あるいは白昼夢などのような課題無関連認知から派生する。それらは，課題の核心から集中力をそらし，時間を浪費させ，不安喚起要因にとらわれやすくさせる。しかし，ここで 2 つの行動様式を学習し練習することによって，こうした撹乱要因やそれに対応する認知が起こるのを防ぐことができる。まず 1 つは，その撹乱的認知をなんらかの形で封じ込める（imprison）ことである。この場合の最も効果的な方法は，ひと言で，だが断定的に言って，自分の注意をそれに向けることである。たとえば，「ガールフレンドがぼくのことをどう思っているかなんて，12時15分までは気にも止めないぞ！」と自分に言い聞かせることである。これはガールフレンドという問題（またはそれに対応する認知）をひとつの包みのなかに縛り上げ，それを一時意識的に棚上げにしておくのに役立つ。もし，こうしたことが不可能なら，その撹乱的認知は何度もくり返し起こるであろう。しかし，もしこの行為が成功したら，試験の課題に全力で集中することができる。

撹乱度の低い認知の場合には，第 2 の行動様式を試みてもよいであろう。それ

はまず，課題場面または課題解決に関連した概念の言語化か，それとも「書いて，書いて，書きまくれ！」というような**言語的自己教示**（第5章で論じた）によって，思いつくことはなんでも書き出し続けることである。こうした方法は認知プロセスを**課題関連内容**に向けて舵を切り直すのに役立つ（言語的自己教示の臨床的応用については，Meichenbaum & Cameron, 1974, またはMeichenbaum, 1977参照）。

最初の方法，つまり「課題無関連認知の封じ込め」は，**口頭試問での試験官の妨害的介入**があった場合にも適用できる。試験に出された問題に，受験者が必ずしも全部は答えられないということは珍しいことではない。どんなに徹底的に復習したにしても，すべてをカバーするなどということはできない。けれども，受験者は，自分が**大量の知識を意のままにできる**という意識がある。そこで彼は，課題無関連認知の場合と同じように（前述参照），「全部知っているわけではない」という場面をひとつの「包み」のなかに封じ込め，その場の課題に関連したことがらに心を集中するよう自分を励ます。この方法は，**パニックらせん**（panic spiral），つまり**興奮状態**が**自己過小評価**につながり，それがさらに**失敗の予感測**へ導き，そして最後に，**断念**する，という事態にまで進んでしまうことを避けるための比較的安全な方法である（Revenstorf, 1982, p.155）。

ここで，あらためてふり返ってみると，テスト不安への**対処**に深く関わる学習プロセスは，**思考システム**（認知構造）**の構築のプロセス**であることがわかる。そうしたプロセスは，行動主義的学習理論の用語や対抗条件づけ，あるいは脱感作という用語ではほとんど説明できない。

本章でこれまで論じてきた不安克服の認知的学習プロセスは，間違いなく，**高次学習プロセス**として記述される。そのプロセスは非常に複雑である。すなわち，そうしたプロセスは，すべての人に妥当な，明白な標準的な学習ステップ（アルゴリズム）から成り立っているものではないからである。さらに，学習された対処方略が常に有効であるという絶対的な保証はない。したがって，絶えざる修正が必要である。後続の諸章で紹介される学習プロセスは，さらに輪をかけて，こうした特徴を見せてくれるであろう。

❖ この章のポイント

1　テスト不安は，テストが求めるものについての自分の解釈と自分の才能についての自己査定（たとえば，低い自己効力感期待）との間の不均衡を知覚した場合に生じる。テスト不安はまた，この不均衡やそれによって生じたストレスへの対処が不首尾に終わったときにも生じる。

2　テスト不安の強度は，場面の制御可能性（すなわち，学習すべき教材の多

7.5 脱感作を超えて――不安対処の認知的側面

さ，試験官，時間的プレッシャー，失敗の結末，とくに自尊感情のダメージ）に依存する。

3 テスト不安は，特定の刺激場面ばかりでなく，バンデューラの言う先行決定要因，たとえば，不安が存在したときの試験場面（ほかの場面でもよいが）についての記憶や想像などによっても生み出される。

4 テスト不安は，対抗条件づけに基づく系統的脱感作法を使うことによって制御できる。すなわち，不安誘発刺激への拮抗反応（リラクセーション）を学習し，それを用いて不安反応を抑制することができる。

5 テスト不安の対処に焦点を当てた認知心理学に基づいた方法もある。この方法では，（テスト）場面が要求するものと，自分の行動選択肢との間の不均衡に安定をもたせることを学習する。

6 対処プロセスは，1次評価と2次評価から成る。すなわち，テスト場面の分析と，予期段階および直面段階の双方における自己の行動選択肢についての分析である。

7 予期段階（試験に至るまでの準備時間）の学習プロセスに含まれるものは，試験の難易度の査定，学習およびテストされること結びついているさまざまな社会的側面，教科の同化に関する認知的プロセス，および最も重要なものとして知識の検索などを含んでいる。

8 直面段階（試験中）での学習プロセスは，次のことに関係している。すなわち，比較的平静でいられること，利口な学習方法を使って部分的な成功を収め，無能力を感じる経験を防ぐこと，課題無関連認知を処理し，時に言語的自己教示を用いること。

9 最後に，より重要視しなければならない問題として，学習集団を組織し，濃密な認知的交流（検索訓練）や助け合い，およびテスト不安に立ち向かうことをねらった強力な相互動機づけなどがあげられる。

第 *8* 章

グループリーダーのストレス対処学習／認知的な行動訓練と行為調節的認知の発達

8.1 はじめに

　本章では，前の2章で提起された主要なアイデアのなかのいくつかについて，引き続き検討する。つまり，私たちはふたたび，行動を決定する思考系の発達についてここでふたたび扱うことにする。第6章におけると同様，本章のおもな関心は社会的相互作用にあるが，ただ，ここでは一定のプレッシャー下における社会的相互作用について検討する。また，第7章と同じように，連合によって形成された恐怖（the associated fears）に関する問題も取り上げるが，その問題を詳しく論じるというよりは，ストレスという現象とそのストレスにどう対処するかという点に注目して見ていくことにする。

　本章で例として考える日常的場面は，警察機動隊の昇格してまもないひとりの小隊長の**リーダーシップ**に関する場面である（ほかの警察関連のストレスについては，Ellison & Genz, 1983参照）。しかし，似たような問題は，**いかなる**会社の，**どのレベルの，どんな**管理職も経験することであろうし，その場合，その人はしばらくの間，心的プレッシャーのもとに置かれ，そのプレッシャーへの対処を迫られるであろう（余計な個人的資源を投入しながら，おそらくむだに終わることが多く，結局，ストレスが残るだけということが多いであろうが……）。本章で話題にするストレス対処法の学習プロセスは，その大半が警察官向けのリーダーシップ訓練プログラムのプロトコルを例に示されるが，その結果はほかの職業や職場にも容易に応用することができよう。

　さて，本章のキーワードは，**ストレッサー**（stressor ストレス要因），**ストレス反応のレベル，社会的場面またはリーダーシップ場面の表象**ないし**心的モデル，視点取りと役割取得の能力，役割演技と認知的な行動訓練，自分の感情の処理**（たとえば，**怒りの処理**），**自己主張**と「**私は……**」**メッセージ**（I-statement），ならびに**自己強化**（self-reinforcement）などである。

8.2 主観的解釈の結果としてのストレス

◆場面例

午前7時，夜勤班が解散する前の時点，日中勤務班の警察官が集まり，衛兵スタイルで2列に並んでいる。数日前に昇格したばかりのジョーンズ小隊長が，朝の報告が始まるのを待っている。彼は，ほかの隊員は全員きちんとしているのに，部下のスミス班長がポケットに手を入れて，きょろきょろあたりを見回し，あたかも自分は別だというような態度を取っているのを目にする。この事態は，部外者にとってはとくに気になることは何もないかもしれないが，**内部**の人間から見れば，明らかにだれかにとってはたいへんなストレスとなる場面である。

◆解釈された刺激がストレッサーとなる

上述の事態は，こうした場面とそこでの学習過程に関する私たちのこれまでの分析が解明した点をはっきり示している。すなわち，ある行動の原因となるのは**客観的（物理的）事象**としての刺激や場面ではないということ，むしろ，当の本人がその場面をどう**解釈**するかが，その行動に引き金を引かせる刺激になる，ということを示している。その場に関係のない人の目からすれば，この隊員（スミス班長）のほかの特徴で注意をそらされることさえなければ，彼がポケットに手を入れ，突っ立っているのを見ても，少しだらしない隊員なのかという程度にしか見ないかもしれない。いずれにしても，彼のしぐさに反抗的なサインを見て取ることはないかもしれない。しかし，リーダーになったばかりの人間にとっては，事情はまったく違う。スミス班長の態度はジョーンズ小隊長の怒りを買った。つまり，彼は隊長にとって，怒らせることを覚悟のうえの敵対者として映る。部外者ではあまり気づきもしない，ほかならぬそのこと（ポケットに手を入れていること）が，ジョーンズ小隊長にとってはそれほどに強い刺激となり，ついにはストレッサーとなる。

部外者でも，警察署における指揮系統の構造を少し見れば，この事態を理解できるであろう。すなわち，数日前まではスミスとジョーンズは同じ地位の班長であった。そして，上司から指示された同じような仕事をしていた。それがいまや，一方はひとつ高いレベルに昇進し，前の上司の**リーダー**の役割を担っている。他方，スミスのほうは，明らかに昇進の対象としては考慮されなかった。このことは，スミスにとって**嫌悪すべき対応**（aversive measure）の役割，つまり**罰**の役割を担うことになり，少なくとも**フラストレーション**の一因となって，先に見たように，彼の行動に影響を及ぼした。すなわち，彼はポケットに手を入れたり，あたかも完全に「おれ，関係ない」といったようにあたりを見回したりして，通

常のルールを無視したのである。彼は**無抵抗の抵抗**（passive resistance）を示したのである。

　ジョーンズがこの同僚の行動に気づくのに，大して時間はかからなかった。彼が感じることになったストレスのおもな原因は，彼がその場面の処理のしかたを知らなかったということである。ジョーンズは自分が試されていると自覚していた。なお悪いことに，全隊員が見ており，何かまずいことになりそうだと，それを待っているふしが感じられた。では，ほかの隊員がスミスのような行動をしたらどうであろうか？　ジョーンズはその場面をどういうふうに切り抜けたであろうか。

8.3　ストレスの諸特性

　上記の状況は，**ストレス場面**の最も重要な諸特性を例示している（Ulich et al., 1983 ; Laux, 1981 ; Lazarus & Launier, 1981 ; Ellison & Genz, 1983 ; Stein, 1986 ; Steiner, 1986参照）。上の例の場合，ストレス下に置かれた人物，つまりジョーンズは，手際よくその1日を始めたいという目標をもっていた。そして，彼は**成功裏に**，それをやり終えることに大きな関心をもっていた。それが彼の目標であり，個人的な関心であり，そればかりか彼の**自我関与**（強いこだわり）であった。この自我関与がなかったなら，彼はその場面によって混乱することもなかったであろうし，ストレスを受けたと感じることもなかったであろう。さらにジョーンズは，自分が直接，個人的にその場に関わっており，何が起こっても自分に責任があると感じていた。もし，まずいことが起これば，それは彼の**安寧**（well-being）にさしさわりを生じ，彼の**自尊心**が脅かされることになる！　その瞬間，彼は自分を完全に不適格で，その場面をうまく収拾できない人間だと感じるであろう。

◆感情レベルのストレス反応

　感情レベルのストレス反応は多くの顔をもっている。ジョーンズ小隊長の感情を特徴づけるものは，**怒り**，**いらだち**，そして**恐怖**であった。彼の怒りはスミス班長がポケットに手を入れていることに対するものであり，彼のいらだちは，もとの同僚が予定を乱したことによるものであり，そして彼の恐怖は，自分が今の事態を処理することができないのではないかという予見によるものである。彼は明らかに，自分が全隊員の前でへまをして，何か間違ったことや愚かなことをしてしまいそうな危険を感じていた。そして彼は，そのうちに事態はますます悪くなり，だれもがスミス班長のようにふるまうかもしれないという危惧があること

を認めないわけにはいかなかった。

　この記述は，一方におけるジョーンズ小隊長が置かれた**場面で求められるもの**についての彼の**主観的解釈**と，他方における**自分のコンピテンスについての彼自身の評価**，との間の**不均衡**を例示している。

◆生理的レベルでのストレス反応

　ジョーンズ小隊長の生理的ストレス反応がどんなものなのかは，私たちにはわからない。しかし，その場面は彼の脈拍や血圧，皮膚電気反応（GSR）に影響したことは十分考えられるし，彼の脳波（EEGで測定できる）が速波化し，ホルモン反応（エピネフリン，アドレナリン）も生じたと考えられる。

　よく知られている情動理論，すなわち，アメリカの心理学者，ウィリアム・ジェームズとオランダの生理学者，カール・G・ランゲ（Lange）による理論は，身体生理的変化が感知されて，それが，そのときの場面と関連した怒りやいらだち，恐れなどの情動として解釈されるという説を唱えている。

◆行動レベルおよび認知レベルでのストレス反応

　行動レベルでは，それとわかるストレスは見られないであろう。あるいは，ごく親しい人なら気がつくといった程度のものかもしれない。たぶん，ジョーンズ小隊長は，神経質に左右の足に体重をかけ替えるようなしぐさを見せていたかもしれない。認知レベルでは，彼は自分がその場を客観的にながめることができず，また過剰反応していると感じていたかもしれない。その他方で，彼は自分がそのむずかしい場面にどう対応し，切り抜ければよいか，かいもく見当がつかない状態になっていると感じていたかもしれない。

　このように，この場合のジョーンズのストレスは，彼の環境との相互作用のなかで生じたものである。こうしたときに彼に求められるのは，このような場面を処理するための**高度に発達したコンピテンス**である。彼は，リーダーとしての自分がなすべきことと，適切に対応するのに必要な自分の能力との間のズレに気づいたが，この点は前の章で見た受験者のケースの場合と似ている。彼は自分が外的コントロール（Rotter, 1966）のもとにあると感じる。なぜなら，彼の敵対者がその場に自分を立たせたからである。確かに彼は自分の無力さを感じ，自分を非難し，そして自分の失敗は自分の不甲斐なさのせいだと思い込んだかもしれない（失敗に対する原因帰属については，第9章参照）。

　上述の場面は，実際にあったことは前に述べた通りだが，その新しい上司が，この特定の日には完全に適切な対応ができなかったにしても，事実上，そのような場面を乗り切る力をもっていたことを示している。

8.4 ストレス対処行動のさまざまな選択肢の学習

　では，ジョーンズ小隊長が，将来，同じようなストレス場面をよりよい形で処理できるようになるために学習すべきことは何であろうか？　ある人に対してその時どきの環境が求めるものと，自分の行動選択肢についてのその人の知覚との間にズレがあるとすると，その人が進むべき道として，自分自身を変えるか，それともその場面を変えるか，のふたつが考えられる。

◆行動の遅延と言語的自己教示による行動調節

　脅威を与える刺激場面で生じる生理的反応は，簡単に制御できるものではない（このことは，第2章の看守の例や第4章の教師の例で見られたことに如実に示されている）。何が修正可能かといえば，それは，当の人間によるその刺激の**受け止め方**（解釈）である。前に見たジョーンズ小隊長の解釈は，あまりにいきなりで，せっかちで，無思慮であったかもしれない。もしそうなら，彼はもっと控えめにその場を判断し，もっと衝動的でない形でふるまうことを学習しなければならない。解釈と対応の間には，なんらかのブレーキまたは抑制が加えられる必要があろう。そうした場合，「静かに！」「落ち着いて！」と自分に言い聞かせるような形の言語的行動が勧められることがよくある。これはずっと昔の宗教的な祈りに似ている。昔の処理法のなかに，きわめて現代風の意味合いをもつものがあることは，驚くばかりである。ストア学派のローマの哲学者セネカは，ストレス管理のよい方法として，10まで数えることをあげている（Schimmel, 1979 ; Tavris, 1984）。

　実際，そうした方法で時間をかせぐことで，性急で攻撃的な反応をしないですむ場合もある。さらに，自分に対して粗野な言葉（毒づくなどの）ではなく，静かでゆったりした言葉で語りかけることは，攻撃をチェックするひとつの確かな方法であり，上述のような場面でも採用できる方法であろう。

　言語的な自己教示や**自己刺激**によって，性急な反応を抑制したりストップしたりする学習は，自分の行動を強化してくれた学習経験を積むなかで得られたプラスの経験に基づいている。もちろん，そのような場面は訓練のなかでシミュレートされることもあろうが，たいていの場合，一人ひとりの人間がマスターしなければならない経験である。強化は観察や自己強化を通しての**代理強化**のメカニズムによって得られる（Bandura, 1977）。この問題については，本章の最後の節で再度取り上げるであろう。

8.4 ストレス対処行動のさまざまな選択肢の学習

◆社会的場面全体についての正しい表象または心的モデルを通しての行動制御

本章の事例のジョーンズ小隊長は、スミス班長の行動を、上司－部下という社会的場面についての彼自身の表象または**心的モデル**の範囲内の刺激場面として解釈した。彼の心的モデルの中身については、私たちはただ推測することしかできないが、まず間違いなく、若くして上司になった者が大概抱くような**アイデア**とか**心的イメージ**や**知識**、**意見**、**視野と視点**、**役割仮定**、および**役割期待**などが含まれていよう。また、そのときの社会的場面についての知覚はなんらかの偏見を帯びているかもしれないし、強いゆがみがあるかもしれない。つまり、彼の仲間グループ内の社会的立場は、彼の昇進によって大きく変わってしまっている。いずれにしても、時間的プレッシャーのもとで、その場面についての彼のそのときの心的モデルと、その場面についての彼の解釈が不適切な反応へ導くことになり、「そろそろ時間なので、スミス班長が引継報告時のルール通りにやってくれれば、作業を始められるのに！」と思い込んでしまったのであろう。だが、この対決はうまくいかなかった。ほかの部下たちが脇見をしたり、目配せをしたり、あるいは何かぶつぶついったりし、しばらくしてようやく、スミス班長が通常のきちんとして態度を取るようになったからである。

ジョーンズ小隊長は、上司としての自分の役割やその役割の社会的意味合いに関して、まだあまり喜ぶ気分にはなれないでいた。すなわち彼は、自分もその一員である社会的システムにおける自分の居場所と適切な社会的行動を、あまりよくわかっていなかった。そこで、まず彼は、社会的問題についての自分なりの心的モデルをどうつくり上げ、それを必要に応じてどう修正し、そして臨機応変にそれを使えるようになるための**学習過程**を経なければならなかった。

◆自分の役割と視点の分析──視点の変化と役割取得

上司の立場に立つことになったジョーンズにとって、自分の新しい役割に対する厳しい目をもつことが、何よりも大切である。昇進したばかりのほかの人と同じように、彼は自分の昇進を正当化するために、その地位に見合う役割を演じようとした。たぶん、彼は、昇進前は気にくわなかった何かを変えたかったのであろう。とはいえ、警察のような階級制が強い伝統的な組織にあっては（会社のなかにもそうしたところはあるが）、変えられるものはそう多くない。しかし、とにかく、彼はまわりから受け入れてもらいたかったのであろう。すなわち、彼は、自分が一定の決定権をもっていること（権力と呼ぶほどではないであろうが）を示し、自分がグループを**指揮**して目標の実現に向け、グループを率いようと意図していることを見せたかったのであろう。

第8章　グループリーダーのストレス対処学習／認知的な行動訓練と行為調節的認知の発達

　部下になった元同僚たちのなかには，今までにない彼の変わった態度に，いささか気分を害した者もいたであろう。この新米の上司は（ほかの昇進直後の人と同様），ほかの人間は，いまや，自分を**ストレッサー**であり，厄介のもと（あるいはもっと悪いもの）と考えていることを理解しなければならないし，その後の反応についても理解しなければならない。1度，彼がこの事実を受け入れたならば，彼は，**社会的な刺激－反応場面**，つまり**複雑な社会的相互作用の交互性**を理解する機会をもてたことであろう。そして，**社会的システム**についての彼の**心的モデル**は大きく変わったに違いない。新しい状況についてのこうした理解が絶対に欠かせない。昇進を果たした人が昇進しなかった人の（この例の場合，とくにスミス班長の）観点から，この場面（新たな階級構造や新たな手順など）をじっくり見れば，このプロセスはさらに前進したことであろう。

◆自分の動作と観察学習（モデリング）を通しての行動調節的認知の確立

学習を促進するためのさまざまな役割のシミュレーション　　他人の観点からいろいろな場面をイメージすることは，だれにとってもむずかしいものである。ほかならぬこの理由から，職場での自分とほかの人の役割の両方を演じてみるような，**役割演技**によって，いろいろな危機的場面をシミュレーションしてみることが重要である。そうした役割演技だけでも多くの問題に気づかせてくれる。だが，ほかの問題（たぶん最も重要な問題）は，自分の役割をだれかほかの人が演じるのを目にするまでは気づかないままになっている場合もあろう。

　この種の経験は，一部の参加者にとっては，当初，とくにビデオで録画されるとなると，ほんとうの**ストレス**なり**脅威**としてさえ感じられるかもしれない。しかし，自分の役割を演じきること，鏡をのぞき込んだり，小人数ながら仲間に自分の姿をさらすという厳しい試練に耐えること，自分自身の行動について批判的コメントを加えること，そしてほかの人の（善意の）批判的なコメントを受け入れること，などを学習しなくてはならない（事実，学習できる）。

　こうした仮想訓練場面での経験が怖い感じを与えるのは，なぜであろうか？単純な答えとしては，今までそうした場面を処理する学習をしていなかったからだとか，まだ慣れていないからだとかということがあるかもしれない。しかし，それだけではあるまい。そこには，どの程度，どんな形で危険にさらされることになるのかがはっきりしないということ，換言すれば，自分の自尊感情が脅かされる度合いがわからないからということもある。そうした訓練コースの参加者は，脅威を感じたとき，病的に反応しているわけではない。むしろ，彼らの期待したことと役割演技中の経験の当初のズレがあまりにも大きすぎて，それで情動的反

応を呼び込んだり，一部，結果として起こる恐怖に対抗して不適切な防御が起こってしまうのである。そのため，もっと遊び感覚でできる**予備的試行**を用意するとか，最初はビデオカメラなしでやってみるなどの方法で，このズレを極力減らすことが大切である。もし，こうした対策がうまくいけば，参加者たちははるかに自由に自分自身であることができ，未知の現象に対してオープンになれるであろう。

　このような実践練習のねらいは，だれかがポケットに手を入れてふらふらしているといったような場面に向けての**行動ルーティン**の訓練をすることではない。したがって，意識的努力が，ある状況における処方箋的な対応を促進することに向けられてはならない。他方，切羽詰まった場面では，適切な行動選択肢をあれこれ考えている時間など，普通はほとんどないといういうことをはっきりさせておかねばならない。窮地に陥った際の処理のしかたを教える，このコースの目的は，参加者のなかに一連の適切でほぼ等価な対応のしかたを浸透させることであるといってよいかもしれない（Meichenbaum & Novaco, 1978 ; Sarason, Johnson, Berberich, & Siegel, 1979参照）。

グループ・リーダーのための訓練コース・プロトコル　このコースの1回の試行で，ジョーンズ小隊長が自分の役割を演じ，だれかほかの隊員がスミス班長の役を演じた。これで，もとの場面が再現され，ジョーンズ小隊長が自分の窮地に立たされた場面に，あらためて対処するための舞台設定が整ったことになる。しかし，彼が適切なストレス対処法を学習するためには，スミス班長の視点に立って，自分の行動を経験する機会をもつことが重要である。そこで，一度，お互いの役割を交替してみたところ，予期せぬ洞察がジョーンズ小隊長のなかに生まれた。すなわち，スミス班長の役を演じることになった彼は，新しいボスの気持ちを逆なでする立場にあり，挑発者として，上役に対していろいろな期待をもつことを認識することになった。第3のセッションでは，もうひとり別のだれかがジョーンズ小隊長の役となって，同じシーンをくり返したが，そのことはスミス班長の役を演じている彼に，上司への自分の期待がどのように満たされたか，それとも満たされなかったかとか，自分が命令通りに従っているか，それともいっそう攻撃的になっていないか（「怒りの螺旋」，Schimmel, 1979参照）ということを示してくれた。

　役割演技訓練の第1ラウンドは，グループ全員にとって探索的なもので，各参加者が，スミス班長に対してジョーンズ小隊長が見せた態度を少しずつ違った形でやってみることができた。参加者たちはみな，多かれ少なかれ**言語的な攻撃**を示したが，それらはお互いに少しずつ違っていた。もちろん，これでは，ストレ

ス場面での**別の非攻撃的行動の形態**を発見するという目標は達せられない。しかし，ジョーンズ小隊長は，部下の立場に立ってみるという重要な経験をし，上司から（とくに，つい最近まで同僚であった人から）攻撃的な調子でものを言われることの影響について，少なくとも部分的に，わかるようになったのである。役割演技を通して，部下の気持ちがわかるようになった同じ人間が，上司に対して敏感で攻撃的な反応をする人間になっていく姿を目にすることになるのは奇妙である。役割演技の訓練コースに参加するまでは，彼は**役割の互換性**（もしくは**視点の可逆性**）を理解をしていなかった。今では，彼は違った形で考える。すなわち，誰もが部下になったり，上司になったりするのである。

　発達心理学は，社会的問題における**可逆性**，すなわち視点取りと役割取得の能力は，学童期初期に芽ばえることを示している（Flavell et al., 1968；Doise & Mugny, 1984）。この能力が欠けていた（本章の例やほかの多くの上司に見られるように）としても，それは**コンピテンスの不足**という意味での**発達的欠陥**のケースであるとは限らず，むしろ**場面的要因**ないし**情緒的要因**がその能力の発達と，その時どきの場面への応用を妨げているのであろう。役割を引き受ける能力をタイミングよく行使することは，学習によってこそ身につく能力である。なんらかの不適切な行動（ここの例では攻撃的な行動）が見られる場合，あるいはすでに身についている行動も，なんらかの理由がある場合は，チェックを受け，より適切な反応に置き換えられ（または抑制され）なければならない。これと同じことがストレス場面（たとえば，情動的暴発を招きそうな記憶とか観衆の面前にさらされるなど）についても言える。

　役割演技訓練で練習した，いろいろなやり方は，その適切さに関して，グループ内で議論され，よい例は反復され，グループ・メンバーとトレーナーによって強化を受けた。参加者たちはとくに，こうした議論がその社会的場面全体についての（前述の）心的モデルを拡張し，修正するのに役立ち，したがってまた，参加者のなかに行動調節的認知をつくり上げるのに役立つことを理解したに違いない。ただ，訓練セッション中でも，その後でも，自分で練習することが絶対に必要である。

決定的に重要な学習プロセス　　心的モデルにおける行動調節的認知の発達において決定的なことは，**視点の変化**と**役割取得**である（Averill, 1982；Tavris, 1982）。この種の発達は，学習者が同じ場面での他者の視点を考えることを求められるときや，自分の見方と他者の見方の比較を強いられるときに生起する思考過程を通して展開する。これが集団討議の大きな利点である（この点は第7章 7.5でふれた**学習集団**の場合と同じである）。洞察の多くは，単に討議によって

8.4 ストレス対処行動のさまざまな選択肢の学習

のみ得られるものではなく，積極的な役割演技において得られるものなので，より幅広く，よりよく符号化されたものになっていく。このことはまた，こうして得られた知識は，自分自身の学習および観察と模倣による学習の関数として，よりすばやく検索することができ，日常場面で適正な行動を取るうえで，よりふさわしいものとなる，ということを意味する。

モデリングによる新しい行動選択肢（の獲得）　ひとりでは適切な行動の選択肢を身につけられない参加者がいた場合，経験あるグループ・トレーナーなら，よりよい（攻撃的でない）可能性を示唆することができよう。事実，上で述べたコースでは，それが必要であった。ひとりの参加者がスミス班長の役となり，トレーナーがジョーンズ小隊長の役を演じてみた。彼はスミス役の参加者のほうへ行き，ささやき声で2，3，命令を伝えた。するとその参加者は驚いた表情で彼の顔を見，笑顔でポケットから手を出し，直立の姿勢を取った。この態度の変化をもたらしたものは，なんであろうか？

この間，ジョーンズ小隊長本人はトレーナー（モデル）の脇に立って見ていた。すなわち，ジョーンズ小隊長は，トレーナーの行動がスミス班長の態度の変化によってどれだけ**報いられた**かをじかに目にしたのである。つまり，彼は**代理的に**強化を経験したのである。たとえ彼が，そのトレーナー（ジョーンズ小隊長役）がスミス班長に対して，何を言ったかについて正確に知らなかったとしても，彼は間違いなくモデル学習の経験を得たのである。では，スミス班長に向けられた言葉とは，どんなものだったのだろうか？　学習経験の一部として，参加者たちは，スミス班長を協力させる気持ちにした言葉は，どんなものであったかを推量するよう求められた。もちろん，解答はただひとつではなく，多少ともよいと思われるいろいろな答えがあり得るが，各参加者は自分で考えたひとつの可能性を書き出すように求められた。そして，そのうちのいくつかが実際に演じられ，よいモデルとして紹介された。多種多様な解答例があったので，陳腐な行動を実行に移す危険はほとんどなかった。ビデオ録画の再生をすることで，参加者たちには正確なフィードバックができ，そのことによって，彼ら（とくにジョーンズ小隊長）は自分の行動と演じられた行動との間のズレを修正することができた。徐々に獲得される行動選択肢は，最初の適切な反応が支持されるたびに，**オペラント条件づけ**で言うところの最初の強化を受けた。しかしながら，すでにその前に何があったかに照らしてみると（たとえば，全体の社会的場面についての意識が芽ばえつつあったなど），その強化はまた重要な**認知的側面**（たとえばフィードバック）を含んでおり，新たに学習された行動をリーダーシップ場面についの，全般的な心的モデルに統合することに導いたのである。このことにより，獲得さ

第8章　グループリーダーのストレス対処学習／認知的な行動訓練と行為調節的認知の発達

れた認知は行動調節的・行動制御的認知に姿を変えることになった。こうしたトレーニングは，正しく実施されたとしても，**認知的コンテクスト**に埋め込まれた行動変容以上のものではない。

8.5　ストレス対処の必要条件──自分の感情と向き合うことの学習

◆行動レベルと認知レベルにおける反応──再考

ストレス反応が生じるレベルの違いのことを思い起こすと，次のように結論づけられるかもしれない。①認知レベルの反応は，全般的な社会的場面についての心的モデルの拡張と修正によって影響を受ける。②行動レベルの問題は，行動変容訓練によって（少なくとも，その一部は）解決され得る。

◆生理的反応および（とくに）感情的反応

ストレッサー（ここでは，不従順な班長）が**情緒的**レベルと**生理的**レベルの反応を引き起こさないこともあるのかどうかの問題が残っている。恐怖のような情動は古典的な方法で条件づけることができるので（第1章，第2章参照），この場合の刺激であるスミス班長が**生理的**反応と，それに対応する**情緒的**反応を引き起こしたと考えても不思議はなかろう（第4章4.8の活性化症候群 activation syndrome 現象に関する部分を参照のこと）。正しいストレス対処という問題は，したがって，行動の学習を必要とする，もうひとつの領域までおよぶのである。前述のような行動訓練では，**当座**の場面に合うような反応だけの学習であった。しかし，対処行動はそれよりもはるかに広範な課題を内包している。ここでの例の場合，一方では，ジョーンズ小隊長の情動反応は，もう1度スミス班長と対決する場面があれば，いつでも燃え上がるまでになっていたが，訓練セッションの成果により，弱まるか消えるかしてしまった。他方，彼が直面する具体的場面の性格上，私たちが扱っているのは理論的な結果でしかない。彼は現実の生活においては，部下に対して適切な形で，上司としての権威を示すことも必要であった。彼はトレーニングを受けたことで，そうした課題のじょうずな処理のしかたがどういうものであるかを知ることはできたが，日常場面はもちろんそんなものではなく，未知の危機的対決場面に驚かされざるを得ない立場にある。この**驚きの恐怖**（恐怖の特殊な形態）は，臨機応変に使える適切な対処法をわかっていないという恐怖と相まって，少なくとも部分的には，活性度が高いまま居座ることになる。このことは，スミス班長を（ジョーンズ小隊長にとっての）永遠の**恐怖**と**いらだち**の刺激にさえしてしまうかもしれない。要するに，ふたりは赤い布と牛の

関係になってしまいかねないのである。

◆怒りの操縦術としての「私は……」メッセージによる感情表現

そうした情緒的反応を処理する（少なくともなだめる）ためには，直接それらと向き合わなければならない。葛藤解決や主張性（assertiveness）を専門に研究している人たち（とくにGordon, 1977 ; Bower & Bower, 1976）は，こうした場合，過剰な調子や無理に抑えたトーンで対決を強めることはせず，自分に対しても相手に対しても，オープンに気持ちを見せたほうがよいことを示唆している（Holt, 1970 ; Alschuler & Alschuler, 1984 ; Biaggio, 1987）。ただ，こうしたことは，特別の枠組みのなかでしか起こらない。そこではまず，自分がある事実（ここでの例の場合，スミス班長の失礼な態度）を目にし，それが気にくわないことを相手に告げることが有効であるとされる。次のステップは，「きみが……すると，いつもぼくは，ほんとうに気分を害すよ」とか「きみが……すると，ひどく腹が立つんだよ」「ぼくは，きみがそんなふうに……するのは好きじゃないよ」「ぼくは，……で，がっかりしたよ」などの形で，自分が経験した感情をはっきり表明することである。

感情をさらけ出すことで，ジョーンズ小隊長は自分が感じているプレッシャーから解放され，そして，その場にいる者全員にとって意外であるかもしれないが，スミス班長のほうも，上司の**気持ち**とその由来について理解することになる。このことは，その場面全体を，そこにいる全員にとって，認知的にも，情緒的にも，**より透明なもの**とする。

こんなふうに明るみに出された感情を理性化することは，不可能でないにしても，困難である。それと対照的に，その葛藤の解決を自由に探るための道が開かれることになった。この上司が彼の部下（この場合，前の同僚）に対し，「これからは，こんな場合，どうすればよいかわかったよね」というような言葉をかけて，その部下が態度を改め，よい関係を再建する機会を与えることになるであろう。こうした**非攻撃的な対決**(向き合い) は「**私は……**」メッセージ（I-statement）と呼ばれ（Gordon, 1977），ストレス場面の信管を抜き取り，葛藤を除去するのに相当役立つ。

8.6　自己強化の必要性

◆リーダーの立場──割って入る勇気をもつこと

上司の立場にある多くの人にとって困難なことは，想像がつくであろうように，部下をよりよい形で指揮したり，自分の感情をよりじょうずに表現したりするた

第8章 グループリーダーのストレス対処学習／認知的な行動訓練と行為調節的認知の発達

めの非攻撃的行動を学習する能力に欠けるということではない。とはいえ，自分の感情表現の問題が，多くの問題の源となっていることは**間違いない**。実際，場面によっては，その人が怒っているのか，むかついているのか，それとも気分をそこねたのか，頭を痛めているのか，悲しんでいるのか，あるいはただ恐怖を感じているのかを言い当てることは簡単でない。だが，それにも増して困難なのは，何かことが起きたとき，すぐに相手を前のほうに来させたり，自分が主導権をとって話しかけ，食い違いを取り除き，ほんとうの変化をもたらしてくれるような「私は……」メッセージ（Gordon, 1977）でもって，その人と向き合う**勇気**を奮い起こすことができるかどうかである。それこそが**リーダーシップ**の本質である。

　しかし，そこまでいくのに多くの**妨害要因**が働く。おそらく，そんな会話をする時間のゆとりはないであろうし，予定はすでにいっぱいになっているかもしれない。だが，予定がいっぱいになっているのは（意図的，非意図的に），そうした会話をする時間をもちたくないがためなのかもしれない。時どき，針小棒大に言うのはむだだ，というような議論がなされることがある。これは，過小評価（playing things down）という，よく知られた心理的防衛機制のひとつである。この種の議論の不利な点は，取るに足らぬ障害が，実はそうではなかった場合や，葛藤のもととなった問題が非常に現実的なもので，いつまでも好ましくない感情の原因となる場合があるという点である。また，「そんなことしたって何の役にも立たない」という議論もあるが，それは，**どの上司**も抱えている目前の課題（つまり，部下を指揮して，部下と自分の双方が気持ちよく満ち足りた気分になること）に対峙することを避けるための見せかけでしかない。**何が学習されねばならないか**といえば，それは上司としてそのような行動を起こす**勇気**をもつことである。もし，ストレスに満ちた場面で上司としてふるまうことを学習し，また，自分の感情を適切に処理することを学習していれば，これはより容易に行なえるであろう。そうした行動を取るのを妨げているのは，普通，**失敗の恐怖**であり，部下の不評を買うのではないかという恐怖である。この恐怖を克服するためには，テスト不安の処理の場合と同じステップをふまなければならない（第7章7.4参照）。ただ，テスト不安の場合ほど多くのステップをふむ必要はなかろう。重要なことは，上司の立場にある人間が，特定の場面で実際に**リードする**勇気をもてるようになった自分に気づいたことが**強化**されることである。この種の活動の大半は閉ざされたドアの背後で起こるので，ほかの人からの強化を当てにするべきではない。必要なのは**自己強化**である。

　当該の人間に必要なのは，自分にとって何が正の強化要因（報酬）になるかを考えてみることだけである。正の強化要因になるもののリスト（たとえば，効果があると思われる順にあげれば，テレビで映画を見ること，シャンペンを1本開

けること，映画館に行くこと，すてきなレストランで食事をすることなど）をいったん書き上げれば，彼が勇気を出して当たってみて，うまくいったという経験をしたときにタイミングよく自己強化をする位置に立つことになるであろう。強力な誘因となるものでありながら，日常生活の一部ではないような報酬のみが選ばれることが明らかに重要である。

何よりも重要なのは，割って入ったことが成功したかいなかではなくて，とにかく割って入ろうとする勇気をもてたこと（ジョーンズの場合，彼がかつての同僚を気がねなく前に来させ，「**私は……**」メッセージで直接問題を話したこと）である。

こうした行動は，最初は大変なエネルギーと神経を使うが，しばらくすればルーティン化するであろう。このことは重要である。なぜなら，職場や個人的な問題で長期にわたり強いプレッシャーのもとに置かれたときに，こうした行動を取ることが必要とされるからである。自己強化というものは，心に描かれることはあっても，意識的に採用されることはあまりにも少なすぎる。

8.7　学習された行動をより大きな構造へ統合すること

思ったことをうまくお互いに伝え合うことができれば（ここでの例では，ジョーンズとスミスの間で），それ自体が（将来も）強化となる。これは高度に認知的なタイプの強化であり，新しい場面および将来起こりうる場面についての複雑な解釈を意味するものである。

私たちのここでの関心は**学習**にあり，この場面では，上司として上のような割って入るやり方を練習することであった。このことは，単に**行動の変化**につながるだけでなく，上司として関わっている人の**行動調節的認知構造（心的モデル）の拡大**にもつながる。このことにより，上述の自己強化はより幅のひろい構造に統合されて，その同じ構造が，社会的相互作用を方向づけるのである。リーダーシップの資質向上に関係の深い学習過程に関しては，次のように言うことができよう。すなわち，行動をガイドする認知的表象または構造の脈絡のなかで行動が学習され，これらの行動の一部は，最初オペラント学習の原理によって条件づけられるものと見られる。しかし，ここで注意すべきことは，すべての例が，オペラント条件づけの場合のように**自発的反応**というわけではなく，**複雑な認知プロセスによって**（部分的には行動訓練セッションで実習したようなプロセスによって）**解発された**ケースを問題にしているということである。

次に，強化について言えば，それもまた単に，あるいはもっぱら，同僚と話そうと決意した直後に受けた**随伴的強化**にとどまるものではない。実際，こうした

第8章　グループリーダーのストレス対処学習／認知的な行動訓練と行為調節的認知の発達

場合の強化は**遅延強化**であり，真に自分のものにされたそのときは，思考のなかで予測されるにすぎないものである。その意味で，この場合の強化は，いったん確立すれば，上司としての行動をガイドする全包括的認知構造の一部となる。とはいえ，初期の行動の体制化のレベルでは，単純な条件づけ，とくにオペラント条件づけも機能していることを排除できない（第5章「この章のポイント」の9参照）。

❖この章のポイント

1　ストレスとは，ある場面が自分に対して求めることについての解釈と，自分の行動潜在力についての自己評価との間のズレ（不均衡）から生じる，一時的な（一過性の）心理的過負荷状態である。それは努力の増進（追加的資源の活性化）につながる。ストレスが生じるのは，重要な個人的利益や動機が危険にさらされた場合だけである。
2　ストレスは刺激場面そのものによって，きっかけを与えられるのではなく，その場面についての解釈によって引き起こされる。まったく同じ刺激場面でも，人が違えば非常に違った解釈と反応を呼び起こす。
3　ストレス反応は，行動，認知，情動，生理など，さまざまなレベルで観察される。
4　ストレス対処の目標は，場面の要求についての解釈と，行動可能性についての自己評価の間の均衡の再確立である。
5　リーダーシップに関するストレスに対処する際の認知的レベルと行動的レベルの問題は，社会的場面についての認知的表象（または心的モデル）を発達させ，ストレス場面における非攻撃的な行動選択肢を訓練する行動訓練コースを通じて改善することができる。
6　自分の感情の処理法を学習することは，ストレス対処のどんな方略にも含まれている。これは，たとえば，ゴードンの「私は……」メッセージの方法も含めて，自己主張訓練によって学習することができる。
7　主導権をとってリーダーシップを発揮する際の努力としては，ストレス対処コースで学習した行動的スキル（視点どりや役割取得など）のほかに，直接的な自己強化によって獲得される，割って入る勇気も必要である。
8　ストレス対処に関わる学習は，基本的行動レベルでのオペラント条件づけ（自発的に見せる積極的な反応など）を除けば，すべて高次の学習プロセスである。そうした学習プロセスは，自分の意見と他者の意見の比較の意味をもつ密な社会的相互作用のゆえに，リーダーシップ場面を表象する認知システムの発達につながっていく。こうした認知は，適切な訓練を通して行動調

8.7 学習された行動をより大きな構造へ統合すること

節的機能をもつものとなる。

9　上述の高次学習プロセスは，複雑であり，複数の違った解決策を提示するものであるが，綿密な吟味と判断力を必要とし，その結果については，ある程度の不確定性を含んでいる（Resnick, 1987）。したがって，そうした学習は，たとえばTOTE方式（Test-Operate-Test-Exit「テスト－操作－テスト－出口」のような手順によって，絶えず改善される必要がある。

第 9 章

中高生の学習性無力感／非随伴性と原因帰属

9.1　はじめに

　人間は，単に技能を身につけ知識を得るだけではない。学習（ここでは数学的演算）に影響を及ぼす態度も学習する。本章では，ある生徒（仮に，ジャンと呼ぶことにする）が，数学のテストとなると自分は無力だと感じたり，あるいは思い込んだりするまでになり，結局，失敗してしまうのはどうしてかについて考察する。また，そのような態度を**学習解除**（unlearning）し，それを成功への自信に置き換えるために必要な条件や学習プロセスについても吟味する。

　前に論じた，より高度なプロセスの学習の場合と同様，ここでもまた，いくつかのレベルが区別できることが明らかになる。すなわち，認知的レベルや感情的レベルのほかに，動機づけのレベルも関わっていることがわかる。

　本章の中心的問題は，ある特定の教科における**勉学上の失敗についての想定された原因**という問題である。ここでのキーワードは，**原因帰属**，**複合的随伴性**，**学習性無力感**，**場面の制御可能性に関する不利な予期**，**動機づけと認知面の欠損**，および**感情的反応**などである。また，**原因帰属の移行と転移**，**認知的・動機的欠損除去**，**自己効力感の回復**，すなわち**適切な行為と自己効力性期待の構築**，および**情緒的ストレスの低減**などについても考察する。

　本章でのむずかしい問題は，成功または失敗に関わりをもつ次元が結構多く存在することである。その大まかなようすを示したのが図9-1と図9-2である（後出）。

9.2　場面の具体例

　本章で例とする場面は単純そのものである。中学2年のある生徒（ジャンと呼ぶ）が，数学の小テストでクラスで2番目の成績をとる。級友たちの正直な賞賛に対して，彼は冷ややかで，気乗りしない態度で答える。「運だよ，みんな運。この次はいつもの通りさ。決まってる」。

まず明らかなことは，自分のよい成績に対する彼の反応が，ほかの生徒とは違っていることである。彼は自分の成績を成功と見なすことができず，次回はもっと悪い結果になること**予想**している。その場面を考えてみると，彼は自分自身についてまったく確信がなく，数学のテスト中の自分の行為と，それについての自分の判断との間に**明らかなリンク**があることがまったくわかっていない。

ジャンの立場をよく知っている人なら，このときの好成績の前に，彼は何度も悪い成績を取っていたことがわかっている。そうした以前の成績や先生による評点についての回想が，彼に対して大きな影響を及ぼしているのである。

9.3 強化の複雑なメカニズム

さて，古典的な学習理論の用語から論議を始めることにしよう。学校での評点は，それ以上の成績が期待されない場合は，たしかに**強化要因**となる（よい成績は**ポジティブな強化**となる）。そして，悪い成績は**嫌悪刺激**として働き，そして，それがゆえに，間違いなく**罰**となる。しかしながら，ジャンのケースにあっては，悪い成績は単にある反応を抑制したり，鈍らせたりするだけでなく（しょせん，それは少し前に実際に起こってしまっていた），むしろはるかに錯綜した認知的メカニズムを招来する。すなわち，その強化因子（評点）は**解釈された**ものとなるが，その**解釈**こそ，絶大な影響を及ぼすのである（「ぼくにとって，この評点はどんな意味をもつのだろう」）。やがて，この少年が，自分の成功や失敗をある原因のせいにすることを目にするであろう（**原因帰属**）。他方，テスト場面において私たちが扱っているのは，賞賛や罰（つまり高い評点や低い評点）によって，プラスあるいはマイナスの影響を受けたり，強度が変えられてしまうような単純な反応ではない。テスト場面には，むしろ，多くの**動機づけ**面や**認知的，情動的**な成分が存在する。すなわち，その生徒の準備的な努力や目標志向的行動，学習能力，メンタル面の容量，特定の科目についての心配や一般的テスト不安，以前の失敗による落ち込み，などである。それに，重要なのは，その人自身の自尊感情である。テストは非常に複雑なプロセスの配列であって，無数の反応をともなうものであり，それらの反応は，よく行って，全体的な複雑さにおいて強化され得る。したがって，ただひとつの評点や単純な学習理論による説明では十分ではないのである。

9.4 複雑な随伴性学習

あらゆるタイプのテストや判断を取り囲む場面を，より一般的な視点からなが

めてみると，受験者は，実際の内容（たとえば，積分関数を解いたり，数学的関数について議論することなど）を学習するばかりでなく，①テスト勉強に注ぐ努力ならびにテスト中の活動と②結果や教師による評価とが**リンクしている（随伴性がある）**ことも学習するものであることがわかる。学習理論の用語で言えば，受験者は，このように，数学そのもののほかに，ある期間にわたって，複雑な認知的・社会的コンテクストにおける**事象随伴性**を学習する，ということになる。**事象随伴性**は，実際，学習の基礎になることはすでによく知られている。すなわち，（オペラント条件づけのもとでは）迷信的な行動でさえも，随伴性によって学習され得ることを思い出していただきたい（第4章参照）。

先の生徒ジャンが，数学の学習でよい成績をあげたいと思うなら，彼は，上述の複雑な事象が互いに関連していることをしっかりわかっている必要があろう。すなわち，彼の**学習の努力**やテストに結びついている活動およびテストの結果（評点の形での**判定**を含めて）は**随伴的**である，ということを知っておく必要があろう。しかし，そうした随伴性は，事実的レベルや意味的レベルのうえで，古典的な行動主義的学習理論における随伴性よりも，はるかに複雑な意味的結びつきがあることを暗示している。このことは，後に**随伴性**という用語に出会った際にも忘れてはならないことであろう。

9.5 学習性無力感はどのように形成されるか

ところで，ジャンは（数学の内容以外に）いったい何を学習したのであろうか？

この問いに答える前に，まず，これまでの数学の試験やその成績から生ずる全体の場面を，ある程度時間をかけてながめておかねばならない。このことは，現在の場面を理解するためには不可欠なことである。私たちは，いろいろな学習のステップがあることを見て取ることができる。

◆非随伴性の意識化と結果の非制御性の発見

以前の試験の場合，ジャンは，数学の試験の間の自分の行動（あらゆる準備も含めて）と，得た評点との間の**非随伴性**にはっきり気づいていたに違いない。換言すれば，彼はどのくらいか前に，数学のテストの結果というのは予測しがたく，**制御不能**であることに気づいていたはずである。こうした経験が，その場面の制御不能性についての彼の感度を高めたのであろう。

◆原因帰属

以前の場面においては，彼は自分の成功・失敗の原因，とくに失敗の原因をあ

9.5 学習性無力感はどのように形成されるか

	内的	外的
不安定的	勤勉 努力 猛勉強	運 偶然
安定的	自分の能力 才能	課題の難しさ

図9-1 内的-外的，安定的-非安定的の次元で
分けた原因帰属の型

れこれ探していた。このことは，彼の仲間に対する言葉のなかに見て取ることができる。今，よい成績をあげて，彼はその「せい」を運，すなわち**外側（外部）からの**原因に帰している。それはどうしようもないものであって，きわめて**不安定**で**予測できない**ものである。こうして，彼の成功は制御不能の原因による，ということになる（図9-1参照）。

この種の成功の原因帰属は，多くの研究が示しているように（Weiner, 1974 ; Abramson, Seligman, & Teasdale, 1978）失敗場面でも見られる。ジャンの場合，私たちはその原因帰属について直接知ることはできず，全般的状況から推測するだけである。つまり，彼は，「ぼくは数学がまったくだめなんだ」といった形で，自分の失敗のほこ先を自分に向ける公算が大きいと思われる。こうして，彼は自分の失敗の理由を，**内的な安定的**要因に求める（Weiner, 1974）。失敗の理由についてのこのような解釈は，間違いなく，全般的な学習パターンに対して重大な結末をもたらすであろう。

◆ネガティブな予想の台頭

自分の失敗を才能不足のせいにする，この生徒の理由づけ（彼の原因帰属）は，将来の結果も同じように，コントロール不能であろうという**予想**につながる（第7章7.3参照）。なぜなら，才能というのは何かの影響で大きく，またはただちに変わることがない比較的**安定**した要因だからである。このことから，数学のテスト場面における**無力感**が頭をもたげてくる。ここで話題にしているのは，数学という分野に限った**特殊個別**の**無力感**だと言われるかもしれない。しかし，とにかく，無力感というのはまったく**個人的，個別的**な性質のものである。つまり，この少年は，ほかの人たちはよい評点を得るだけの才能をもっており，彼らのテ

スト行動とテストの成果（その結果としての評点を含めて）との間には**随伴性**がある，と見ている。このことが彼をして，自分と他人を**比較**するように仕向け，また後に見るように，彼の**自尊心**ばかりでなく，自己効力感の知覚にも影響する（Bandura, 1982, 1986）。これは，ひとえに，彼が，自分とよく似た，また自分にとって大切な人と自分を比較したことの結果である。

◆予測の結末——学習性無力感とその症状
学習性無力感を特徴づける４つの側面

1　**動機づけ面の欠損**　これはこの生徒（ジャン）の「この次は，また元の木阿弥さ」という言葉のなかに見られる。明らかに，彼はその場面を変えるために何かをしようとは考えていない。動機づけの不足は，**場面を変えるために，タイムリーな対応や対策を思いつこうとしない**というところに特徴がある。この少年の場合もそうである。彼は，自分が何をやってもむだで，コントロール不能であるということを**学習してしまっている**。換言すれば，彼は，勉強に努力を払おうとか，**その教科に全神経を集中**させようという**動機づけを失ってしまっている**。これは彼の「元の木阿弥」という言い方のなかに見て取れる。「だれが気にするものか」という言葉も，無力感に陥っている人間からよく聞かれる言葉である。とはいえ，そうした言い方は，その失敗を（間違った形で）軽く見ることによって乗り切ろうとする試みではすでになくなっていると決めてかかるわけにはいかない。

2　**認知面の欠損**　自分が何をやっても（ここでは数学テスト中の行動），それが結果に影響を及ぼさないことを学習してしまった者にとっては，少なくともなんらかの活動をすれば実際に効果があり，望ましい結果につながるということを**再学習**することは非常に困難である。こうして，プラスの効果があるかもしれないものまで**見捨てられてしまう**。実験場面においてではあるが，認知面の欠損も，いわゆる認知的コントロールメカニズム，たとえば情報の把持のためのリハーサルや範疇化，あるいは結論の導出など，に影響を与えることが見い出されている（Hiroto & Seligman, 1975）。この意味で，無力感というものが，いかに簡単にほかの分野に般化してしまうものであるかがわかる。

3　**感情的反応**，とくに**落ち込み（depression）の感情**　自分の行動結果の制御不能性を経験している人はだれでも，中立的な状態ではいられない。まず，**不確実感**を体験し，それがただちにはっきりした**落ち込み**の感情に変わる。ジャンと数学の試験の例のように，たとえひとつの成功を収めたとしも，その場面で喜びを経験することはできない。ポジティブな結果（すなわち，

予想外の，制御不能のポジティブな結果）に関わる非随伴性は落ち込みには
つながらない。だが，それはやはり，不確実感につながり，残念ながら，無
力感を消すこともなく，強力な動機面の欠損と認知面の欠損の原因となるの
である。

4 **自尊感情に対するダメージ**　個人的・個別的無力感の場合，試験者が自
分の失敗の原因を才能（内的で安定的な）の「せい」にすることを学習して
しまったとき，彼は，**ほかの人たちは自分よりうまくいってる**ことを知って
いる。彼は自分と彼らを比較し，それをもとに自分を判断する。彼は自分の
価値を，ほかの人が自分を評価するよりも低く評価する。これが，**個人的個
別的**に経験された無力感の結末である。こうした自尊感情の引き下げと，そ
のために自尊感情をそこねる危険性は，無力感がもっと一般的な性質のもの
であるとき，すなわち，**すべて**の生徒が数学のテストに失敗し，その場面の
制御不能性を経験するときには存在しない。

こうした場面に典型的な行動を探る当初の作業から，ここでの問題の生徒ジャ
ンは，自分自身の努力の結果の制御不能性を，ほかの生徒よりも強く知覚す
ることを学習したと結論づけることができよう。とりわけ，彼は自分の失敗を（予期
せぬ成功でさえも）ネガティブな原因に帰し，将来の努力についてもネガティブ
な予測を抱くことを学習したのである。

9.6　学習性無力感をどう解除するか

私たちがこれまで「無力感」と呼んできた行動は，多くの点で，「落ち込み」
と知られているものに対応している。無力感の学習解除は可能なのかどうか，
また少なくとも，どうやったらジャンを助けることができるのかを検討する価値が
ある。

◆失敗の原因帰属を外部の非安定的・特殊個別的要因にシフトすること

すでに見たように，無力感の徴候は，制御不能な事象についてのネガティブな
予測から立ち現れる。こうした予測の源は，成功・失敗の原因帰属，とくに失敗
の原因帰属のなかにある。ゆえに，その学習解除とは，**原因帰属の修正**を意味す
る。

もし私たちが，この非随伴性予測に対してしてポジティブな形で影響を与える
ことができるなら，その無力感の徴候を治療することができるであろう。たとえ
ば，自尊感情を危うくする危険を減らすとか，逆に，**高める**ことさえできるかも

第9章 中高生の学習性無力感／非随伴性と原因帰属

しれない。この目的のためには，予測性制御不可能感を制御可能感に変えてやらねばならないであろう。事象というものは，因果的要因が絶対的に無視できないほどのものではないとき，すなわち，固定的なものではないときに制御可能となる。もし私たちがこの生徒に対して，彼の失敗は数学的な能力の欠如（固定的・内的帰属）とは関係なく，テスト勉強（可変的・内的帰属）が**不十分で不適切**であったことに関係があることを明らかにしてやれば，彼はそのテスト結果を制御可能なものとして経験するであろう（もし，ほかの変数が無視できる程度のものならば）。このように，彼は前とは違った形で，自分の失敗の原因帰属のしかたを学習しなければならないであろう。

しかしながら，前に指摘したように，無力感のもうひとつの徴候である認知的欠損が，次の事実にはっきりと表われている。すなわち，生徒たちは，彼らの努力がよりよい結果につながることを信じようとしないということである。だから，ただ原因帰属のしかたを変えるだけでは無力感を解除するには十分でないのである。この点については，後にあらためてふれることにする。

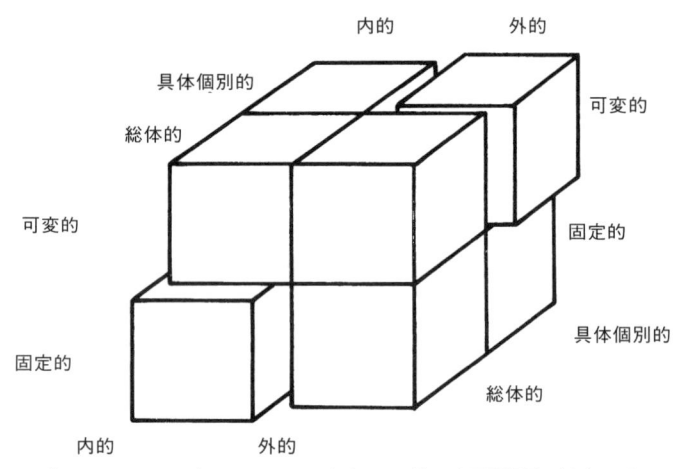

図9-2 アブラムソン，セリグマン，ティーズデールに基づく原因帰属の拡大モデル
(Abramson, Seligman, & Teasdale, 1978)

　帰属の次元は，内的―外的，固定的―不定的（可変的），総体的―具体個別的の3次元。一般的―個人的／個別的の2極を含む次元は，このモデルには含まれていない。自分自身の成功に自信のある生徒は，自分の成功の原因を，左隅下・手前の立方体で示すような形で帰属する。また，失敗の帰属は右手・上奥隅の立方体で示す形で行なわれる。しかし，本章の例としてあげた生徒ジャンは，まったく逆の方向の帰属をしている。すなわち，最近経験した成功については右手上奥隅の形で帰属させ，失敗は左隅下・手前の形の原因帰属を行なっている。ジャンを学習性無力感から引き出してやるためには，その失敗帰属のやり方を，より自信のある生徒の帰属（外的・可変的・具体個別的帰属）に変えてやらなければならないであろう。だが，このモデルは，考えられるすべての原因帰属のやり方を包括できないことに注意すべきであろう。たとえば，このモデルで，マックス・ウェーバーのプロテスタント的倫理やグレゴールの「信条に従って行動する」というような宗教的な人たちの成功を説明することはできない。

9.6 学習性無力感をどう解除するか

　自尊感情について見る限り，ここでの問題の生徒（ジャン）に関して述べられている場面は，考えられ得るほかの場面に比べて，まだ，ましであろう。なぜなら，少なくとも，彼の無力感は数学の分野に限られており，それゆえ，本質的に**全般的なものではなく，具体個別的な無力感**だからである。ほかの生徒の成績と比較しても，失敗の原因が知能の全般的欠如（これは，内的・固定的・総体的欠如である）に帰される場合よりも極端ではない。このことから，失敗の予測というものは，その原因が**内的で固定的かつ総体的**要因にあるときに最も高くなる，と結論づけることができよう（図9-2参照）。そして，そうした予測は，特定の試験がどれくらい**重要**だと感じられているかにかかっている。そこで，無力感を学習解除するためには，**外的で可変的・具体個別的な帰属**の手立てを探る努力をしなければならない。さらに，そのことの重要性についての正しい見定めがなされなければならない。

　さて，ジャンの場合，彼の無力感の帰属は具体個別の形で（すなわち，数学の面だけで）見られるので，数学以外の分野での成功に集中することを学習するよいチャンスである。したがって，彼がほかの分野でのよい結果を外的な可変的原因に帰属するのではなく，内的な高度に固定的な原因に帰属させること，たとえば，自分の能力のゆえに，この結果が得られたというように考えることが大切である。いずれにしても，このことは無力感を学習解除する際の全行程のなかの補助手段として考慮されるべきであろう。

　失敗の原因帰属を，数学的才能の欠如から適切な準備の不在に移し換えるやり方は，固定的原因帰属から可変的原因帰属に移し換えるひとつの方法にすぎない。もうひとつの安定的原因帰属のタイプ，外的な帰属，すなわち試験をする教師のせいにすることもあり得る（これはジャンには当てはまらないが……）。もし，失敗の原因帰属が特定の教師の教え方やテストのやり方のせいにされるとしたら（難題，珍題が多いなど），それは**外的・固定的・そして多分，総体的**（すべてのテストに当てはまる）帰属ということになる。そこで，その結果として生じる無力感は，個人的・個別的なものではなく，クラスの生徒全員（あるいは大半の生徒）に等しく当てはまる**一般的な**ものであろう。その結果は，動機づけ面の欠如と認知的欠陥ということになろう。しかし，感情的ストレスはそれほど強くなく，仲間の生徒と比較しても，違いが表われないので，自尊感情をそこねる危険性もないであろう。

　外的帰属のさらなる例として，**試験**（解答すべき問題）**の難度**を失敗の理由にすることがある。これは**外的・固定的・具体個別的**原因帰属である（図9-2参照）。問題は，**なぜ課題がむずかしすぎるか**である。その唯一の答えは，その生徒の知識と，テストが彼に要求するものとの間のギャップがまだ大きすぎるから，

第9章　中高生の学習性無力感／非随伴性と原因帰属

ということになろう。そこで，私たちの目標は，このギャップを埋めること，すなわち**認知的欠陥を減らす**ことである。こうして，課題の難易度は生徒の試験勉強に費やす努力次第で変えられるので，**課題のむずかしさ**を失敗の理由とする原因帰属は，**非固定的な**原因帰属に変えられるであろう。

◆認知的・動機的欠陥を減らす

上で私たちは，失敗の原因を**能力**や**スキル**（固定的）から**努力**（可変的）へ転換することは，無力感の学習解除に必要な第1歩であると述べた。すなわち，「とにかく，やるぞ！」という状態にもっていくことである。しかしながら，そうした転換だけでは十分ではない。むしろ，**認知的欠陥を中和**させなければならない。ジャンは，自分のやることが実際にその結果を左右するものであることを証明してくれるような**当座の成功**を手に入れるという目的をもって，その欠けているスキルを学習しなければならない。

このことは，**制御不能性**や**失敗**についての**予期を正す**ための決定的なステップであって，どんな治療過程にも必要なものである。さらに，そのような当座の成功は，ゆがめられた原因帰属（内的・固定的・総体的）のため無力感に陥っている生徒が，自分の置かれている場面をゆがみの少ない形で見られるようになるのを助ける。

バンデューラの社会認知的学習理論（Bandura, 1977, 1986）の観点からすると，ある生徒が中間目標を次つぎと達成していくことは，自己効力期待感ばかりでなく，彼が適切な行為結果を構築していくことに貢献する，ということができる。つまり，彼は，自分が到達できる目標が実際そこにあることを認識し（Bandura & Schunk, 1981），目標達成のために必要な能力やスキルを自分がもっていることをあらためて信じるようになる（Bandura, 1989, 1991）。しかしながら，もし，課題の要求と自己効力期待との間の不一致が非常に大きい場合は，行動調整に関する文献（たとえばKuhl & Kraska, 1989）から私たちが知っている一連の特定の能力が必要となる。つまり，課題が非常にむずかしい場合，生徒は問題に集中しなければならず，**気をそらす活動**（それは**回避行動**につながるであろう）は**許されない**。その代わりに，学習ステップを短くしたり，また，中間目標が達成されつつあること，高いレベルに達したことを確かめた後で，初めてその学習プロセスを根気強く続行することによって自分の粘り強さを高めていかなければならない。ある学習問題に強い抵抗がある場合，それに代わる学習を探さなければならず，いかなる場合も，目の前の困難を嘆くことは避けなければならないだろう。換言すれば，彼は**行為志向的**態度で行動しなければならない（Kuhl, 1984, 1985）。そうした対策は，動機づけ的または意志的性質をもち，学習活動の調節に関わ

る問題である。これら一切のものが，認知的欠陥を埋めるための不可欠な基盤であり，ジャンに必要とされるものである（第7章7.3参照）。

しかし，学校という場所で新しいスキルを修得するのは常に容易であるとは限らない。必要条件のひとつは，試験でおかした間違いを詳しく分析するとともに，それに対応して，学習プロセスについても分析することであろう。だが，この点に関してはごく限られた可能性しかない。なぜなら，一方で，先生が生徒全員の個別的問題に耳を傾けるのに十分な時間がないことをよく耳にするし，他方で，結果が生徒に返されるのは試験後2週間も経っているというようなことがよくあるし，また，そのクラスがその特定の時間にカリキュラムの，どのあたりにいるのかを正確に思い出すことは困難であるということもあるからである。生徒にとって，認知的学習（あらゆる**努力**を含む）とテストのなかの数学の問題の解答（すなわち，それぞれのプロセスの検索）との間の**因果的なリンク**を判断するのはほとんど不可能である。こういう場面はどこでも見られ，学習心理学的視点から見ると，学級の授業場面におけるまったくぶざまな実情を示している。そのような場合，エラーや学習プロセスの分析は事実上不可能である。そのうえ，生徒たちへの個別的な**フィードバック**もなしに，ただ単調に続けられているような授業がひろく行なわれているために，不可避的とは言わないまでも，教師も生徒も気にとめないような形で累積的学習欠陥が進むことは明らかである。彼らが大いに驚き，仰天して気づくことになるのは，もちろん，結果のいっそうの悪化である。

教室場面にさまざまな問題があるにしても，ジャンは当座の成功を得るために努力しなければならないし，より濃密な学習努力をしてテスト結果の**制御可能性についての自信**を得るよう努めなければならない。それにしても，前述のような，その生徒による**学習プロセスの分析**は不可欠である。明らかに，数学的演算の**学習や理解についての主観的な解釈**と，そうした演算についての教師の「客観的判断」の間には不一致がある。手もとの課題の性質を把握してはじめて，失敗の「根源」はどこにあるのかを学ぶことができるのである（このことは数学に限らず，操作や概念的知識とか事実や結びつきのネットワークを学ばなければならない，どの教科にも当てはまることである）。では，成功に導くのは，いったい，何であろうか？　努力か？　技術か？　運か？　それとも提示された課題のむずかしさか？（図9-1，図9-2参照。また，Meyer & Hallermann, 1974 ; Meyer, 1984 ; Weiner, 1985参照）。

換言すれば，ジャックは，教師と自分の間の成績基準についての**違いを判断**することを学習してはじめて，実際の**場面制御可能性**の力を真に自分のものにすることができるのである。こうして，事象の随伴性がはっきりしてくる。学習のプロセスや（とくに数学における）理解のプロセスについての洞察によって**動機づ**

け面の欠如の修正も行なわれる。当座の（中間的）成功の経験は，たとえば，密度の濃い学習の努力をただちに開始するなど，他の対策に乗り出すことを容易にする。また，**認知的欠陥**も低減される。すなわち，数学的演算についての理解の深化とともに，学習全般に対して非常に重要な（前述の）認知的制御活動が動員されるのである。

◆認知的欠陥を低減させる際の社会的相互作用の役割

ジャンにとってベストと考えられることは，クラスのほかの生徒との協力によって，数学の理解の面での不十分さを埋めることであろう。そうした協力は，自分のやり方を，ほかの生徒のやり方と比較することを可能にし，試験にパスするために必要な数学的思考構造構築のプロセスを強固なものにするのに役立つ（認知的構造を確立するためのこの種の協力については，第7章および第8章でもふれた）。

ジャンにとっては，彼がほかのどういうことに集中すべきかについて，具体的な助言を与えてくれそうな教師と相互交渉することも有益であろう。そのことで，おそらく教師のほうも，生徒たちが抱えるほんとうの問題を発見することもあろうし，そしてそれが教師自身の授業にも，必ずや一定の影響を与えるであろう。

◆情緒的ストレス（落ち込み）の軽減

学習性無力感の場面における情緒的ストレスは，事象の制御不能性の知覚の産物である。しかし，生活のなかでは，情緒的ストレスを喚起することなく，さまざまな制御不能事象が起こることにも目を向けるべきであろう。学習性無力感という形でのストレスが生じるのは，まず第1に，私的・個人的無力感（全般的無力感には存在しない）を経験するときであり，第2に，結果が非常に重要または望ましいものであるとか，あるいはネガティブな事象の生起が極度に恐れられているときである（これと同種の例は，第8章「この章のポイント」の1で取り上げたストレスの発達に見られる）。原因帰属を可変的な要因へ切り替えたり，欠けているスキルを習得するだけで，その場面は，少なくとも部分的にしろ，再度，制御可能なものとなる。そして，そのことによって今度は，情緒的ストレス（落ち込み，失望，などなど）がやわらげられる可能性が高まることになる。

さらに，前述のように，ジャンが自分の失敗の非全般性（nonglobality）に気づくことが大切である。そして私たちは，来たるべき事象（試験）の重要度が失敗の予想と，その結果として起こる情緒的ストレスの双方の強さに影響を与えることも述べた。これらの洞察から私たちは，無力感を弱めるための次のようなさらなる提言を行なう。すなわち，ジャンは，**学業面の進歩はたった1つの試験で**

左右されるものではないことを確信しなければならない。換言すれば、彼は1年間にわたりずっと努力をし続けなければならないし、そうすることで、「危機的」場面となりそうなものは、初めのうちに封じ込めてしまわなければならないのである。

◆そのほかの要因

今までに述べてきたことは、無力感の学習解除に必要な**すべて**の学習段階や学習系列をカバーしたものでないことは明らかである。上述のことは、ジャンの個人的特徴、たとえば彼の**帰属の型**やストレス対処能力など、を考慮に入れた場合にのみ可能であろう。私たちは、認知的学習理論に従って**全般的諸条件**を描き出そうとしてきた。そして、これらの全般的諸条件が、無力感の学習解除や事象の統制可能性を（再）学習するための基礎を形成しているのである（Abramson et al., 1978；Alloy & Abramson, 1979；Seligman et al., 1984；Nolen-Hoeksma, Girgus & Seligman, 1986）。

❖この章のポイント

1　学習性無力感は、自分の努力の非随伴性の体験とか、そのことについての解釈から生じ、また、その後の事象の全般的非制御性に対する感受性（自分の努力によってもどうしようもないと感じること）から生じる。人は、そのような場面で経験した失敗に対して、一定の原因を推定する。そして、その推定が、将来自分に要求されることがらに関してネガティブな期待へ導く。

2　学習性無力感の徴候は次のようなものである。①動機づけの不足、②認知面の不足、③感情的な反応（たとえば落ち込み）、および④自尊感情への脅威または喪失。

3　私たちは成功や失敗を経験したときに、その原因の帰属を行なう。これらの原因は内的−外的、固定的−非固定的、特異的−全体的、私的・個別的−一般的などの次元のなかに位置づけることができる（図9−2参照）。

4　学習性無力感をともなう失敗の特徴的な原因帰属は、内的・固定的・全般的帰属である。「ぼくはまったく才能がないんだ。努力する価値もない。何をやっても、うまくいかない。数学だけじゃないんだ」。

5　学習性無力感は、原因帰属をそれぞれの次元の逆側（少なくとも非固定的で特異的な極）に転換したり、認知的不足を系統的に埋めていくことで修正できる。

6　失敗の原因帰属の転換は、次のようものであるに違いない。すなわち、「問題はぼくの能力にあるのではない」「自分なりの努力をすれば多くのことを

達成できる（固定的ではなく，非固定的な形）」「ぼくはほかの分野ではかなり成績がよい（全般的ではなく，特異的な形）」あるいは，時には外的な原因のせいにする。「きょうはほんとうに運が悪かった」。

7 認知的な不足を小刻みにでも減らしてゆくためには，意志面の対策だけでなく適切な動機づけ面の対策，とりわけ，自分自身の行為をコントロールする対策が必要である。課題の要求と自己効力期待との不一致がある場合は，生徒は行動の結末についての見通しと自己効力期待をもてるように努力しなければならない。彼は，妨げとなるような行動（たとえば学習課題とまったく関係のないことをするなど）が幅をきかすのを許してはならない。そうではなく，容易に達成できるような小さな学習ステップを取ったり（学習課題に抵抗のある場合），行為志向的態度（別の学習手順を試みるとか，だれの目にも明らかな困難を嘆いたりすることなしに）でふるまい，それぞれの短期目標を達成すべきである。

8 他者との社会的相互交渉や協力は，認知面の力の不足を低減させる大切なチャンスを与えてくれる。そうしたチャンスは他者のやり方をはっきり見せてくれるとともに，それを扱う機会を与えてくれることで，数学的思考構造の発達を刺激し，また推進してくれる（第7章「この章のポイント」の9参照）。

第*10*章

挿し絵入りテキスト文からの学習 ／メンタルモデルの構築

10.1 はじめに

　第10章は本書のなかでも最も長い章となるだろう。それには，それなりの理由がある。すなわち本章で扱う学習は，たぶん，私たちが住む世界で最も重要で，また最も骨の折れるタイプの学習，つまり，テキスト文からの知識の獲得という問題だからである。テキスト文の内容を学習するということは，その文の内容を**理解する**ことを前提としている。しかし，また，理解されたものは，どんなときでも**検索**し**使用**されるように**貯蔵**されていなければならない。

　まず，**理解する**とはどういうことか調べてみよう。ここで問題になるのが次の4つの理論的概念である。すなわち，①理解の**プロセス**は，期待についての事前の統合（synthesis）を通してのテキスト文の分析として記述される。②理解するということは，**新しい知識**を先行知識へ**統合**することと考えられる。別の言い方をすれば，テキスト文の情報を既成の概念的スキーマに**同化**することである。③さらに，理解とは，意味的単位（semantic unit），いわゆる**命題**の**加算**であると見る人もいる。④また，人によっては，理解とはさまざまな種類の意味的単位（命題，心象）を総体的な「構築物」，いわゆる**メンタルモデル**に統合することであるという。

　テキスト文からの学習は常に，テキスト文の新しい情報が統合される**先行知識の活性化**で始まる。この統合が，今度は先行知識の変化，すなわち新しい知識構造または知識表象の構築へと進む。この統合には**精緻化**（elaborative）と**縮減化**（reductive）の，両方のプロセスが必要である。前者は，新しいものを古いものへ入れ込むプロセスであり，後者は，言語的情報の量を貯蔵可能な量に縮減するプロセスである。これらの情報のあるものは，イラスト（写真，図）から抜き取ることができる。テキスト文と同様，それらもまた理解され，「建設中」のメンタルモデルに統合されなければならない。新しく確立された知識構造もまた整理統合され，検索できるようになっていなければならない。これらすべてがテキスト文からの学習の中身である。

さて，本章は数回にわけて読むのがよいであろう。本章には，読者がこれから理解していくことになる数多くの新しい用語がある。**理解する**こととの関連で，私たちがこれから目にすることになる用語としては，**スキーマ**，あるいは**意味的単位としての命題**，**概念**，**項**（概念要素：argument）および**関係**などがある。さらに，認知プロセスに関しては，**統合による分析**，**データ駆動的**あるいは**概念駆動的プロセス**，命題の要約（summing up）と**項の重複**（argument overlap），**（全体論的）メンタルモデルへの命題の統合**，**精緻化**，**統合化**，**縮減化およびメタ認知的プロセス**，テキスト文を読んでいるときの**意味の流れ**，およびその**マクロ構造**などがある。テキスト文中のイラストの「読み」ならびに貯蔵と検索とに関連して，**概念的および図的スキーマの活性化**，**手続き知識**，**意味的符号化**，**検索パスの確立**，**表象**，**体制化**，**解釈**，**イラストとグラフの変換機能**，ならびに**グラフを「力動的」にする必要性**といったような概念にも直面することになろう。

10.2　例としての基礎経済学のテキスト（学習目標を含む）

以下では，テキスト文からの学習の実例として，書記（文字で表わされた）テキスト文を使うことにする。本章のために選ばれた例は，EC（ヨーロッパ共同体）市場におけるバターの過剰問題（「バターの山」とその余波〔ramification〕，フレイの有名な国家経済学入門書〔Frey, 1981〕から引用）という問題である。こうした問題は，心理学や教育学のテーマに関心がある読者には，一般に，それほど興味をそそられるものではないかもしれないが，しかし，実はそれが私たちの意図である。つまり読者のみなさんは，何よりもまず，テキスト文から何かを学習するとはどういうことかを自ら経験し，テキスト文のなかの情報を学習しようとしているときの，自分自身の行動の観察も試みてよいであろう。

下にあげたテキスト文は，『供給と需要の法則』（Frey, 1981, pp.24-43）の第2章からの抜粋である。そのなかのふたつの図も転載したが（図10-1，図10-2），文章の一部は，ここでの目的とはあまり関係がないので除外した。

価格の調整：市場では，供給と需要は正面から向き合う。買い手と売り手が取引のことで，まだ互いにやり合っているイタリアの市場を想像してみよう。売り手は，まず高い価格を要求し，その値段で多くの品物を売ろうとしている。一方，買い手のほうは，売り手が望んでいるような価格では買いたいと思わず，相当低い価格を示す。売り手は，いくぶん価格を安くすることで2回目の交渉を行なう。そこで買い手はもっと多くの品を買えるようにな

り，そこに関心をもった客たちが姿を現わし始める。だが，セールは終わらない。売り手の希望と買い手の希望がまだ一致しないのである。売り手が最初に示した価格であったら個々の商品の供給過多となり，買い手が望む低い価格であると，需要過多になってしまうであろう。駆け引きは，売り手が手を打つ額と買い手が手を打つ額が一致するまで，長時間続くに違いない。その結果決まる価格（**市場価格**または**均衡価格**）は，その商品が，実際に売り手の手から買い手の手へと変わることを意味する。

　バターの最低価格：世界のほぼすべての国において，需要と供給の法則は，政府による農業分野への介入政策のために乱される。農業者がより高い収入を得ることを保証するために，国はバターの最低価格を設定する。この最低価格は，それより下があってはならないというもので，もちろん市場価格または均衡価格より高い。需要／供給のスキーマ（図10−1）は，そうした方法（政府の統制政策）のマイナスの副作用，すなわち過剰供給（図10−1のBC）を明らかに示している。農業者は，国民が求めている（OF＝AB）よりもかなり多量のバター（OE＝AC）をお役所的政府統制価格（OA）で売りたいと思っている。その結果が，ほぼすべての国を悩ませている，今，有名な「バターの山」である。長い目で見て，そうした状況はもちこたえられるものではない。それほどのバターをどうするのか？　もっと対策が講じられねばならないが，とくに次の3つが必要であり，それらは通常，ミックスされて実施される。

(1)　政府は過剰供給商品を最小価格で買い上げ，廃棄するか，ダンピング価格でほかの成熟してない市場（ふつう他国の）に転売する。ここでいうダンピング価格とは，生産コストや購入価格より低い価格である。納税者はその請求書，すなわち農業者やチーズ工場に支払われた額（図10−1：OECA）と消費者に売った売上高（OFBA）との間の差額を支払わなくてはならない（唯一の例外は過剰商品がそれ以上費用をかけずに廃棄された場合である）。

(2)　政府は農業生産者に生産量を減らすよう要求する。生産者は，消費者が政府の統制価格で買ってもいいとする量だけ，生産が許される（AB）。この対策は最も極端な形でやると実際的（効果的）ではない。というのは，図10−1が示すように，とくに前述の解決策1と比べると，農業者の収入をとてつもなく減らすことになるからである（OECAの代わりにOFBA）。しかし，価格とは関係のない強い需要があるの

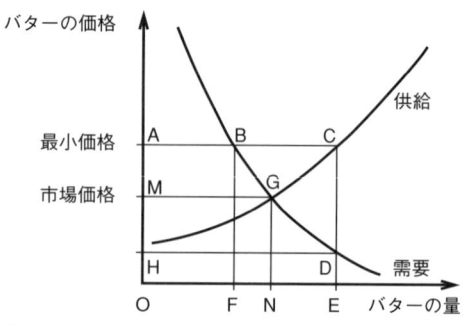

第10章 挿し絵入りテキスト文からの学習／メンタルモデルの構築

図10-1 需要と供給のスキーマ（Frey, 1981, p.36）

> で，農業者の収益は市場決定（ONGM）で得られる収益よりはまだ高い。
> (3) 政府は価格補助金を払う。それはバターにふたつの価格があるということである。ひとつは政府の統制価格（OA）で，均衡価格（OM）よりは高く，農業者だけに妥当である。もうひとつの価格は市場価格（OH）より低く，消費者にだけ妥当である。後者の価格は生産されるバターの量が実際に売れるように設定される（AC＝HD）。生産収入（OECA）と消費者価格（OEDH）の差額が納税者によって支払われる（HDCA）（Frey, 1981, pp.32-38）。

　このテキスト文は，以下の議論の基盤となるものである。その中間部分は，テキスト文の情報の理解を学習する例として役立つであろう。後に私たちは，このテキスト文の最初の部分によって，グラフの「読み」方だけでなく，より厳密な意味での，テキスト文からの学習とはどんなものであるかを知ることができよう（図10-2）。最後に，テキスト文の情報の貯蔵と検索を研究するために，それぞれの図に沿って，最後のセクションをより詳細にながめてみることにする。まず，学習の目標から始めることにしよう！

◆学習の目標

　「テキスト文からの学習」，とくに，ここでの例の非常に事実に基づいたテキスト文からの学習とは，何を意味するであろうか？　読み手はどんな**内容**をいかなる形式において学習するのであろうか？　何かを読んだあと，読み手がほんとうに知りたいものは何であろうか？

　ここでの例では，学習の目標は次のように定義される。すなわち，学習者は，前記のテキスト文から学習したことをもとにして，「過剰バター生産と政府の介入措置」という問題を友人に説明する。この際，直接関係ある用語を採用し，そ

の他の補足的手段は一切使わないようにする。
　もちろん，人によっては，下記のような，**ほかの**さまざまな目標を定義することができよう（自分のための目標を含めて）。

- テキスト文の要約，概略を書くこと。
- テキスト文中，最も重要な部分を判断する。
- 最も重要な用語（たとえば統制価格など）を判断し，それらをそのテキスト文に基づいて説明したり定義する。
- 「価格決定」という主題の試験準備のために，ほかの生徒が出した質問に答える。
- 政府統制の基本理念やそこから起こる結果を理解し，これらの理念をほかの過剰生産物や他の政府統制施策に置き換えてみる。
- 図を用いて状況を正確に説明する。
- 印刷上の間違いを探すため，テキスト文を整理編集する。
- 1語1語そのまま，テキスト文の内容を暗記する。

　最後にあげられた目標は，詩の場合にはよいが，まれなものであろう。しかし，もし，読者がテキスト文を実際には理解できなかったけれども，なんらかの理由で内容をくり返さなければならない場合は，時には機械的な学習もまた最終的選択肢になる。

10.3　テキスト文を理解すること

　テキスト文がどのように理解されるのか，知識はテキスト文からどのように引き出されるのか，そしてそうした知識は記憶のなかにどのように表わされるのか，という問題を扱っている理論的研究は，近年多く見られる。次に述べるのは，そうした4人の理論家たちがそれぞれ考察したものである。
　キンチュらは，テキスト文を理解するということは，「すべてか無か」のプロセスではなく，理解のさまざまな段階から成っている，と指摘している（Van Dijk & Kintsch, 1983；Kintsch, 1992, 1994）。次の項で，そのいくつかの例を見てみる。さらに，この章で私たちが行なう「理解すること」と「学習すること」の間の区別は，理論的見地からも経験的見地からもむずかしい問題であることに，もうすでに気づかれたに違いない（Kintsch, 1994；Steiner, 1997参照）。

◆「総合による分析」としてのテキスト文理解

　しばらく前，ナイサー（Neisser, 1967）は次のように述べたことがある。すな

わち，私たちが処理する情報の一切の断片が（私たちが理解しようとするテキスト文情報もそうであるが），**絶えざる統合のプロセスを通して分析**される。これは最初，いささか逆説のように聞こえるかもしれないが，理解するのにむずかしいことはなかろう。つまり読み手は，おそらく，読み始めるその瞬間から，そのテキスト文のなかで出くわすであろう情報を頭のなかで**統合**する（組み立てる）。すなわち自分が読んでいるものに関する**予想**を立てるのである。もし，テキスト文が読み手の母語で書かれているなら，問題はない。なぜなら，個々の文字がどのようなものなのか，どんな表現形式が予想できるかが，すでにわかっているからである。そうした**予想**とがその印刷物の最初の**統合**を表わしている。この統合の産物（それは見たところ，内的な，想像されたスクリプト，つまり型式モデルの線に沿っている）の助けを借りて，読者は印刷されたテキスト文を分析し，自分の統合が成功したかどうか，自分自身に絶えずフィードバックを与え続ける。すなわち，自分の（内的な）予想がほんとうに当たったかどうかをチェックする。おとなでは，このプロセスは非常に速く行なわれるので，これらの思考が意識レベルまで到達することはまれである。認知心理学にとって，これらのプロセスを確認するのは簡単なことではない。ナイサーは，1967年に発表した「統合による分析のモデル」のなかで，まさにそれを試みた。

　もちろん，文字の形や印刷された単語の統合に関して，上で述べた場面は，最も初歩的レベルのプロセスを示しているにすぎない。読み手は同様に，**語順に関**する予想を立て，そして文構造についての予想を立てる。これは簡単なことである。なぜなら，読み手は当然自分の母語の統語法（syntax）を知っており，「取引は長く続くに違いない……」（"The dealing must continue for so long……"）という文に含まれる文法規則をよく知っているからである。また，母語の読み手は，「……まで」（'until'）は，そのうち，「長く」（'for so long'）の後に続いて出てくるであろうということ，あるいは，「どちらか」（'either'）があれば「または」（'or'）が来るだろうということを知っている。明らかに，より簡単な文法規則（および，それぞれの規則の例外）は読み手の先行知識に入っていて，その先行知識が，そのテキスト文の統語法のなかで予想されることがらについて，数多くの手がかりを読み手に与えてくれる。この**統語法的総合**のプロセスもまた，ほぼ完全に自動的に起こる。それらは実際，読み手が，もし，ある文法形式が予想と一致しなかった場合，すなわち，もし，そのテキスト文のなかのどこかに，予想の統合による分析の「働き」がきかないところがあった場合にのみ，立ち止まって考えればよいくらいに**過剰学習**されている。

　この時点で，統合による分析の第3のレベル，つまり意味的レベルがはっきり

10.3 テキスト文を理解すること

見えてくるであろう。読み手は，単に，視覚パターンが文字や語や文法的に正しい文を組み立てるものであるという予想を統合するだけでなく，目の前にあるテキスト文の**意味**を待ちかまえるのである。このことは，テキスト文のトピックを限定しようとする試みから始まる。すなわち，表題だけですでに統合の変域を減らす働きをしているのである。読み手がいったん，今，自分が農産物の価格に関する経済学のテキストであることに気づいたら，そこにある情報の学習や理解に開かれている 統合回路（synthesis paths）の数を限定することになるのである。つまり，このテキスト文は変動通貨指数のことは扱って**いない**し，道具や金型メーカーの輸出問題にもふれて**いず**，インフレとも**なんら関係ない**，というように範囲を限定する。そのテキスト文は，読み手が事前に統合することができ，その文章の分析のために採用できるような特定のテーマに捧げられたものである。

◆テキスト文理解についてのスキーマ理論的説明

より最近の研究者たち（Rumelhart & Ortony, 1976 ; Rumelhart, 1980）は，読んでいるときに活性化される**先行知識の単位**を**スキーマ**または**認知スキーマ**と呼んでいる。この語彙を使うことで，彼らは，バートレット（Bartlett, 1932）が記憶の実験で導入し，ピアジェの発達的研究（Piaget, 1936, 1947）で大きな役割を果たした用語に立ちもどるのである（だが，公平を期すために言えば，**スキーマ**という用語は，より古く，たとえばゼルツ〔Selz, 1913〕やカント〔Kant, 1781〕にまでさかのぼる）。

スキーマ——または比較的決まりきった行為の過程を言うときは「スクリプト」（Schank, 1980参照）——は，多くの場面や目的の理解プロセスのためだけでなく，より一般的には，あらゆる認知的構成プロセス（推理，問題解決，情報の把持と応用）のための，理解プロセスの基本的な建築ブロックである。この概念をもっともよく理解するためには，**知識の生成構造**としてのスキーマを考えてみるとよい。すなわちスキーマは，類（genus）や型（type）の一定の特異性，および各個人が時間を超えて，それに付与する**普遍性**をもっている。このように，人はみな，「テニス」や「デモクラシー」のスキーマや「レストランへ行く」ためのスクリプト（いわゆるレストラン・スクリプト）を「もって」いる。私たちは先に，スキーマのステレオタイプ的性質についてふれた。しかし，ここでの論議との関連において，認知スキーマというのは，私たちの知識の組織化の単位を表わしていることに注意することは，より大切である。その単位は，現実社会のどんな場面にも存在する構成要素や特徴や関係を記述する，**構造化された全体的統一体**である（Rumelhart & Ortony, 1976 ; Graesser, 1981）。

どんな人間の知識も意味的ネットワークのなかで利用できるとすれば，スキーマというのは，**能動的意味的ネットワーク**または**ネットワーク要素**であると言えるであろう。それらは使用するために活性化される知識の単位，すなわち意識のなかに呼びもどされる知識の単位である。

　先の経済学のテキストを通して勉強する読者は，印刷された文字に基づく多くのスキーマを活性化するであろう。既知の文字は，既知の文字として判断され（スキーマの同定　identification），その文字で形成されている語は再認される（より高いレベルではあるが，これも同定である）。しかし，これらのスキーマのすべては比較的単純なレベルでのみ活動し，いわば，提示されたデータ（印刷されたテキスト文）によってコントロールされている。それゆえ，リンゼイとノーマン（Lindsay & Norman, 1972）は，これらのスキーマを「データ駆動型」と呼ぶ。また彼らは，スキーマの構成において活性化されるプロセスとの関連で，物理的データ（印刷された文字）によって解発される「ボトム・アップ」プロセス（bottom-up process）に言及している。「ボトム・アップ」と呼ぶ理由は，そうしたプロセスが「下」から「上」へと向かう意味に導くからである。

　しかし，テキスト文を理解するというのは，単に「ボトム・アップ」プロセスだけではない。逆に，多くのスキーマが**意味的**レベルで活性化される（たとえば，見出しや小見出しを読んでいる間に）。それら見出しや小見出しは「トップ・ダウン」に働き，「概念駆動型」であり，前に，意味レベルにおける予測と呼んだものに一致する。この種のスキーマはテキスト文中の情報の探索をガイドし，不明瞭な意味や曖昧な文構造とか，未知の特殊な語を解決するのに貢献する。しかし，時として読み手は，予測として，すなわち，さらなるテキスト文情報探索の補助手段として「トップ・ダウン」スキーマを間違った形で使うことによって，テキスト文の一部を**読み間違える**ことがある。全体として，内容を理解する目的でテキスト文を処理する（読む）ということは，「ボトム・アップ」（印刷されたテキスト文から）と「トップ・ダウン」（テキスト文の意味，および個人の先行知識から）との，入れ替わり，立ち代わりの相互作用的サイクルのなかで進行する活動と見なされるべきである。

　特別な場面を除いて，読み手がこうしたプロセスを意識することはまれである。たとえば，もし，テキスト文が湿った紙片に手書きされた生死に関わるメモであって，猛烈な吹雪の夜にろうそくのあかりで判読しなければならないものであったなら，テキスト文の正確な（あるいは少なくとも，それぞれの場面にとって最善の）解釈を許すようなスキーマを探り当てるための「トップ・ダウン」プロセスと「ボトム・アップ」プロセスの相互作用に，まさに劇的な形で出会うことになろう。辛うじて判読できるような文字（最低レベルの情報搬送具としての手書

き視覚パターン：ボトム・アップ）であっても，仮定された意味的コンテクスト（概念的な，意味のあるスキーマ：トップ・ダウン）のお陰で，統語論的にも意味論的にも最も確率の高い形で**解釈**されるのである。

　概して，ここで活性化される**スキーマ群**（3つのすべてのレベルでのスキーマ：視覚パターン，文の構造［統語法］，および意味）は，読み手が時間をかけて築き上げた知識の内的表象（後に私たちが**メンタルモデル**と呼ぶもの）に対応する。もちろん，先に述べた非常に困難な状況のもとでも，また普通の読書の場面においても，さまざまなレベルで活性化されたさまざまなスキーマの間で，多くの相互作用があるであろう。たとえば，特定の語の意味や特定の文の構造について生じてくる，いかなる読み取りや理解の問題も，フィードバック・ループを使うことによってのみ解決される（ところで，前に紹介した「統合による分析」のモデルや前に述べた3つのレベルで起こる，それぞれのプロセスについても同じことが当てはまる）。

　スキーマは**完全性への傾向**をもっているという仮定から，ひとつの非常に重要な知的活動が現われる。すなわち，高度な意味レベルで活性化されたスキーマは，テキスト文のなかに欠けている情報の探索を**活性化**する。それは，あらゆるスキーマが必ずもっている特徴的な「スロット」を埋めるはずのものである。もしこの情報がテキスト文中に見い出せない場合は，読み手は通常，先行知識に基づく**推論**によって，そのスキーマを完成することができる。こうして，読み手は自分の知識の表象の完全性を保証するのである。

　ここで，例のテキスト文の中央部分に目を向けてみよう。「世界のほぼすべての国において」という導入文が，「農業」「需要と供給」「政府の介入」「国々」などのさまざまな認知スキーマを活性化する。最後の「国々」という語から，「テキスト文には，そうした国家の例が書いてあるであろう」とか，「それぞれの国名がテキスト文のどこかに見つかるかもしれない」という推論へとつながるかもしれない。しかし，実際はそういう推論は当たってないので，読み手はこれを無視して読み続けるか，あるいは農業生産の大きい隣国（別に，アイスランドでないにしても）のことが書かれているのではないかと推論するかもしれない。一方，「政府の介入」ということについてのスキーマは，たぶん，バターの最低価格やバターの山ということに関する限り，あまり明確でない予想を生み出すであろう。そこでは，まだ多くのことが未知であり，読み手は「政府の介入」についての，自分のスキーマのスロットを埋めてくれる答えをテキスト文のなかに見つけられるのではないかという予測（そして間違いなく，一種の**好奇心**も）を抱くであろう。こうした答えは事実，テキスト文の3つ目の部分に出てくる。

　読みのプロセスのなかで構築される知識の表象全体をより詳しく見れば，それ

第10章　挿し絵入りテキスト文からの学習／メンタルモデルの構築

が先行知識や当該のテキスト文と**一致**しているかどうか，**一貫性**や**まとまり**があり，**完全**であるかどうかについて，常にチェックされていることがわかる。もしその通りであれば，そのテキスト文はなんとか理解される。しかし，もし結果が否定的であれば，より理解を深めるために，読み手は積極的になってテキスト文中に情報を**探し出そう**とする。あるいは，読み手は自分の現在の知識表象を**修正**したり，**分化**したり，**拡張**したりする。要するに，読み手は学習し始めるのである。

こうして，私たちは今，理解から学習へ導く戸口に立っている。もし，テキスト文を通して作業するということが，単に，いくつかのレベルでスキーマを再発見し，同定することであるというのなら，読み手はすべてを（違ったレベルであっても）**理解**するであろうが，しかし何も**学習**しないことになろう。

◆意味の単位（命題）の追加としてテキスト文の理解

ここで，テキスト文中の情報の理解に関する，先述の私たちの見解を別の光に照らしてながめ，そして近年の研究結果を紹介することにしよう。以下は，「バターの最低価格」についてのテキスト文の中間部分について述べたものである。

読み手がテキスト文の内容を**理解**するのは，その事実に関する彼の**先行知識**および，今，読んでいるテキスト文への**実際の取り組み**のゆえである。先にあげた通り，読み手は事実的知識のほかに，より以上の先行知識を必要とする。すなわち，彼はそのテキスト文が書かれている言葉の単語を，自分自身の内的辞書のなかにもたなくてはならないし，その言語の統語法を理解し，マスターしていなければならない。しかし，これだけでは，テキスト文の情報の流れから**意味**を抽出できるという保証はない。

1970年代初めに現われたテキスト文理解の理論のほとんどは，テキスト文の**意味**は**意味論的単位**で表わされると仮定している。いくつかの理論は，先行知識の単位を最前部に置き，それらをスキーマとして概念化した（上記を参照のこと）。またほかの理論は，テキスト文に言及し，意味論的単位として，いわゆる**命題**を選んだ。**命題**とは，**文章の意味を表わすための仮説的構成概念**である。これらはスキーマによく似ているが，関係論理のほうにより傾いており，**言語によって形を与えられた内容についての観念**（概念）および，これらの概念を相互に結びつける**関係**から成っている。私たちが使っているテキスト文から1例をあげてみよう。

「国家がバターの最低価格を設定する」という文の意味は，次の命題によって表現される。

（1） 設定する（国家，最低価格，バター）

「国家」「最低価格」「バター」は具体個別の概念であり，別の術語で言えば，**項**（概念要素）(argument) とも言い，「設定する」という**結合関係**語をもっている。このように，命題（1）はこのテキスト文のひとつの意味単位である。読み手は，何かが，だれかによって，何かのために，ある手段によって，設定されることを理解する。

しかし，テキスト文は多くの文章と，それゆえ多くの命題から成り立っており，それぞれの命題はひとつの意味の単位（意味論的単位）を表わしている。主要なことは，読み手がそれぞれの意味単位をひとつの実体として**理解**するのではない，ということである。すなわち，それらの意味単位をきっちりと自分の先行知識のなかに統合できるということではなく，そのテキスト文のより大きなひろがり（scope）をつかむことでもある。これらのより高いレベルのものは，さまざまな方法で保証される。まず，全命題が後続の命題に流れ込んでいく1つの**項**に圧縮されるという事実によってである。こうして命題（1）は「最低価格」という項に圧縮され，すべての情報をこのひとつの用語のなかに包み込む。そこで私たちは，その命題の意味を「国家によって設定されたバターの最低価格」というように再定式化することができる。この意味は，今，「最低価格」という概念（または項）のなかに黙示的に存在する。そして，このテキスト文の次の文は，「この最低価格は……」で始まる。指示代名詞「この」(this) は，最低価格，すなわち「国家によって設定されたバターの価格」という圧縮された項のなかに，何が含まれているかを暗示している。

テキスト文の3番目の文（「この最低価格は，それより安くしてはならないというもので……」）を命題の形で表示すれば，次のようになる。

（2） ……より高い（最低価格，市場価格）

この命題では，最低価格は，概念すなわち項として存在し，いわば命題（1）全体を表わしていることがわかる。

再度，最低価格をあげている，この3番目の文章を読むとき，読み手はこの価格について前に得たすべての知識をもってくる。これが，そうしたテキスト文の「意味の流れ」(meaning flow) の本質にほかならない (Aebli, 1978, 1981 および Steiner, 1997参照)。

しかし，時に，ひとつの文に意味を与える上で，おもな役割を担っていた概念が，すなわち，各命題における1つの項としての働きをしてきた概念が，そのテキストのずっと後の文のなかで，突如現われることもある。その概念は，そこでふたたびその文章の命題の一部となり，その2つの命題を連結する。そのように

してくり返された項は，**命題の部分の重なり**を通して，項の間に結合をつくり出す。これを，**項の重複**と呼ぶ人もある。その1例が，私たちのテキスト文の1番目と4番目の文にある「政府の介入」という概念のなかに見い出すことができよう。

テキスト文のよりひろい意味は，より込み入った状況を通して立ち現れることがよくある。たとえば，私たちのテキスト文では次の文章である。すなわち，「その結果は，ほぼすべての国々を悩ませている，いまや有名な『バターの山』なのである」。この文の意味は，次の命題の形で表現される。

（3） 悩ます（国々，バターの山）

この命題の意味は，テキスト文や先行知識のなかにある「バターの山」についてのより詳しい説明なしには，完全に理解することはできない。読み手は前もって「バターの山」とは何であるか，すなわちバターの生産または供給の過剰について知っていなければならない。この過剰供給は，テキスト文中に（そして，後に見るように，図のなかにも）意味が存在する2つの命題の間のリンクから，心的に浮かんでくるものである。

（4） 売りたい（生産者，より大量のバター製品）

（5） 買いたい（一般消費者，バター製品の量）

この2の命題の意味を互いに比較すると，ある違いが出てくる。それは，バターの過剰供給ということで，「バターの山」という概念の意味を生み出しているものである。

さらに，このふたつの命題は「バター製品の量」という要素において**項の重複**がある。もし命題（4）と（5）が暗黙のうちに読み手の考慮に含まれていたら，命題（3）の全体の意味が明らかになる。それが前に述べた「意味の流れ」であり，テキスト文の情報の読みや処理の間に出てくるものである。テキスト文のなかに存在する命題は，まとまりのある全体を形づくっているので，読み手はそのテキスト文全部の意味を丸ごと理解し，**命題リスト**のなかにまとめ上げることができる（その詳細と研究結果については，Van Dijk & Kintsch, 1983を参照されたい）。意味単位（命題）間のほかの関係は，「このように」（thus），「もし……ならば」（if……then），「なぜなら」（because）のような，文を結合する要素によって確立され，さらに大きな意味的単位をつくり出す。

ここであげた初期の理論は，後にひろく拡張されたが，テキスト文の意味はこのように（時には非常に複雑な）**命題の追加**から成っていると唱える。テキスト

文情報の処理や理解のこの種の**要素追加的**方法は，登山者が絶壁をよじ登るやり方に似ている。すなわち，登山者は自分が登ろうとしている岩に非常に近い位置にいて展望がきかないので，数歩後にさがってから，またスタートするというやり方をとる。この「展望の欠如」は，命題の追加に基づくモデルに沿って考えれば，テキスト文の理解の面で気づくであろう。すなわち，ある1節の意味がテキスト文全体と一致しない場合，あらためて読みを始めねばならなくなる。

ここでは，テキスト文理解における要素追加的解釈の欠陥を記述するには，この登山者の比喩で十分であろう（理論的な詳細については Collins, Brown, & Larkin, 1980, pp.385-406 を参照されたい）。そこで，今度はテキスト文を理解するプロセスについての**全体論的**解釈に，目を転じてみることにしよう（Schnotz, 1985 ; Mandl & Schnotz, 1985 ; Kintsch, 1988, 1994参照）。

◆全体論的メンタルモデルの構築としてのテキスト文理解

この経済学のテキストから，何かを学習しようとしている人の特徴を言うとしたら，『バターの最低価格』という表題を読んで，自分の先行知識の一部を**活性化**し，そのテキスト文が関わるテーマ（subject）について「絵を描く」ことを試みているところ，ということになろう。ある理論は，読み手がテキスト文を処理する間に築き上げる「シナリオ」について語ることによって，この絵を描くというアイデアを使おうとした（Sanford & Garrod, 1981）。また，コリンズら（Collins, Brown, & Larkin, 1980）は，とくに，上述のテキスト文理解に関する追加的解釈理論には非常に批判的であるが，次のように主張する。すなわち，内的な**メンタルモデル**は，処理すべきテキスト文に基づいて形成され，このモデルがテキスト文全体の意味を表わし，そのテキスト文のなかに存在して読み手が仮定し，表象する知識を含む，というものである。**モデル**という語は，このコンテクストでは，「構造的および機能的要素は，現実場面と似た（ここでのテキスト文の例では，ほんとうの経済的事実に似た）モデルとして，読み手のうちで表象されること」を意味する。この理由から，キンチュは場面モデルについて語っている（Kintsch, 1988, 1992, 1994）。以下では，私たちはこの用語を，より一般的な用語である**メンタルモデル**と同義的に使うであろう。

そうした**メンタルモデル**は，言語的な意味的単位（命題）のほかに，ほかの情報，たとえば視空間的イメージを含んでいる。そのイメージは，事実，ほんとうの場面の状況に対応している，あるいは現代の認知的用語で言えば，相似形（analog）である。すなわち，それらは空間的，時間的の関係を表わすものである（これは，後に考察するイラストの理解ということにとって重要である）。命題的表象には，このアナログ的表象の特徴はない。命題的表象は，逆に，独自の形で，

すなわち命題についての非アナログ的・デジタル的定式に対応する一種の統一的言語で事実を表現している（ピリシンは**国際語；インターリンガ**interlinguaについて語っている，Pylyshyn, 1973）。こうして，私たちは，当面，さまざまな定式の知識の表象，すなわち命題的表象とアナログ的表象の両方が，メンタルモデルのなかに存在すると結論づけることができる。

　私たちが例にあげた経済学のテキスト文の理解は，次の順序で行なわれる。すなわち，読まれたばかりのテキスト文は，既存の，また少なくとも部分的に活性化された先行知識に基づいて精緻化される。すなわち，そのテキスト文は，その命題が先行知識の構造に合うように拡張され，定式化される。これらの命題（**テキスト・ベース**）のより多くのものが，活性化された先行知識のなかに徐々に統合されていく（言うまでもなく，すべてのものをただちに統合することはできない！）テキスト文情報を精緻化して先行知識に統合していく，これらのプロセスを通して，読み手はそのテキスト文の内容についての自分の**場面モデル**（もっと一般的に言えば**メンタルモデル**）を築き上げる，というのがキンチュの主張である。しかし，テキスト文の内容の理解は「すべてか無か」のプロセスはなく，逆に，多くの違ったレベルがある。第1に表面レベル，つまり単語とその統語関係があり，第2にそのテキストの各文章の意味を包み込むテキスト・ベースがあり，第3に，メンタルモデルの助けを借りて，テキスト文情報を総合的に理解するという深いレベルがある。

　テキスト文の意味的要素は，先行知識を検索するための手がかりとして働く。すなわち，読み手は読んだテキスト文を使って，さらに多くの先行知識（もし，あれば）を活性化する。また逆に，スキーマが先行知識から活性化され，その先行知識が，それぞれのスキーマを完全なものにするために，テキスト文中の情報を探す役割を担うこともある。ヴォスら（Voss, Fincher-Kiefer, Greene, & Post, 1986）およびほかの研究者は，テキスト文の理解やテキスト文からの学習にとって，先行知識は非常に重要であることを指摘している。

　上に述べた観点から，人が自分の先行知識構造のなかにもっている意味単位が多ければ多いほど，テキスト文から流れてくる情報を精緻化し統合することが容易になる，と考えてよさそうである。しかし，また，先行知識のお陰で，読み手は言わば行間を読む――つまりテキスト文にはっきりと書かれていない意味や内容を見つけること――ができる。この大切な活動が，テキスト文情報からの**推論を引き出す**と呼ばれるものである。

　テキスト・ベースを精緻化し先行知識に統合するプロセスは，テキスト文の提示方法によって影響を受けるであろう。適切な**見出し**や**合図文**（段落の導入文：signaling）によって，テキスト文のマクロ構造が，メンタルモデル構築の際の

組織化プロセスを促進できる。また，テキスト文の内容における小さなギャップが，情報処理（または情報探索プロセス）の活性化を高め，メンタルモデルのさらなる発達に導くこともある。しかし，人間の作動記憶能力には限界があるので，メンタルモデルの精緻化と統合化プロセスにも限界がある。キンチュ（Kintsch, 1994）は，こうした構築プロセスはサイクル的（cyclical）であり，1つの文章は1サイクルごとに処理されると想定している。テキスト文理解における加算型モデルとは対照的に，メンタルモデルは，読み手に情報への直接的で比較的広範囲のアクセスを与える実態を成している。すなわち，情報はそのモデルのいろいろ違う場で統合されるので，加算的プロセスの厳密に直線的な順序に固執してはならないのである。

メンタルモデルの**アナログ的**性質とは，たとえば，テキスト文中の空間視覚的な情報や記述が読み手の想像のなかに存在していることを暗示する（ジョンソン－レアードは視覚表象を**メンタルモデル**の**特殊型**と見る。Johnson-Laird, 1980, 1983）。このことは，イタリアの市場について記述している前掲のテキスト文を読む人なら，だれにとっても明らかになるであろう（10.2参照）。

10.4　テキスト文からの学習について

ここまでは，テキスト文を**理解**することを中心に考え，テキスト文理解のプロセスは，いくつかの異なったレベルがあることを見てきた。さて，ここでの問題は，テキスト文から**学習**するということと，テキスト文を**理解**することは，どう違うのかということである。簡潔に言えば，**理解する**ということは，新しい情報を既存の知識構造のなかに正しく統合することであり，メンタルモデル（または場面モデル）の構築によって影響を受ける。他方，**学習する**ということは，知識を正しい統合を超えて，先行知識の構造を大きく変えることである。学習は，先行知識を変容し，分化し，圧縮し，また拡張する。つまり，学習とは**知識の表象**を変え，こうして既存のメンタルモデルを変容させるのである。

経済問題に精通しているとは言えない読み手は，バターの最低価格についての例のテキスト文を理解するのに，いくつかの用語（スキーマ）や図10－1の背後にあるものがはっきりしないので，何かの問題が生じたと認めるであろう。テキスト文に問題の原因があるそうしたケースの場合，次のようにいうのが正確であろう。すなわち，その読み手が，テキスト文情報を処理するのに必要な，このケースにあっては，「供給」および「需要」という上位スキーマや，その2つの用語の経済的関係を合図する（signal）スキーマ，したがって，「需要と供給」や「市場価格／均衡価格」というスキーマを発達させるために必要な，先行知識のなか

にある下位スキーマ（上位スキーマの基部を形成するもの）を活性化することができなかった，ということである。

　この経済学のテキストの著者は，これらの問題に気づいていて，『価格決定』のセクションにひとつの図10－2cを付け加えている。この図は「需要と供給」という認知スキーマを例示するのに役に立つであろう。私たちはこの後の10.5で，この問題にもどる。しかしまず，スキーマ理論の観点から，「学習」（知識習得）は，どの程度，「理解」を超えるものなのかという問題をながめてみることにする。

◆メンタルモデルの変容としての学習——スキーマの調節，分化，再構成，および再結合

　「バターの山と政府の介入」のメンタルモデルの構築は，単なる理解よりも**ずっと広範なプロセス**を含んでいる。以前にモデルの「足場」（scaffolding）を組み立てたスキーマは，テキスト文から派生する最新の情報に**適合**されなければならない。ピアジェはこれをスキーマの**調節**（accomodation）と呼んだ。しかし，スキーマはいくぶんなりとも**拡張**されなければならないであろうし，**分化**または**再構成**さえ順当であろう。それが**学習の１形態**であり（Rumelhart & Norman, 1976参照），**既存のスキーマの変容**である。メンタルモデル構成の間の，もうひとつの負けず劣らず重要な学習形態は，**スキーマを再結合**してより上位のスキーマへ，すなわち，より包括的で，同時により首尾一貫した知識または意味単位（一種の「超スキーマ」）にすることである。これは，知識の貯蔵やその後の再生にとって非常に重要である。

　ここでふたたび，価格調整に関するテキスト文の第１節に目を向け，この種の学習に照らして，あらためてながめみることにしよう。

> **価格の調整**：市場では，供給と需要は正面から向き合う。買い手と売り手が取引のことで，まだ互いにやり合っているイタリアの市場を想像してみよう。売り手は，まず高い価格を要求し，その値段で多くの品物を売ろうとしている。一方，買い手のほうは，売り手が望んでいるような価格では買いたいと思わず，相当低い価格を示す。売り手は，いくぶん価格を安くすることで２回目の交渉を行なう。そこで買い手はもっと多くの品を買えるようになり，そこに関心をもった客たちが姿を現わし始める。だが，セールは終わらない。売り手の希望と買い手の希望がまだ一致しないのである。売り手が最初に示した価格であったら個々の商品の供給過多となり，買い手が望む低い価格であると，需要過多になってしまうであろう。駆け

> 引きは，売り手が手を打つ額と買い手が手を打つ額が一致するまで，長時間続くに違いない。その結果決まる価格（**市場価格**または**均衡価格**）は，その商品が，実際に売り手の手から買い手の手へと変わることを意味する (Frey, 1981, p.32)。

　私たちはここで，読み手が後続のテキスト文を理解するためには「価格の調整」という主題について，新しい知識を発達させねばならないだろうと想定できる。

　最初の文は，ある場面モデルまたはメンタルモデルの構築のきっかけを与えるだろう。2つ目の文章においては，もちろんそうである。とくに，もし，そこに記述されている経験（イタリアのマーケット）が読み手にとって手元にある場合はそうである。読み手はまず，そのマーケットの具体的な場面についての既存のスキーマを活性化させ，そして「買う」「売る」という知識要素を暗黙裡に活性化させる。これらのものが，今度は「供給」と「需要」のみならず，「商品」や「価格」というスキーマに結びつく（これがテキスト理解にとっては重要なものである）。もし，売買が成り立たず，申し出だけであったと仮定すれば，構成されつつあるメンタルモデルの1節の意味を，次の命題の形で提示することができる。

（6）　供給する（供給者，需要者，量，価格）

　もっと会話的な形で言えば，売り手（供給者）が買い手（需要者）に，ある値段である商品を買わないか，ともちかけることである。

　ここで何かがもちかけられている。そして，もし命題（6）を，「供給する」(TO SUPPLY) という活動に圧縮すれば，ふつう，「供給」（または申し出）と呼ばれているものになる（Aebli, 1978, 1981参照。圧縮のプロセスについては，Steiner, 1997を参照）。もし私たちが買い手とその人の「需要がある」という活動に注目すれば，この「需要がある」ということのなかに，それに対応するひとつの命題が圧縮され，需要という概念を生じさせる。**供給**と**需要**という用語は，このように，動詞（関係している人たちの活動を表わす）を名詞に変えるプロセスの結果として記述することができる。この言語学上のプロセスは，動詞の「名詞化」と呼べるであろう。これらの人たちの活動は，それぞれの命題のそれぞれの関係（または述語），または活性化されたそれぞれのスキーマの関係である。

　ルメルハートによれば，スキーマは命題のように表象することができる (Rumelhart, 1980 ; Rumelhart & Ortony, 1976)。その中心に，**関係**，ここでのケースでは「供給する」がある。それは，埋められるのを待っている数多くの

スロットをもっている。それを埋めるのは，たとえば，何かを申し出る**行為者**（actor）によってか，または何かを必要とする**受け手**（receiver）によってか，それとも**物**（商品［wares］）によってなのか，あるいはそのほかの便宜的なその時，その場の何かによってである（フィルモアの格文法も参照されたい，Fillmore, 1968）。もし私たちが，今，両方のスキーマ（供給することと需要があること）を接続詞によって結びつけると，**需要**と**供給**という経済学的に重要なスキーマが得られる。これは**ひとつの新しいスキーマ**であり，新しい知識が構築されたこと，すなわち**学習**されたことの信号である。

認知的学習とは，ほんとうにそんなに込み入ったプロセスなのか？　という疑問がわくかもしれない。しかし，ここで詳しく記述したことの多くは，現実においては速やかにまた簡単に進行する。ここでの私たちの目的は，テキスト文の学習に関連したスキーマが，どのようにして，予備的メンタルモデルのなかで活性化された先行知識から発達してくるのかを示すことである。私たちは，「バターの最低価格」というテキスト文の一節は，一定量の概念知識があって初めて理解されるものであることを見てきた。「供給」と「需要」という両方のスキーマ（または概念）も，「価格」や「商品の量」というほかのスキーマとの関連において理解されなければならない。このことは，何かを提供したり必要とする行為者たちとの具体的な結びつきを通して初めてなされる。こうして，買い手と売り手の願望や目的が私たちの理解に流れ込んでくる。それがなければ，彼らがどこで一致する（meet）かが理解できない。そして，それぞれの命題は次のように定式化される。

（7）　**一致する**（供給者，需要者，価格）

このことの意味を「一致する」に圧縮するとすれば，その結果は（やはり名詞化した後になるが）**一致点**（meeting point）ということになろう。これは「市場または均衡価格」と等しい価格の形で表わされよう。ここでふたたび，命題（7）に含まれる意味は，ある**特定の言語学的変換**（私たちは，それに対して「名詞化」という言葉をつくり出した。やはり Aebli, 1978, 1981 を参照されたい）と平行関係にあることがわかるであろう。そうした変換は，明らかに，私たちの思考や学習において完全に独立して生起する。

本節で述べてきたことをふり返ってみると，次のことがわかる。すなわち『バターの最低価格』という目の前のテキスト文を処理するためのメンタルモデルにおいて，ただちに使用されることになる，まったく新しいスキーマが構築されたことである。そこで，以前の結果は，概念的結合の構築に対してのピアジェの術語では十分でないことを示している点に留意すべきである。ピアジェ的に言うな

ら，**理解**とは，既存のスキーマを通してのテキスト文情報の同化（assimilation）である。ただし同化への抵抗がない場合である。他方，**学習**とは，同化への抵抗に対する反作用であり，既存のスキーマの調節（accommodation）である。しかし，このことについては，学習はスキーマの単純な同化ではないこと，それは調整であり，メンタルモデル内のまったく新しいスキーマの構築であるということが明らかになる。

10.5　図の読み取りとメンタルモデルへの統合のしかた

　このテキストの著者が価格決定の節につけた図（図10-2c）については，そらが「価格決定」のメンタルモデルの構築に対してどんな影響をもつかという，学習心理学にとって大きな関連性をもつ問題が出てくる。その図には，次のような3つの影響が考えられる。①テキスト・ベースに対する影響。つまり，読み手は図のなかにテキスト文で述べていることがらを（再）発見する。テキスト文の

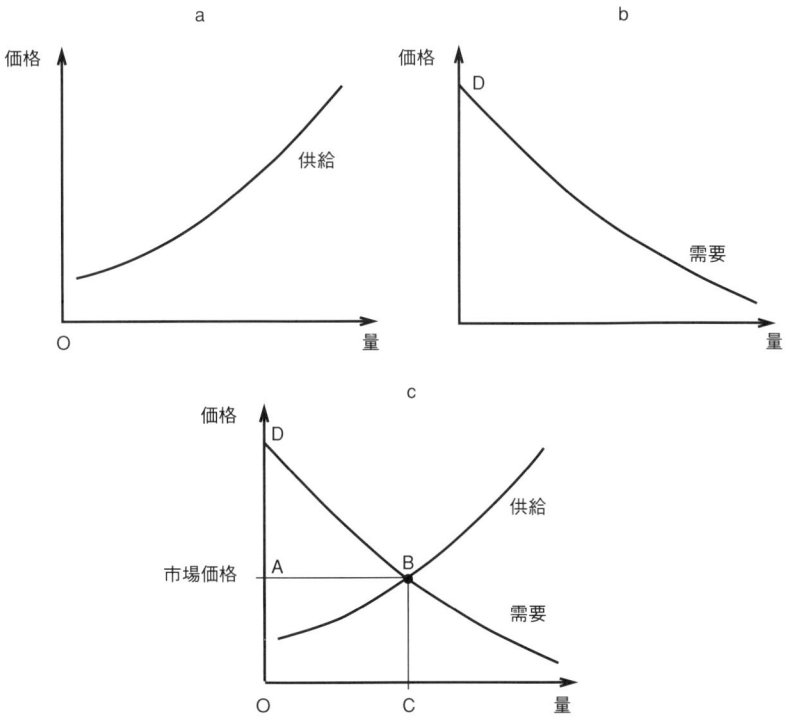

図10-2　需要と供給（Frey,1981, p.33）

構造と図とは，互いにマッピングし合うのである。②読み手の先行知識への影響。つまり，図の構成要素は，それぞれの知識のスキーマを活性化するための検索手がかりとなる。③メンタルモデルの構築への影響。すなわち，テキスト文情報の精緻化と読み手の先行知識への統合に影響する。その際，図に示された空間的関係を介して，テキスト文中の個々の文の意味（またはそれぞれの命題）を結びつけるのを助ける。このことによって読み手は，いっそう大きな結合を把握し，それらをメンタルモデルのなかに統合することができるのである。

　私たちは，概念駆動的な仕方で図を分析することによって，そこから多くのことを引き出すことができる。ただ，必要な**概念的スキーマ**や特定の**図式的スキーマ**が，私たちの**知識構造**のなかに備わっている限りにおいてである。たとえば，図式的スキーマについては，曲線に含まれる情報を処理するための**局所スキーマ**のみならず，横軸と縦軸をもつ座標系を読む（＝操作する）ための**全体的スキーマ**が必要である。ここに示されている図では，経済的現実について私たちが知覚していることとはなんの類似性もない描写を私たちは扱っていることになる。これは，そこに示されていることがらを理解し統合するために，日常的知覚スキーマに頼ることができない，という欠点をもっている。横軸（x軸）と縦軸（y軸）は，それぞれ，商品の量と価格を描いている。量と価格との間の関係は（わかりやすくするため）2つの別々の部分に示されている。1つは売り手側の立場（図10－2a），もう1つは買い手側の立場（図10－2b）である。図10－2aは供給側の曲線を示している。主要なのは，この曲線上の**単一の異なる点**が**個別に**焦点を合わされ（第1次情報抽出，Wainer, 1992），そして**相互に比較**され（第2次情報抽出），そして個々の点の間の関係が記述されることは重要である。たとえば，もし，**供給曲線**の右上末端を見れば，この末端が縦軸の高い価格に，そして横軸の大きな量に対応することがわかる（第1次情報抽出）。この視空間的二重関係は，テキスト文「売り手は最初に高い価格を要求し，その価格で大量の商品を売ることを意図する」に対応する。このように，その図は何かをイラストで示すという**表象機能**をもっており（Levin, 1981; Levin & Mayer, 1993），その何かはもちろん，私たちが図に期待するものである。学習プロセスに関しての図の効果は，読み手が読んできた要素が，その図のなかにまたあるかどうかを自分がチェックすることができるというところにある。これは，テキスト文と図の両方を読み手自身が理解するための，一種のフィードバックを与えている。ここでのケースでは，図が知識の"二重縫い"の機能を果たしている。すなわち，図は冗長な情報源として働くことによって，すでに学習したことを反復する（Ballstaedt, Molitor, & Mandl, 1987）。しかし次に見るように，図は情報の保持と検索の面で，さらに大きな役割を演じることがある。

10.5 図の読み取りとメンタルモデルへの統合のしかた

だが，図10-2aの解釈はまだ完了していない。供給カーブのもう一端の点は何を意味するのであろうか？（ふたたび，第1次情報抽出）左下隅の1点は，売り手がそうした低価格では，何も売りたくないことを意味するであろう。この曲線に沿っての最も重要な点，たとえば2つの終点と中央の1点，についての適切な説明ができれば，ある人が，事実上，曲線全体を理解したことを証明するのに十分であろう（第2次情報抽出）。そうして初めて，テキスト文と図は構造的にマッチする点に到達するのである。あるいはブルーナー（Bruner, 1966）が言うように，同じ構造的要素が心像的も象徴的（言語的）にもはっきり描かれるのである。

需要曲線にも同じ手順を使うことができるかもしれない。曲線の始点になる左手上のコーナー（図10-2b）では，縦軸上の高い価格は，横軸上のゼロの量に対応する。消費者はこんな値段ではけっして買わないであろう。一方，曲線の右端の点は，消費者がこのような安い値段なら喜んで多量に買うことを示している。私たちは，両方の曲線に対してつけられた言葉の説明を，それぞれの曲線上の一定の点と結びつけることができる。

では，このテキストの著者がしたように，この2つの曲線を結合してみよう（図10-2c）。まず供給曲線を見る。売り手は高い値段で大量の商品を提供したい（「供給曲線」のほぼSの高さで）。その点の左方向をまっすぐ見ると，需要曲線のある1点にぶつかる。この点に対応する2つの点，つまり縦軸上の点と横軸上の点である。その2点は，それぞれ商品の値段と量を示す。これらのことはすべて，テキスト文で述べられている「他方，買い手は，売り手が思っているような値段では大して買いたいとは思わず，非常に低い値段を言う」という陳述に対応する。この2つの曲線の**比較**は，ウェーナー（Wainer, 1992）のいう**第3次情報抽出**である。それは，視線を供給曲線の1点から，需要曲線上のそれに対応する点に移し，そこから左手を向き，値段を見て，下方の量を読むことを示している。これが，発達的視点においてであるが，ピアジェの言う，知識の構成における**再中心化**または**脱中心化**である。彼はこれを結合のプロセスの基本と考えた。彼にとってそれは，すべての構造的発達にとって中心的なものである。

図やダイヤグラムについての経験をもつ人ならだれでも，**脱中心化**とは何かが容易にわかるであろう。しかし，初心者は図の処理のしかたについてテキスト文のなかのヒントに頼るか，チューターに助けを求めるであろう。換言すれば，図を読むことは**自己調整的**または**他者調整的**な**知覚的活動**を必要とするのである。

曲線上の低い点を一見すれば，供給と需要の関係，というよりむしろ，その点における売り手と買い手の願望と目標について，はるかに多くのことがわかる。需要曲線を左から右へ読んでいくと（知覚的活動），その終点は「買い手は……

とても低い値を言う」という陳述に対応することを発見する。供給曲線の左手下方へ脱中心化することは、そうした低い価格では、自分の商品をとても売れないと考える売り手の目標をはっきりさせる。買い手が出した低い価格では、供給曲線の下方左手コーナーは、実際には売られる商品はゼロであることに対応する。このことは、テキスト文にははっきりと書かれてはいないが、図から読み取れる。これは、視覚的または図的なものがなぜ**文字で書かれたものに勝っているか**の1例である。

　私たちが、このようなダイナミックな形で図を処理または読むときは、常に、その図の**体制化機能**に気がつく（Levin, 1981; Levin & Mayer, 1993）。つまり、図は（私たちが目を動かすとき）、ほぼ即座に関連性を提示してくれ、テキスト文ではできないようなしかたで、重要な事実を体制化するのである。このことは要するに、メンタルモデルが発達する際、精緻化プロセスがどのように働くかを示すものであろう。

　しかし、私たちはここで、主要なことを忘れてはならない。このテキスト文の著者の目的は、読者に、経済学的に重要な**市場価格**または**均衡価格**という用語を説明することである。一方、私たちの（学習心理学的）目的は、それぞれの経済学用語のメンタルモデルがどのようにできあがるか、を見ることである。私たちの目的のほうが達成するのはいくぶんむずかしいかもしれない。しかし、そうすることで、メンタルモデルがつくられていくときに働いているマイクロ・プロセスが実際にどのようなものであるか、という重要な洞察を得ることができる。

　現実社会の市場では、売り手は絶対に**売ろうとする**ことは明らかである。だから彼らは「価格をいくらか下げることで2回目の交渉を行なう」のである。供給曲線上の上方終点とB点の間を見ると、価格が下げられた点が発見できる。水平に左方向に目を移してみよう。需要曲線上の対応する点から、買い手の買い気について、あえて次のような説明をしてみよう。すなわち、価格は買い手が明らかに買いたいと思う商品の量に関係するが（横座標上のゼロとCの間のどこかの値）、この量はけっして供給曲線上のそれぞれの点（より低い価格の）と関係する量ではない。売り手と買い手が心に描いた量における、この**違い**は、（正確でないにしても）横軸上ではかることができ、テキスト文が**過剰供給**と述べているものである。このことは、図というものの**解釈機能**を示す例である（Levin, 1981; Levin & Mayer, 1993）。すなわち、私たちは空間的な手段を通してひとつの要素、この場合は過剰供給、を解釈し理解できるのである（こうした可能性を発見した今、私たちは適切な値を図のなかに書き込むことができる（それは図10-1のBとCの2点を結ぶ直線である）。

　図というものの構造的マッピング・プロセスのために、**過剰供給**という概念は

10.5 図の読み取りとメンタルモデルへの統合のしかた

メンタルモデルのなかに**アナログ**様式で示される．すなわち，供給の増加または減少のような「可視的」空間的関係は，そのままの形で残る．メンタルモデルのなかでのこの情報の検索は，もっぱら記述（およびそれぞれの内容を含む命題）を通して行なわれるのではなく，そのモデルのアナログ的表象を通して，言わば計量的に**直接**行なわれる．ここでふたたび，情報をグラフ的に提示する力の面で，図はテキスト文を上回り，学習者に対して概念的情報への直接切符を与える．ほかにも，たとえば**過剰需要**のような，同様にアナログ様式で表わすことができる用語がいくつかある．このことによって，もし買い手がより多くの商品をほしいと思うなら，より多く払う覚悟をする（供給曲線のほうへの脱中心化する）必要があることが明らかになる．そして，もし売り手がもっと多量に売りたいと思うなら，彼らは自分たちの価格を需要と見合うように変えなければならない．しかし，どこまでやらなければならないであろうか？　答えは複雑になるだけであろうが，グラフを用いて証明すると，より簡単である．ここでふたたび，私たちは図というものの**体制化機能**を見ることになる．両方の側の一致点，すなわち彼らの利益と妥協が一致する点は，ふたつの曲線交点にある．すなわち，B点はこの事実を含み，「市場価格または均衡価格」を示している．この概念を理解するためには，需要側の価格，供給側の価格，および（商品の）量をめぐる取引全体の仕組みを理解しなければならない．もし読み手が脱中心化を含む**比較**をしたのなら，すなわち図の**体制化機能**を適切に使い，そうした図的知識を言葉に変えることができるなら，おそらくその仕組みを理解したことになるであろう．

　上に述べた知覚活動は，ここでのテキスト文のなかではただ暗黙的に存在するだけであるが，テキスト文を理解するうえで何より大切であり，個人指導者や教師にきっかけを与えてもらわねばならないであろう．このように，図というのは，確立さるべきメンタルモデルの統合的アナログ部分として有益である．ただそれには，図本来の「読解プロセス」，すなわち概念的な知識要素を結びつけるために行なわれる，その個々の知覚活動が，十分に確立できていなければならない．この活動はいわゆるグラフのスキーマ，たとえば「2次元座標系を理解する」ためのスキーマや「座標系における曲線」を解釈するためのスキーマ（前を参照）の重要な部分である．それぞれのスキーマの**手順的構成要素**は，非常に特殊な**手順的知識**を活性化させる．この知識がない人，すなわち，この手順上の**先行知識**が欠けている人は，どんな明確なテキストであっても，ただ図を**ながめる**（view）だけで，それを実際に**見切ったり**（see），深く理解（comprehend）したりすることはできない．その図は結局，常に**なぞ**のまま残るであろう．換言すれば，図の組織化機能も解釈機能もけっしてはっきりとはしてこないであろう（しかし，これは一般的に，図やグラフのあらゆる機能に対しても言えることで

ある。Levin, 1981; Levin & Mayer, 1993 ; Schnotz & Kulhavy, 1994をとりわけ参照されたい）。

　以上の説明で，「グラフ」，「図画」，または「視覚化されたもの」の最も重要な要件がはっきり示された。もちろん，私たちの視覚線上に置かれたものすべてが，真に洞察に満ち，深い理解に役立つわけではない。図とはさまざまな要素間の多数の連合（ブルーナーの心像的表象）を表わしたものである。しかし，それらの要素は本質的にまったく静的なものである。学習者だけが，自力によってか，または外部からのなんらかの刺激により，それらの要素を，それらの連合が明確で理解可能なものになるような密接な時間的・空間的範囲に置く（前述の脱中心化を介して）ことによって，ダイナミックなものに転換できるのである。そうした**特異な知覚活動**は，視覚化された結合を**見切ること**（seeing）や，ゲシュタルト心理学者たちが問題解決や**洞察的学習**のために定立したような**自己の知覚野を再構造化すること**のためには必須である（第14章参照）。

　図やイラストの力動化（dynamization）は，それらの主題が物理的な物であったり，組織化や生産のプロセスや化学的プロセスなどのようなものであるときに，いっそう明らかになる。これらの場面では，力動化は，ドゥ・クリエールとブラウン（De Kleer & Brown, 1983）が呼ぶところの**心的シミュレーション**，より正確には**質的シミュレーション**（qualitative simulation）となる（たとえば，機械の動きや流れ作業図の連鎖など，Steiner, 1997を参照のこと）。それが不可欠となるのは，たとえば，技術的ダイヤグラムが，どのパーツが動く部分で，どのパーツが静止または固定されている部分かを描いている場合とか，動くパーツの動きが置き換えなのか，それとも，ある点や軸を中心にした回転なのか表示している場合である。

10.6　テキスト文からの知識習得における具体的なプロセス

　これまで私たちは，テキスト文からの**学習**のほかにテキスト文の**理解**ということを，とくに強調してきた。これには十分な理由がある。というのは，多くの研究者たち，とりわけ キンチュ（Kintsch, 1988, 1992, 1994）は，「堅固な理解は，情報の保持と知識の獲得にとって大切な必須条件であることを，既存の実験的諸研究が証明している」と解釈しているからである。私たちは，テキスト文から学習するということは知識習得であると考えた。以下では，私たちは注意をもう1度，**知識の獲得**と**知識の保持**を促進するプロセスに向ける。このプロセスは①**精緻化**（elaborative），②**縮減化**（reductive），③**メタ認知**的（metacoognitive），という3つのグループに分けられる（Ballstaedt, Mandl, Schnotz, & Tergan, 1981;

Resnick, 1985 ; Mandl & Friedrich, 1986, 参照)。**符号化プロセス**（とくに**意味的符号化**）と**検索プロセス**も，これらの3種のプロセスのなかに見い出せるであろう。

◆精緻化プロセス

　私たちがすでに見てきたように，先行知識の要素は，テキスト文の理解の際に活性化され（スキーマやスクリプト，すなわち認知構成の建築ブロック），転じて今度は，読んでいるときはテキスト文情報と相互作用する。先行知識（すでに学習者のなかに存在する認知構造）とテキスト文のなかの新しい素材との結合は，ごく意識的に起こることが多く，その際に作動しているプロセスは**精緻化プロセス**と呼ばれる。すなわち，テキスト文の情報は，先行知識のなかのぴったり合った要素と結合されることによって**精緻化**される。その先行知識は，その情報をあれこれの方法で拡張（**精緻化**）する。

　そうした精緻化は，一部分は不可欠なものであり，また一部は補足的なものである。教科書というものは，読み手がテキスト文を理解するために調達しなければならない，一定レベルの知識を想定している。この種の精緻化は"古いもの"と"新しいもの"とを結合する。そこで，精緻化（すなわち先行知識との結合）が濃密で変化に富んだものであればあるほど，知識の獲得はより成功すると言えるであろう。キンチュ（1994）はさらに1歩進んで，**テキスト文の再産出**やテキスト文からの**有用な学習**（usable learning）について述べている。すなわち，応用可能な知識がテキスト文から検索できるのは，相当数の先行知識が活性化される場合や，このようにして得られたテキスト文情報が，既存の知識に高度に統合される場合に限られるというのである（McNamara, Kintsch, Butler-Songer, & Kintsch, 1993参照）。1968年までさかのぼると，オーズベル（Ausubel）は，学習を成功させるには新しく学習した素材を既存の知識に係留する（anchoring）ことが必要であり，またこのプロセスでは，先行オーガナイザー（advance organizor）が有用であると述べている。

　濃密で変化に富む精緻化の有効性は，おそらく，知識要素の再生や再構成を助ける部分的知識構造の利用可能性であろう。換言すれば，これらの部分的知識構造は検索の手がかりの役割を果たしている。

　効率的な学習の意義は，学習の開始時に（また，その作業中においても），できるだけ多くの先行知識が利用でき，そのため徹底した精緻化プロセスが行なわれることである。ボールステッドら（Ballstaedt, Mandl, Schnotz, & Tergan, 1981）は，この目的のために，次の3つの行為を適用することを提案している（後に，私たちのテキスト文の例に適用してみることにする）。

第10章 挿し絵入りテキスト文からの学習/メンタルモデルの構築

1 予備的質問：価格決定について知っていることは？ 需要と供給については？ 過剰バター生産については？ 農業生産問題における政府の立場については？ こうした系統だった質問は，ディークホフらも示唆しているように，重要な概念的用語の地盤を準備するのに役立つ（Diekhoff, Brown, & Dansereau, 1982）。

本書における各章の「はじめに」は，先行知識を活性化するという目的で書かれているが，質問形式ではなく，むしろ，それぞれのテキスト文中に現れる学習心理学用語や概念を簡潔に説明している。たとえ全部は理解できなくても，各章の末尾にある「この章のポイント」を**前もって**読むことでも，同様な効果が得られるであろう。

2 精緻化するために先行知識を活性化するもうひとつの方法は，読み手の好奇心を高めるような情報を示すことである。たとえば，何か目を見張るような，またはびっくりさせるような何かをほのめかすとか，先行知識とそうした情報から出てくる期待（たとえば"学習された心臓発作？"のような見出し）との間に**ズレ**をつくり出したりすることである。そうした行為は，教授学の文献では，学習の動機づけを図る方法としてよく知られている（たとえば，Copei, 1950；Wagenschein, Banholzer, & Thiel, 1973；Neber, 1973；Brunnhuber & Czinczoll, 1974などを参照のこと）。質問をしたり，認知的な不協和をかき立てたりすると，たぶん，概念的レベルで，すなわち情報処理の高いレベルで，先行知識を活性化するであろう。

最初のこの2つの精緻化プロセスは，読み手が先行知識のスキーマを構築し，そこから予測を組み立てることができることを意味している。私たちがすでに見たように，この構造は，ナイサー（1967）の「統合による分析を介してのテキスト文理解」のモデルに見られる統合プロセスに対応するものである。

3 3番目の可能性，すなわち**視覚イメージの生成**の可能性は，情報処理のより低い，より繊細なレベルで起こる。すなわち，情報の符号化や解読とか再符号化などのマイクロプロセスに影響する。個々の言語要素や語の対を学習するための視覚イメージの威力は，かなり広範囲に研究されている（Paivio, 1971, 1986, 1991; Bower, 1972を参照のこと）。また，この威力は，たとえば問題解決の際のようなはるかに入り組んだ言語情報のコンテキストにも発見できる（Steiner, 1980；Kosslyn, 1980）。また，それはテキスト文の精緻化

10.6 テキスト文からの知識習得における具体的なプロセス

の際にも存在する。しかし，その恩恵を受けるのは，多くの場合，まったくの初心者（子どもや10代の若者など）のようである。その理由は，成人の場合，自分の基本的認知プロセス（あるいは，イメージしているときに働いているようなマイクロプロセス）を変えることがきわめて困難であるからと思われる。

◆縮減化プロセス

精緻化によって先行知識を活性化することは，作動記憶に過重負荷をかけることになりかねないほど情報の全体量を増大させる。教科書のテキスト文だけでも学習すべき情報に満ちている。情報を通して作業することは，たとえ精緻化された情報であっても，荷物過多の形で偶発する。実際，作動記憶の容量が限られているために，そうしたことが起こらざるを得ないのであろう（第11章参照）。人間の情報処理システムは明らかに，大量の情報を**圧縮**ないし**凝縮**しようとし，また実際それができる。とはいえ，これらのプロセスは，学習している人に対して，かなりの建設的努力を要求する。

明らかに，教科書に含まれている情報の量は，貯蔵を可能にするためには相当圧縮されねばならない。本章全体を通して，**理解**についての説明で，私たちは次のように述べてきた。すなわち，複雑で，意味を付与する構造（リンクされたスキーマ）は圧縮され，それから，ある人がテキスト文を処理する間，持ち運ばれ，そして単純な要素（意味の流れにおける要素）として想定される。そうした要素は，必要ならばいつでも（再）開封（〔re〕unfold）され，習得のときのままで，つまり詳細なテキスト文情報として，利用できるようになる。この結合された意味要素（意味的ネットワークの一部）の圧縮に対して，エイブリ（Aebli, 1978, 1981）は**具象化**（objectification）という言葉を使っているが，その意味は，ひろい構造も，ある観点から見ると，より小さい情報片（チャンク）あるいは，それ以上の意味的結合のための具象にすることができるということである。これは作動記憶の負担を大いに軽くしてくれる。というのは，情報のチャンクが，今度は言葉のタグ（本章のテキスト文の例では，"供給"など）をつけて長期記憶に移されるからである。このようにして，それは貯蔵され長期記憶から検索される（Steiner, 1997）。

テキスト文情報の縮減化は普通，**縮減化プロセス**を通して直接行なわれる。最も簡単な形は，読み手の目的と関係のない内容を**除去**することである。情報を除去するというのは，一種のマイナス手段であり，読み手の目的にとって重要と考えられる情報の**探索**や**同定**，**獲得**などとは反対のことがらである。

そのほかの縮減化プロセスは，認知的にもっと厄介で，複雑なコントロール活

動を必要とする。たとえば，上位の用語への**包含**（subsumation）や限られた語数による言い換え（paraphrase）（それ自体が構成立プロセスであるが）などがある。抜粋の形でテキスト文を**要約する**作業は，注意深く行なわれなければならず，テキスト文のなかの何が重要かということに対する感受性を要求される。それは普通，読み手の先行知識と個人的目標だけに基づいて決定される。

　この縮減化は，何かを学習しようとがんばっているおとなたちにとっても，大きな問題である。そのことは，彼らがテキスト文中の情報に重要度を示すためにマーカーで印をつけたり，アンダーラインを引いたりする（こうして情報を圧縮する）ときに見られる。あまりに多くの部分に印をつけすぎて，学習の効率を高めるためのほんとうの縮減がなされなくなることもよくある。大きな意味単位を数少ない単語やただ1つのキーワードに圧縮することも，学習され，訓練されるべきことがらである。

　研究的文献は，情報の縮減のための規則に関する研究のよい例を含んでいる。だが，ここではこれ以上そのことにはふれず，ヴァン・ダイクやブラウンとデイ（Van Dijk, 1980 ; Brown & Day, 1983）の手法の推薦にとどめておくことにする。

◆貯蔵と検索

　そのような凝縮された情報の貯蔵について論じる場合，先にふれた精緻化プロセスがやはり関係してくる。このプロセスは新しい（凝縮され圧縮された）情報を先行知識に統合するときに役に立つ。たとえ，この統合がただちに成功しても，学習プロセスはまだ終わっていない。なぜなら，私たちは理解され，貯えられた要素を，実際に検索できるか確信できないからである。たとえば，もし学習者が試験の準備をするときとか（第7章），あるいは自分の職業で遅かれ早かれ使うために何かを学習したい場合，彼はまず自分がどれだけの知識を記憶しているか，そして自由に再生できるかどうか（つまり手がかりに頼ることなく）をチェックしなければならない。

　このこととの関係で忘れてはならない1つのことがらは，テキスト文からの学習のような，より高度の学習プロセスが成功するかどうかは**反復**（repetition）にかかっているということである。たった1度読み通しただけで，すべてのだいじな内容を貯蔵し，思いのままに再生できる読み手はほとんどいない。だから，後の再生のために，概念的内容を純粋に機械的手段で訓練しなければならないこともあると考えてよいであろう。

　ここでの経済学のテキスト文の場合，最も重要な語，たとえば**統制価格，過剰供給，生産の縮小，価格助成金，消費者価格，生産者売上高**などを1枚のカードの片面に書き，その裏面にその定義を書くなど，その語を学習するために，カー

10.6 テキスト文からの知識習得における具体的なプロセス

ドの両面を使うなどの方法もよいであろう。その語の厳密な意味が学習されるのではなく，むしろ，それを説明しているテキスト文が学習される。もちろん，この学習方法は，学習者がある程度理解していることを前提としている。たとえば，『バターの山と政府の統制手段』というテーマが，講義のトピックになっている場合もそうであろう（第11章のカード方法による能率的学習というトピックのところで，この問題に立ち返る）。

私たちの学習目標について言うと，学習すべきことを，本質を保ちつつ，字義通りに，またはそれに近い形で反復できるような，少数の**短く**，かつ**内容豊富な**文章に圧縮することも可能であろう。以下に例をあげる。

1 バターの山とは，消費者が，支払いを望まない統制価格または最低価格を政府が維持しようとすることから起こる，バターの過剰供給のことである。
2 統制価格とは，生産者すなわち農業者のために，最低収入を確保してやるために設定される。
3 政府が過剰製品（バターの山）を買い上げたうえで，それを売ったり破棄したりする。その欠点：納税者は国家が買った過剰供給物の代金を払わなければならない。
4 政府が生産を減らすことを要求する。その欠点：農業者の収入が減る——2の反対。
5 政府が価格助成金を払う。その欠点：納税者は生産者と買い手の取引高の差額に対して負担しなければならない。

私たちはまた，学習した概念的背景は頭に入れておくが，図10-1をアナログ・モデルとして暗記することもできるであろう。そのためには第1に，前に与えられた概念はその図のなかに示されていなければならない。第2に，図の要素には名前がつけられ，必要ならば説明がつけられる。後者は明白な**検索練習**と呼べるかもしれない。こうして，学習者によって選ばれる課題は，「図10-1のパス（path）と範囲の名称をいい，その原点を説明せよ！」となるであろう。

OM	OE	ONGM
OA	AC	OFBA
BC		OEAC
OH		OEDH

この図のなかの要素は，さらに進んだ再構築プロセスのための手がかりとしても役立つであろう。そのプロセスを通して，学習者は自分の知識を（実際の，

または実際に似せた）テスト場面のなかで証明することができる。図をこのように使うということは，レヴィンの第4の機能，すなわち**変換機能**に対応する（Levin, 1981; Levin & Mayer, 1993）。学習者は，言わば図という頭のなかの絵に従い，その絵に対応する陳述を組み立てることによって，自分の考えを絶えず表出するのであろう。

　情報量を減らすことによって，テキスト文情報を保持する，もう1つの方法は，内容豊富な文章をつくる方法と図の使用との間のどこかに位置する。すなわち，「マッピング」（マインド・マッピングとも呼ばれる）。これは，知識要素とこれらの要素を結合させたものを，特殊な図的ネットワークのなかに空間的に表現したものである。また，学習者のなかにはボックス・ダイヤグラムや，そのほかの空間的な学習方略を使う者もいる（たとえば，Holley & Dansereau, 1984；Pflugradt, 1985 を参照）。そうしたダイヤグラムの構造は，ネットワーク型か樹木型かのどちらかである。他方，最も重要なことは，ネットワークや樹木の結節点（node）を形成する概念が明確に命名された相互の関係をもっていることである。具体的に言えば，「……に従う」「……のひとつである」「……ということになる」という関係は，矢印や線を使って，**命名された連合**（named association）の意味で描かれている（Norman & Rumelhart, 1975）。また，もう一方で，学習者が十分な量の自分の先行知識をマッピング手続きに取り入れることが重要であることを示すデータもある。それが十分ないと，新しい知識と古い知識との結合は適切に行なわれず，検索や再構成が困難になる。

　前に述べた縮減化と精緻化の方法の両方に関して，ひとつ忘れてはならないことがある。これらの方法は質の高い技術で，それを獲得するには，学習者は，徹底的な自己訓練（自己教育への高度な要求）だけでなく，自分自身の学習方略を改善しようという，全般的な意欲と動機づけの両方が必要である。おとなの学習者は普通，自分の学習方略は十分すぐれたもので，信頼に値するから，修正する必要はないと考えている。このため，それは理解できないことでもないが，彼らは，大きな努力を払ってでも自分の技能を最大限に伸ばそうというような気持ちはない。実際，私たちは，ほぼすべての大人たちの長い学習の歴史を思い出さなければならない。その歴史が，彼らを，そして情報を処理したり貯えたり検索するために使われる，彼らの認知メカニズムを形成してきた。このことが，何につけても，変化を加えることを非常に複雑で困難な問題にしている（高い**変化への抵抗**；Pflugradt, 1985参照）。

◆メタ認知プロセス

　テキスト文からの学習をするために，間欠的にであろうが，系統的であろうが，

10.6 テキスト文からの知識習得における具体的なプロセス

精緻化プロセスまたは縮減化プロセスを使ったことのある人は，だれしも，多かれ少なかれ，意識的に自分自身の学習能力に向き合う経験をしてきている。学習，思考，知識の習得および問題解決技能を中心とする思考プロセスは，**メタ認知プロセス**である。これが，テキスト文からの学習に，多かれ少なかれ，直接的な影響を与える第3番目のプロセスである。もし，学習プロセスを「学習することの学習」という意味で改善しようとする場合、大半の研究者は，ただ単に方略を学習するだけでは十分ではないことで，意見の一致を見るであろう。そうではなく，これらの方略をコントロールしたり統制するプロセスを知らなければならない（とくに，Fischer & Mandl, 1983；Weinert & Kluwe, 1983参照）。とくに，子どもにおけるメタ認知的知識の発達に関心を寄せるフラベル（Flavell, 1978）にしたがって，ここでは次のことを取り上げることにする。**①自分自身についての知識**（いわゆる個人変数で，たとえば自分が知っていること，やれると感じていること，学習における自分の長所と短所など）。**②課題についての知識**。たとえば，どの課題がやさしいか，あるいはむずかしいか（課題変数）。**③採用すべき認知方略についての知識**（精緻化プロセスと縮減化プロセスの分析を参照）。学習を促進し，能率を上げるのに役立つメタ認知プロセスは，いまや実際上，先にふれたさまざまな変数へ向けられている。フラベル（1978）とは対照的に，ブラウン（1978）は，その人自身の認知活動の**実行プロセス**はかなり強力なものだと考えている。彼女の意見では，学習の技能はただ単に具体的な学習課題に取り組む方略を教えることによって発達させられるものではなく，とくに，計画立案，時間的構造化，および大局的に見て，協調（doordinating）などを与えてくれる**コントロールメカニズム**と**調整メカニズム**を教えることで発達するものとしている。多くの研究が示してきたように（Brown, Palincsar, & Armbruster, 1984；およびMandl, Stein, & Trabasso, 1984を参照），メタ認知的モデリングのプロセスは，訓練することも応用することもできる。しかし，おとなにとっては，自分たちの長い間ふみかためられた学習の通路を，大きく変えたり再編したりすることは困難であるということも示された。

❖この章のポイント
テキスト文理解について
1　テキスト文からの学習は，それぞれのテキスト文情報の理解が前提である。
2　一般的に言えば，理解するということは，テキスト文の新しい情報を首尾一貫して（矛盾することなく）既存の先行知識構造に統合することである。
3　理論的背景次第で，理解というのはさまざまな方法で考えられる。統合による分析プロセス（Neisser, 1967）による理解，新しい情報が同化される

先行知識の活性化されたスキーマに基づく理解，テキスト文の命題（すなわちテキスト文の意味単位）の加算と考える立場，および，総体論的メンタルモデルのなかに意味単位を統合する立場などである。

4　命題とは，文の意味を表わす意味論的単位の仮説的構成概念である。いわゆる述部論理のモデルによると，命題は1つの関係と，少なくとも1つ，ふつうは数個の概念的要素（項）から成っている。関係とは項を結びつけるものである。

5　より大きな意味的コンテクスト（テキスト文理解における意味の流れ）は，項の重なり，あるいは全命題を新しい項（要素）に圧縮することによって生じる。その新しい項は，後にテキスト文に出てくる命題に組み込まれる。

6　テキスト文全体の意味は，命題のリストで叙述することができ，そのリストはいわゆるテキスト文の基部を形成する（Kintsch, 1988, 1994）。

7　スキーマもまた意味単位の仮説的構成概念である。それらは既存の知識構造の一部を表わす。ルメルハート（Rumelhart, 1980）によると，スキーマとは意味ネットワークの活性化された部分である。

8　スキーマ理論によると，スキーマは，先行知識がスキーマの形で活性化され，新しい情報がこれらのスキーマに同化される限りにおいて，理解のための組織化単位または建築ブロックである。テキスト文は，同化への抵抗なしに可能な場合にのみ理解される。

テキスト文からの学習について

9　テキスト文からの学習とは，テキスト文を理解する以上のことを意味する。すなわち，スキーマをテキスト文情報の細部に適応させることも含んでいる（同化への抵抗にうちかつためのスキーマの調節）。そしてそれは，まったく新しいスキーマの構築だけでなく，既存のスキーマをより高次のスキーマにリンクすることも含む。これらは，メンタルモデルの構築を成り立たせているプロセスである。テキスト文理解やテキスト文からの学習は，利用できる先行知識のレベルと学習者の個人的目標の両方に大いに左右される。

10　テキスト文からの学習は挿絵や図によって支えられる。挿絵もまた，理解されてメンタルモデルに統合されるべき情報を表わしている。挿絵はテキスト文情報の理解を促進し，先行知識を活性化する引き金として働き，4つの機能を介してメンタルモデルを確立するプロセスを支えることができる（以下を参照）。

挿絵（図）の処理について

11　挿絵（すなわち図）は4つの機能をもっている。
(1) その表象機能によって，テキスト文の要素を視空間的に示す（反復効果）。
(2) その構成機能によって，関係性を確立する（時には脱中心化によって）。
(3) その説明機能によって，言葉で表現することが不可能でないにしてもむずかしい事柄を表現することができる（たとえば難しい概念や関係）。
(4) その変換機能によって，貯蔵の目的のための再符号化を行なう。

12　図を読むということは，典型的なグラフのスキーマだけでなく，概念スキーマも利用できることが前提となる（それぞれの手続的知識とともに）。スキーマは，本質的には静的な性質であるため，図の理解や図からの学習にとって，「力動化」を必要とする。これは知覚活動の協調的使用によって行なわれる（脱中心化）。

13　図は『バターの山と政府の介入』のメンタルモデルを再構築するための基礎となることができる。それのどの単一の要素も検索手がかりとなる。

14　メンタルモデルは情報を命題的・アナログ形式で含んでいる，ひろい知識構造である。

特殊な貯蔵と検索について

15　テキスト文からの知識の獲得は，精緻化プロセス，すなわち新しい情報を既存の知識に結合させるのを助けるプロセスが必要である。例としては，事前にテキスト文を構造化する質問と考察（たとえば，タイトルに基づいて），読み手の好奇心をそそるテキスト文中の具体的な語句やギャップ，そして読む前と最中の視覚的イメージの生成などである。

16　膨大な量の情報は，学習の中では減らされなければならない。これは縮減化プロセス，すなわち（重要な）**内容の圧縮**，**削除**，および**選択**などによって最もうまく行なわれる。どれかの情報の相対的重要性は，読み手の先行知識とその学習プロセスの目的から決められる。

17　情報の貯蔵と検索は多くの多様な方法で行なわれる。すなわち，関連性の高い概念や，それらの定義の機械的マッピングや貯蔵を通して，などがある（その逆もある）。また，内容豊富な文の学習を通してとか，概念および図のそれぞれの要素の連合（1対1のマッピング型）を介してなどの方法もある。

18　テキスト文からの学習において活性化しているメタ認知プロセスの焦点は，学習者自身の学習に合わされている。すなわち学習能力（個人変数）や

自分自身の学習方略の使用(プロセス変数,たとえば貯蔵や検索の方略に関して),および学習すべき題材の特質(題材または課題変数)などがある。

第 *11* 章

語彙の学習／自己制御的・適応的学習

11.1 はじめに

　大多数の人たちにとって，語彙の学習はあまり楽しいものではない。たぶん，その理由は，やみくもに**機械的な**やり方で進めようとし，立ち止まって言葉の背後にある**意味**を考えようとせずに，単語そのものにだけ**集中する**からであろう。しかし，外国語の学習を自分自身の手のうちに収めれば収めるほど，また言葉の意味（meaning）と感じ（sense）に注意を払えば払うほど，語彙の学習はより能率的で，興味深く，意義のあるものになる。ばらばらの単語の対を暗記するのではなく，意味のネットワーク（意味的ネットワーク semantic network）が築き上げられ，語彙はそのなかに統合され，よくでき上がった**検索パス**（retrieval path）を通して再生（recall）されるのである。

　人生の多くの領域では，確かに，さまざまな形の暗記学習（反復学習）が欠かせない。語彙の学習を1例として使いながら，本章では，学習心理学の分野における，そのことの意味合いを実証することにする。

　本章で使われる重要な用語としては，次のようなものがある。すなわち，**適応的自己学習システム**（適応的学習），つまり**自分の学習の進歩（成功の歴史）を評価しながら進める自己方向づけ学習の発達**（それは一定の学習プロセスの個別化を意味する），**対連合学習，心象の生成，クリブ（crib）の構築，手がかり再生（cued recall）と自由再生，反復，**とくに**拡大検索練習**の形の厳格な自己テスト，**系統的学習，選択的学習，意味的精緻化，自己鍛錬，自己強化，**および**学習すべき言語材料の言語的・意味的群化**（clustering）**のような意味的ネットワークの構築」**（いわゆる**語族**の発達を含めて）。私たちはまた，外国語の語彙が，どのように私たちの母語から徐々に分離していき，**外国語の意味的ネットワーク**のなかに統合され，具体個別の手がかりを通してアクセス可能となるのか，そして母語における等価語（equivalent word）とのすべての連環を失うのかをながめてみることになろう。

　外国語の語彙というのは，単に学校だけのトピックではない。実際，私たちの

第11章 語彙の学習／自己制御的・適応的学習

何人かは，全生涯にわたってその学習プロセスを延長しなければならない。**時代に歩調を合わせて**，新聞や専門誌を読んだり，重要な研究者たちの著書を彼らの言語で読むことができるように，である。このような理由から，当該の学習プロセスをより詳しく見てみる価値があるであろう。

もちろん，外国語の語彙学習は，外国語を学習することとそれ自体は同じものではない。が，外国語学習の重要な部分を形成していることは間違いない。

11.2 何が学習されるのか？

◆1つの典型的なテキストブック

例として，アメリカのハイスクール・レベルのフランス語学習辞典で一般的に見られる，次の語や語句を取り上げてみよう（Lübke, 1975, pp.3-4）。

主題：Lumière électrique 電灯

la lampe	the lamp	ランプ，灯，明かり	la <> de poche
le bouton (électrique)	the swich	切り替え，スイッチ	tourner le <>／appuyer sur le <>
allumer	to switch on	スイッチを入れる	<> la lamp／<> le feu／<> une bougie （candle）
éteindre	to switch off	スイッチを切る	<> la lampe／<> le feu／<> la lumière
une ampoule	a bulb	電球，真空管	l' <> fonctionne／changer une <>
éclairer	to light	電灯をつける	<> la lamp <> la chambre
la prise de courant	the socket	受口，ソケット	brancher une lampe sur la <>
le fil électrique	the cable	被覆電線	
le courant (électrique)	the (electric) current	電流	le <> alternatif／un <> de 110 volts
l'électricité (f.)	electricity	電気	une machine qui marche à l' <>
électrique	electric	電気の	le circuit <>
l'énergie	power	電力	l' <> électrique
le centrale	the power station	発電所	la <> produit l'électricité
le barrage	the dam	ダム	un <> sur la Durance （river）
la pile	battery	バッテリー，電池	des <> s pour le transistor
un électricien	an electrician	電気技術者	faire réparer la lampe par l' <>

語彙学習のための3つの教授学的示唆を下にあげてみる。

1. 生徒は左の欄のフランス語を隠し，残りの2つの欄の助けを借りて，記憶のなかからその語を当てる。
2. 生徒は英語訳（中央の欄）を隠し，ふたたびほかの2つの欄を使って，記憶のなかからその語を当てる。

3 生徒は最初の欄のフランス語の語彙を隠し，右端の欄の句を完成する。そこには適切な語の代わりに＜　＞という記号がある。これが，この種の学習辞典を使うときの，最も効果的なやり方である。とくに，語句を音読するとさらに効果的である。

11.3　手がかり再生の学習

◆対連合学習とは？

　上の示唆 1 を使うことが，**外国語の単語の学習**につながる。そこで，その**単語のペア**は**連合**される。すなわち，知っている英語の単語が，学習しなければならない新しいフランス語の単語とリンクされる。学習心理学の分野での研究には，よく知られた言語学習の方式，すなわち**対連合学習**がある。それはたとえば，『WHALE 鯨』と『CIGAR タバコ』(Simon, 1972)のような名詞を対（ペア）にして，暗記的に (by heart) 学習するものである。テストの途中，研究者がその単語のうちの 1 つ（普通，最初の単語）を言うと，被験者はもう 1 つの単語を言わなければならない。しかしそれは，研究者が先生の役割を演じ，被験者が生徒の役割を演じているという事実は別として，語彙学習と同じではないであろうか？　いや，同じではないのである。対連合学習では，異なる意味や音声や字体をもち，それゆえ異なる書体をもった単語要素（または，それらは絵のこともあるので，もっと一般的に言うと項目）が学習される。一方，語彙学習はこれとはまったく異なったものをめざしている。すなわち，通常，**意味の面で同一**であるが，音声と字体の異なる 2 つの項目がリンクされなければならない。

　対連合学習の場合，2 つの項目のそれぞれが，それ自身の**概念的**または**意味的ネットワーク**，つまり，それ自身の**意味論的ネットワーク**をもっている（たとえば，**鯨** whale または**タバコ** cigar に対する意味的ネットワーク）。他方，語彙学習においては，その 2 つの単語は，同じ**意味論的ネットワーク**に対する 2 つの**異なるラベル**を表わしている。したがって，学習プロセスの必要条件はまったく異なる。対連合学習で単語を暗記するのに役立つある方法が，語彙学習にはまったく適用できない。2 つの項目，たとえば lumiere（仏語・光）と light（英）を同時に使って，意味のある文をつくることができないし，また，その語で示されている 2 つの物体はひとつの**視覚イメージ**のなかで結びつけることもできない。このような，2 つの物体を結合して**合成画**をつくる手法は，対連合学習では最も効果的な記憶技術方法の 1 つである（Paivio, 1971, 1983, 1986；Bower, 1972；Steiner, 1980 を参照）。が，この単純な形では，語彙学習には役に立たないのである！　もちろん，私たちは lights, lumiere（灯火）や light（光）といったも

のを想像できる。しかし，その2つの項目の1つを検索する手がかりの役目を務めているイメージは，もう一方を思い出すときに，実際になんら助けとなっていない。一方，対連合学習では，1つの項目，たとえば「鯨」の名前をあげると，それは「タバコ」に対するよい検索手がかりとして働く。たとえば，もしタバコを吸っている鯨の絵が，その対語を学習しているときに，初めから使われていたような場合は，とくにである。つまり，この方法は，フランス語を学習するのに役に立たないことになる。

◆連想を超えて

一般的に，語彙のペアは1つ1つ順に読んでいく単語のなかで，空間的・時間的に近接している，つまり隣接しているものを結合させてつくられる。しかしながら，ほかの要因もまた働き，語を識別しそれらを関連づけるときに，それらは付加的な役割を果たしていると思われる。たとえば，lumièreとlightは両方とも1という文字で始まる。これはその2つの語を学習するとき，とくにそれらの語が「l-ightとl-umière」のように明確に発音されたり，はっきりと声に出される場合には役に立つ特質である。このフランス語の単語が，すでに知っている英語の単語と同じ文字で始まるという事実は，知識として学習者の頭のなかに蓄えられる。これは大事なことである。というのは，この場合1音のほかにどんな要因が，対応する語を検索するための誘因刺激となりうるであろうか？　しかしおそらく，light（光）という語に関連づけられた言語知識は，次のようにもっと詳細なものであろう。「そのフランス語lumièreは，lで始まり，次はuであってi [ai]ではない！　もっと言えば，映画撮影法を発明した人というのはLouis Lumière（1864-1948）なのである！」

次に，the lampとla lampeの場合。la lampeは最後の文字eを除いて英語の対応する語とまったく同じで，ラテン語から来ている。異なるのは次の2点である。①典型的なフランス語流に鼻音調で発せられる，②laという女性冠詞をもっている。これは覚えておくべき重要なことである。名詞の性というのは文法的に重要性をもっているからである。すべてのロマンス語に共通するものである。

◆クリブまたはペグワード記憶

The switch—le bouton（スイッチ）。このふたつの語は，書かれるしかた（文字）においても，話されるときの音の面でも，互いにまったく異なっている。同じことが以下の場合にも当てはまる。switch on—allumer（スイッチを切り替える），the socket—la prise de courant（ソケット），the power station—la centrale（発電所），the light bulb—une ampoule（電球），などなど，そのほか

11.3 手がかり再生の学習

にも多々ある。

　最後の例は，多くの読者がよく知っていることを思い出させる。すなわち，フランス語ampouleは，同じラテン語の語源をもっている英語のampulla（= ampule，小さな医療のガラス製フラスコ）をただちに私たちに思い出させる。そこで学習者は，似た者同士（ampouleとampulla）を組み合わせるために「ペグワード記憶法」（peg-word mnemonic method, Paivio, 1971, 1986；Atkinson, 1975参照）を使うことができる。だが，私たちはこの方法がほんとうに価値があるかどうか決めなければならない。なぜなら，単語をもうひとつ導入することは，すでに多くの単語が存在する学習手順をいっそう複雑にするからである。混乱の危険は高い。重要な要素は**精緻化**（elaboration）（精緻化プロセスについては第10章参照）であって，それは新しい語と既存の知識との結合を確立するうえで役立っている。Ampullaは既存知識の1要素であり，事実上，新しい語ampouleとの（聴覚的）関係をつくるために使われている。さらに，対連合学習に関連して先にすでに述べたように，**心象化**もまた学習者の助けとなる。

　すなわち，light bulb（電球）とampulla（フラスコ）の両方を**視覚化**することによって，学習者は，上の両方の項目を表わす2つの物体が互いに働きかけ合う，1枚の合成画をつくる（先のタバコを吸っている鯨の例と，図11-1を参照）。この相互作用的な視覚イメージは，両方のガラスの物体を含んでおり，学習者によってその外観は変わるであろうが，この2つは常にお互い，一定の空間的，またぶん，道具的あるいは因果関係的な関係のなかで現われることであろう。電球はたぶん，アンプルよりもいくぶん大きいであろうし，また形も違うであろう。しかし両方とも光るもので，ガラスでできている。さらに，学習者の経験から，両方とも注意して取り扱わねばならないことを思い出すであろう！

　この合成画は，次のステップにおいて，ペグワードのampulla（アンプル）と

　英語のampulla（アンプル）は学習すべきフランス語のampoule（電球）に発音が似ている。右の四角い枠は，その2つの語の聴音的類似とつながりを示している。
　アンプルの絵は電球の絵といっしょに，相互作用的に思い浮べることができ，1つのユニット（合成画，左手の枠内に提示）を組み立てる。
　キーワードであるアンプルは，こうして両方の語を関係づける。電球という語を思い起こすとアンプルの絵が呼び出され，それが今度は同音異義語に近いampouleを呼び出す。

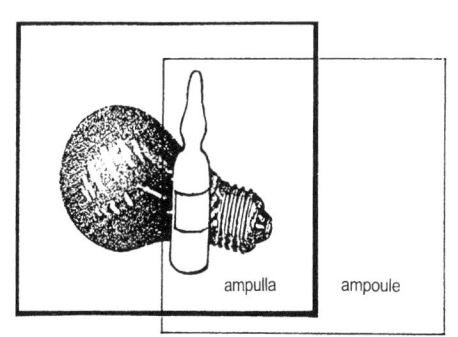

図11-1　ペグワード法の例

電球に当たるフランス語の間の**図的リンク**を学習者に提供する。light bulb（電球）とampulla（アンプル）を想像上で結びつけることによって，この2つの情報要素は合わさり，1つの新しい要素に，すなわち，2つの要素が1つのイメージになり，**1つの新しい意味単位**を構成する。そしてそれは，**light bulb**という1つの項目**だけ**のときよりも，記憶にわずかに多くの負担をかけるにすぎないであろう！

さて，なぜ私たちがこの対連合学習を取り上げたのか，また，まったく関係のない，2つの項目がいっしょに貯蔵されるのはなぜなのかということをふり返ってみよう。その理由は，貯蔵されたイメージ（電球がアンプルを呼び起こす）と聴音的な連結（綴り的にも音声的にも似ているフランス語ampoule）によって，私たちは検索手がかりが与えられるからである。

もちろん，そのフランス語（ampoule）は英語（ampulla）とは異なって聞こえ，さらに，それが聞こえた音とは異なった綴りとなる，という事実もまた英語（ampulla）とともに貯蔵されなければならない（もっとも，このことはすぐに当然のこととなるが！）。特定の綴りがどのようにして学習されるのかについては，後により詳しく見てみることにする。

認知的学習心理学者は，一対の連合light bulb—ampullaを使う，この迂回的方法を**精緻化**（elaboration）と呼ぶであろう。これは，日常言語では**クリブ**（crib）として知られている。文献では，この手順は時に**ペグワード法**（peg-word method）と呼ばれることもある（Atkinson, 1975 ; Atkinson & Raugh, 1975 ; Paivio, 1971）。媒介要素，すなわちペグワード（この場合はampulla）は，問題の語（une ampoule）と必ずしもほぼ同じものとは限らない。ただ単に発音がいくぶん似ているとか，その綴りのある特徴がその外国語にも現われている，などの場合もある。媒介的連結の役割は，該当する外国語に対する効果的な手がかりを与えることである。それらの手がかりはさまざまな方法で（ひとつの概念丸ごと，あるいはその意味の別のコンテクストにおいて）母語の語と関連づけられる。

レビン（Levin, 1982）は，イラストは視覚的クリブとして効果的であることを指摘している。しかし，語彙学習の目的で図を描くのは，たぶん非常に時間がかかりすぎるであろう。そうした目的のためなら，生き生きした視覚的イメージが有効である。

語彙学習のためのクリブ法は，個々の学習者がそれを十分使いこなすことができ，かつ想像的なしかたで使うなら有効であることがしばしば指摘されてきたし，また確かにその通りである。実際，そのクリブの構築がどれほど込み入ったものであるかはほとんど重要ではない。大切なのは，そのクリブが学習者にとっ

て（しかもその学習者だけに）十分意味を成すかどうかである。すなわち，そのクリブが利用できる先行知識とうまく合うことである。クリブの構築に関するプロセスは，個人的な事柄であり，人によって大いに違う。

◆反復による精緻化の可能性

上でふれた最初の教授学的示唆に従うと，学習者は，幅4－5センチ，長さ約15センチのカードを使い，フランス語の欄（最も左側の欄）の上端から1語ずつ，その英語訳語を声に出して読んだ後，隠すようにする（図11－2）。学習者は，さらに臨機応変にふるまうことができよう。たとえば，右側のカードに切り込みを入れることで，the lampを読むことができる。それに当たる言葉（答え）la lampeは簡単に出てくるので，長く考える必要はない。この la lampe をひとりでくり返し言ったら（できれば声を出して），カードを数ミリ下へ動かして隠されていた答えを見て，自分の答えが正しいかどうか確かめる。これはすでに以前から使われてきたなじみの手順である（コンピュータ・プログラムの助けを受けて。たとえばAtkinson, 1972）。しかし，今度は次の英語 the switch が現われるが，これには似かよった音のフランス語や単純なクリブもない。生徒たちは答えがわからないのでカードを下方へ下げて，le bouton という答えを見る。そしてそれを声に出して読み，その手順を2回目にくり返したときに，その語を記憶することを期待する。明らかに，最初の回では生徒はどの答えもわからない。まずは，それらの答えは頭のなかで処理されなければならない。すなわち**符号化**され，**貯蔵**されなければならないのである。

図11－2　覆い隠し技法を使った反復学習

第11章　語彙の学習／自己制御的・適応的学習

　学習者がこの手順をくり返すごとに，正しい項目の数が増える。そして最後にほんの数個の「むずかしい」項目だけが残る。この単語レッスンでは，allumer（スイッチを入れる），eteindre（スイッチを切る），une ampoule（電球），la bouton（スイッチ），la prise de courant（ソケット），la pile（バッテリー）などがたぶん最も努力を要する項目であろう。生徒が自信をもって答えられるようになるには，4，5回の学習手順をくり返さなければならないであろう。

　この間ずっと，学習者は次のような観察をするであろう。「switch off（スイッチを切る）というのはフランス語でeteindreである。英語でスイッチを切るという，もうひとつの言い方はextinguishで，この動詞は言語学的にeteindreと関係がある。もしe: exteindreという語のxを発音しなければeteindreと聞こえるのである」。このように，なんらかの想像力でもってextinguishという語と聴覚的つながりをつくることができる。これが**精緻化**であり，先に述べたものとはほんの少し異なった種類のクリブである。

　遅かれ早かれ，綴りのむずかしい語は，相応の視覚的符号化と，可能なら運動的符号化を誘発するために**書き出して**おく必要があろう。もちろん，生徒は**すべて**書き留めてもよい。すなわち，フランス語を声に出していう代わりに，紙切れか何か，消してまた書けるようなものに書き留める。そして単語を覆っているカードを下方に動かしていくたびに，自分の答えを添削していく。あるいは，すべての語を**口頭**で言えると思うまで待って，それから書き始めてもよい。それとも，綴り字的に特別な注意を要する語だけを書き留めてもよい。たとえば，まぎらわしいアクセント（electriciteなど）や複数形語尾になるものなどが，そのなかに含まれるであろう。

　ただやみくもに詰め込むやり方（cramming）や，できるだけ早くやっつけてしまおうとするやり方でなく，そうした慎重な形で学習する生徒なら，だれでも常に，ある外国語の単語と自分がすでに知っている単語（響きや綴り，意味などが似ている単語）との間になんらかの**意味ある結合**を自分の思考のなかに確立することができるであろう。「chomage（失業）はchaumiere（わらぶきの家）と響きがかなり似ているな」「その単語は，わりと最近学習したはずだ。でも，待てよ。綴りが違う！」と，生徒は自分に語りかけるかもしれない。

　こうしたケースにあっては，前に**クリブ**に関して見たように，視覚的イメージもまた，精緻化の役割を引き受けているのかもしれない。換言すれば，これらの**イメージ**は，語彙の貯えのなかから次第に建設されていく意味ネットワークのなかに，新しいリンクを形成する（もちろん，このネットワークの網目は，初めのうちは，かなりルーズなものであるが，それは大して重要ではない）。これらのリンクは，符号化や貯蔵の点から生徒にとって，また情報の検索にとっても，重

要なものである。**反復学習**を練習したいと思う生徒には，**系統的に**精緻化を築きあげ，その手順がひとつの習慣になるまで続けることが推奨される。

時どき，**混同**が起こることがあるが，その場合，混乱している語の対は，対比させるなどの形で強調させなくてはならない。たとえば，to hear（聞く）に対して，（間違った）答えecouter（聴く）が与えられときは，次のようにはっきりした区別をしなければならない。

    聞くことができる，という意味でのhear　→　entendre
    聴く，という意味でのhear　→　ecouter

このことは，語彙の学習ではよくあることであるが，明らかに次のことを示している。すなわち，それは単純な語の対リンクする問題ではなく，意味が同じか，少しだけ違う単語のグループ全体が，その外国語のひとつの単語とリンクされねばならない問題である。もちろん，このことは逆の働きをすることもある。ただ，それは，教育的材料では，めったに起こらない。

上述の手順は，辞書の学習に関して，本章の冒頭部分で述べた教授学的示唆の第3の項目にも適用できる。つまり，英語の単語を読んで，そのフランス語を声に出していうのではなく，右手の欄から句の用例を引用するやり方である。

◆シンメトリーと母語の手がかりからの分離

生徒は，最初，母語の単語をみて，次に，それに対応するフランス語を口にするという行為を行なうことによって，一種の**非相称性**（asymmetry）をつくり上げる。そこで，教授学的示唆の第3項目で勧めているように，学習手順を逆にし，今度はフランス語の単語からくり返すことが大切である。そうすれば，一定レベルの**相称性**（symmetry）が達成される。

今まで述べてきた手順は，記憶や**言語学習**研究の分野でしばしば使われる**手がかり再生学習**（cued recall learning）に匹敵する。学習し終わった語を再生するために，別のタイプの手がかり（cue），つまり**視覚的手がかり**を使うこともできる。最近学習したそれぞれのトピックに関連性をもつ絵が描いてあるようなテストは，ひとつのすぐれた教育的補助手段となろう。

その場合，その絵に示されているものや活動および一定の特性には，名前がつけられ，ラベルを貼ってあるほうがよいであろう。絵というのはまた，あるものを置き去りにすることもあるので，生徒は自分自身の想像力を活性化することが求められる。もし，これが，良心的に行なわれるなら，この方法を使うことではるかによい結果が得られる可能性がある。なぜなら，それは単に与えられた絵を

「読む」よりは，はるかに高いレベルの認知活動を促進するからである。このタイプの語の再生は，生徒の思考が，次第に母語の再生手がかりから離れていくように促す。絵に含まれた手がかりは，やがて，母語からの媒介リンクなしに，外国語での直接反応を生むようになる。

11.4　適応的・自己方向づけ学習── S から始まる7つの学習

外国語の語彙の学習には，少なくとも次のような3つの目標があると言えよう。
(1) できるだけ能率的に学習すること。これは，外国語の語彙は学習材料につきまとう難易度に応じて学習されなければならないことを意味する。
(2) 長期保持をめざして学習すること。
(3) 語彙は，その有用性によって築き上げられ，常に利用できる状態になっていなければならない。

それぞれの生徒は，既存の知識や個人的な学習習慣の面で差違があるはずなので，語彙学習においても，この差違は考慮されねばならない。このことは**適応的学習**として知られ（Atkinson, 1972），高度に自己方向づけ的，かつ自己制御的な学習形態である（Steiner, 1997）。

さて，これまで私たちが焦点を当てて考えてきたことは，教科書のなかのある部分を覆う技法であった。これはひとつのポピュラーな方法ではあるが，その効果には限界がある。ある点で，そして多くの生徒にとっては，正しく手抜きなしに使う気があれば，これと関連した方法である**カード法のほう**がずっと効果的である。この方法は，きちんと切った小さな紙片かカードを使い，表側に英語の単語を書き，裏にそれに対応するフランス語を書く。このようにして，最初に全部，それらの単語を書き留め，同時に**声を出して読む**と，ひとつのレッスンに含まれる単語に通じるようになる。もちろん，生徒は，間違った綴りのまま記憶してしまわないよう，十分に注意して，すべての語彙を完全に正しく書き留めなければならない。前述のレッスンのなかの16個の語のうち，la lampe と，たぶん，l'electricien も，すでに知っているものとして，初めから除外してもよいであろう。生徒は学習をなりゆきに任せることなく，その教材をよく調べ，自分にとってまったく新しい，ゼロから学習しなければならない項目を選び出さなければならない。そればかりか，彼の目標は，その語彙のすべてを完全に学習することである。

S1：自己訓練（Self-Discipline）のS

カードをすべて書いてところで学習が始まる。生徒はカードの表に書かれた語を読み（ひとりであっても，声に出して），それからカードをひっくり返し，フランス語の訳語を読む（理想的には2回）。2回目からは，その手順は高度な**自己訓練**を要する。大切なことは，カードの裏を見ることなしに，最後のフランス語の訳語が出てくるまで，カードをめくらないようにすることである。

学習者は，自分の記憶探しをあまりに簡単にすべきでない。学習者は，まず，自分に可能な最善の答えを見つけるために，集中的な努力を払うべきであり，そのうえで初めて，カードに書かれた答えと**比較する**ことが許される。もし学習者が不確かな場合は，故意に完全でない答えを与えて，そしてカードをめくって自分にフィードバックしてもよい。この**エラー・フィードバック**のプロセスは，学習の不可欠な一部である。

S2：自己強化（Self-Reinforcement）のS

上でみたように，カードをひっくり返すことで，自分の答えの正しさや完璧さのフィードバックになる。もし，**間違いのない訳語**や**正しい句**が出せたら，そのカードを積み重ねたカードの1番下に移動させ，その先を続ける前に，「よし！」とか「よくやった！」などという**強化**が与えられることもある。もし，答えが間違っているとか，不完全であったりした場合は，英語もフランス語も1回，声を出してくり返さなければならない。2回ならベターであろう。その際，生徒は，自分が正しい答えを知らなかったことで，**自分を非難**したりしないで続行すべきである。**自己強化**は，正しい反応を強化し，間違った反応を消去したり，修正したりする役目をする。間違った反応の場合，生徒は一方で自分自身を責めないこと，他方で，間違いを正すために適切な対策を取ることが求められる。

S3：自発的な意味的精緻化（Spontaneous Semantic Elaboration）のS

注意深い学習者は，自分が単に項目のペアをリンクさせる学習をしているのではなく，ほぼすべてのペアに対する**自発的な**意味的精緻化を行ない，それらを再生しやすいものにすることの学習をしていることを，すぐに自覚するであろう。これは，前に述べたように，しばしばクリブへとつながっていく。

S4：選択性（Selectivity）のS

上のプロセスを数回くり返せば，生徒は1つまたはそれ以上の項目に自信を感じるようになり，そして系統的にそれらを除外していき，その先の学習を進めるために，よりむずかしい項目を選ぶようになるであろう。1つの特別有効な手法

は，1つの難しい語に対して，**2枚か3枚**ものカードをセットにして入れておくことである。そうすることで，その語はほかの語よりも多い頻度で（不規則な間隔で）現われることになる。綴りのむずかしい語は，書き出すことによって，視覚的な（および運動的な）方法で，さらに符号化することも勧められる。ここで，学習者が自分の進歩を調節し，材料が求めるものや自分自身の学習経験に**合わせて学習する可能性をもっていることは明らかである。

換言すれば，生徒は**適応的自己学習システム**をつくり出しているのである。このように，学習プロセスは，高度に個人的なもの，あるいは文献で呼ばれているように，個性的（ideosyncratic）なものとなる。最もむずかしい語のカード（これは時に，何回かのレッスンわたって系統的に集められることもある）は，バスのなかであるとか，歯科医の待合室やそのほかの場所で，すべての語が覚えられるまで勉強することもできよう。この種の系統的学習は，教科書を使うだけでは不可能である。

S5：系列化（Sequencing）のS

上のプロセスを数回くり返した後は，生徒のなかには，ある特定の項目の後にどの語が来るかを，自分が直観的にわかるようになっていることに気がつく者もいるであろう。これは，1組のカードのなかに，系列的項目間の連想が生まれてきた証拠である。こうした連想は，語の使用（すなわち語の応用または転移）にとっては好ましくない。そこで，教科書学習では不可能な方法（そしてそれは事実，そのような不十分な学習プロセスにつながる）であるが，**系統的学習**には典型的な方法を導入することが勧められる。すなわち，カードが混ぜられ，個々の語が互いに**一定しない順序**で続くような方法である。カードの系列における系統的変化とは，それぞれの項目が**前の項目と関係なく**学習されることを意味し，先行の項目への依存の原因となる系列効果，または継続効果を防ぐことができる。語彙が学習されている間にカードをくり返しミックスされれば，その語は日常の使用においては，互いに独立のものとなろう。

しかし，ここでひとつ，重要な指摘をしておかねばならない。それは，意味的また言語的に関係のある語，すなわち同義語や反意語，語源が同じ語，または対応する名詞をもつ動詞などは，いっしょにされて，意味のあるグループとして学習したほうがよいということである。この点については，本章の終わりのところで，もう1度，立ち返って考えることにしよう。今のところ，形容詞やそれに対応する反意語や動詞および名詞は，同じカードに書き，そしていっしょに学習することが勧められるということを指摘しておこう。

S6：相称性（Symmetry）のS

カード法を使えば**相称的学習**，すなわち母語から外国語へとその逆の学習も可能である。この種の学習は，どんな場合でも勧められるものであって，たとえ，学校では普通，**1つの方向だけ**でテストされることを知っていても，勧められる方法である。私たちがその言語を通常の場面で，すなわち外国で，話さなければならないとしたら，その外国語を**産出し**（produce），**受ける**（receive）立場にいなければならない。すなわち，私たちは，その2つの方向で再生できなければならないのである。

S7：厳格な検索練習という形の自己テスト（Self-Reinforcement）のS

それは，いつかは，私たちみなに降りかかってくることである。何かを暗記するために，実に真剣に努力する。しかし翌朝までに，その情報の半分は跡形もなく消えてしまうであろう。ここでは，中期，長期の学習で成功する問題，すなわち，これまでの問題よりも長期間にわたる保持の問題を取り上げることにする。ビヨルク（Bjork, 1988）が彼の実験で示したように，はるかに長いインターバルを取る**厳格な反復的検索練習（拡張的検索練習）**（expanded retrieval practice）は，成果のあがる保持を可能にする効果的な方法である。生徒は語彙を学習し，その同じ日にふたたびカードを使って，自分をテストする。だが，そのときはカードの裏側の答えを見ないでやる。このように，生徒は自分が何をすでに忘れてしまっているかということと，自分の最終の目標達成のために勉強する必要のあるものは何かを正確に知る。これは知識のギャップを埋めるための必要条件である。そして，次の検索練習は翌日か翌日の夕方に行なわれ，3度目は同様にして1週間後に行なう。これは意図的に保持の間隔（休止期間）をひろげているのである。このプロセスがくり返されるたびに，既存知識は**強化**され，知識のギャップは次第に狭くなり，ついには埋められて，その語彙はその生徒の永遠の知識の銀行の一部となる。

しかし，もしその間隔が長すぎると既存知識は弱体化し，あるいはもはや使えないものとなり，そして検索練習はもう役に立たないものとなる。重要な問題は，もちろん，学習された多くの知識がいまだに利用できる状態にあるためには，**最適インターバル**とはどのくらいか，ということである。この期間は経験的な学習手順に基づいて個別に決めるほかないが，もちろん，学習すべき教材の内容によっても長さが異なる。このように，もし語彙を長期的な知的財産にしたいのなら，ビヨルクによって記述されている（Bjork, 1988），厳格な拡張的検索練習が不可欠の記憶技法である。

もしもカード法が，上の7つのSにしたがって使用されるなら，すなわちおも

に，よりむずかしい語彙に焦点を当てて使われるなら，この方法は時間と手間をかけるだけの価値が十分ある方法と言えよう。この方法の利点は，それが**系統的**であり，**個別的**であり，そして**適応的**であることである。これらの特質は，学習の効率を相当高めてくれるであろう。

語彙以外の情報，たとえば第10章で概観した**用語**と**定義**もまた，この適応的，自己調節的学習法を使って記憶することができる。具体的には，職業学校でさまざまな種類の物質を識別する学習をする場合に出くわす専門用語やその意味とか，電子工学における色彩コード（抵抗器用の色など）とそれらの意味，またはコンピュータのコマンドとその機能（これは，実際にやってみることが最善の学習になるが）などの専門用語と，その意味である。大事なことは，これらの知識すべてが，そのコンテクストやその機能のなかで**理解**されなければならないことである。生徒は自分にとって意味をなさないような事項を暗記すべきではないし，**無意味な情報を学習する習慣に，けっしてはまってはならない**のである！

11.5 検索手がかりの内面化（internalization）

単語や句（本章冒頭のレッスンの例における右欄を参照のこと）が，どの程度まで**自由**に利用できるかは，既存の言語技能や語彙知識を測定するひとつの方法である。重要なことは，その検索プロセスが**自由再生**のなかで明白な形で実践されることである。つまり，このレッスンの例（句）のどれほど多くのものを，はじめに英語やカードでの手がかりなしに，自由に言えるであろうか？ このレッスン（句）のなかのいくつの語を，自分は苦もなく引き出せるであろうか？ 自分の頭のなかに特定の場面を想像したとき，いくつの単語を思い出し，書き留めることができるであろうか？

学習プロセスは，こうしたステップを含んでいなければならない。そうであってこそ，検索メカニズムは，本やカードや教師よるヒントから離れ，たとえば想像のなかにあるような内的な手がかりに適合したものになるのである。だが，生徒たちは，学習の後，**対応する手がかりの助けなし**に記憶から**自由**に語彙を再生できるかどうかを，ほんとうに確かめもせずに，本を閉じたり，カードを片づけたりすることがなんと多いことか。ここにも，学習プロセスを改善するためのさらなる機会が見い出される。

今までの論点の多くのものは，記憶心理学における符号化と再生についての最近の実験結果に基づいている。**意味的記憶研究**の分野からのほかの知見も，外国語の学習に利用できるであろう。このことについては，11.7で再度取り上げるであろう。

11.6 1回の試行で学習できる情報の量──まだ疑問の残るいくつかの解答

　記憶の実験では，単語のリストを学習する上限は，新しい単語を毎秒1語導入するとして，約20語であることがわかっている。だが，語彙の学習に関する限り，この数字にまどわされてはならないであろう。というのは，その数字は，研究者たちの関心が，いわゆる天井結果（ceiling effect）を避けることにあるような**実験**において，典型的に出てくる数字だからである。すなわち，**すべての**被験者が，考えられ得る最短の時間内に最大の結果を得ることがないようにと，研究者たちが欲する場合である。

　たとえば，アトキンソンとロウ（Atkinson & Raugh, 1975）は，とりわけ語彙学習に関心を寄せた実験において，典型的な実験手順を用いて，実験参加者に40の異なったロシア語を学習させている。被験者たちは，最初，ロシア語をヘッドフォンで3回聞き，次にその英語訳（すなわち母語）をコンピュータに打ち込むように求められた。

　実験的条件下にはない学校での語彙学習は，まったく違った問題である。そこでは学習プロセスは個別的であり，単語は，記憶テストが終わるやいなや，すぐに忘れられてしまうような，ランダムなリストから取り出されたものではしない。少なくとも，私たちは，生徒がそうした態度を取り入れないことを願うばかりである。また，どんな単語でもすべて学習されなければならないものであり，（実験的理由がどうであろうとも）そのうちのいくつかの単語だけ学習されればよいというものではない。目標は，**100%習得の水準**であり，すべての語の**長期再生**である。

　1970年代初期の伝統的な記憶研究は，情報の貯蔵と再生に必要な条件や，さまざまな種類の材料（言語的，絵画的など）の処理における容量の限界（時間と量）について，非常に多くの興味深い結果をもたらした。だが残念なことに，1回の試行で学習できる語彙数はどれほどかについて，詳細な情報を与えてくれるような信頼できる研究は，今日に至ってもまだない。以下の観察は，実験的研究あるいは多少とも無理のない思弁に基づくものである。

　ここで，ミラー（Miller, 1956）の「魔法の数」（magical number）「7 ± 2」についてふれることにしよう。これは，実験的に決定された測定値であって，ひとりの人が短期記憶で保持できる**情報単位数（チャンク）**を表わしている。学習すべき語彙のいくつかはきわめて単純なもの（la lampe—the lamp）と想定できるので，7 ± 2という数値は寛大に解釈できようし，1度に9個数のむずかしい語を学習しようとしても，それは別に無理なわけではない。このことは，同じ数

第11章　語彙の学習／自己制御的・適応的学習

の語彙ユニットや語彙のペア（**ペア**は，ここでは**情報単位**）が1度に学習されるということ意味する。このことは，また，より多くの項目を含むレッスンは，分割されねばならないことを意味する。

　しかし，ミラーの「魔法の数」は，電話番号の数字のような，短期間，記憶に貯えるべき情報の測度である。より詳しく見れば，これは語彙学習には適用できないことがわかる。電話番号は普通，使い終わったらすぐ忘れてもかまわないが，他方，単語のほうは再生されなければならない。それにもかかわらず，ミラーの数字は，単語が不断の反復を介して，より永久的な貯蔵庫に転移されていく間に働く記憶プロセスにとって深い関わりをもっているのである。

　語彙を学習するということは，慎重に，かつ十分な動機づけをもって行なう場合，短期記憶への要素の貯蔵と**内的な（声に出さない）反復**または**リハーサル**，および前述の**精緻化**を意味する。これらは単語を短期貯蔵から長期貯蔵へ移送する際に必要なことである。

　ここで，作動記憶（working memory）についてのより最近の研究が，なんらかの参考になるであろう（たとえば，Baddeley, 1986, 1990, 1992 ; Baddeley & Hitch, 1974, 1994 ; Baddeley & Liberman, 1977）。これらの研究者たちは，複雑な研究（同時に2つの活動することが求められる，いわゆる二重課題が使われることが多い）に基づいて，記憶においては，**短期貯蔵**に加えて，精緻化が行なわれる場所がある，と主張する。後者は，少なくとも部分的には，長期貯蔵（学習者の既存の先行知識）から検索される情報に基づいており，そしてユニークな方法で，新しく導入された情報とリンクされる（Ericsson & Kintsch, 1995も参照のこと）。私たちは，今日では，作動記憶ではこうしたことが起こっており，そこには貯蔵と情報処理の双方のための部屋がある，と考えている。そこで，1度にどれくらい多くの項目が学習されるのかという疑問や学習する情報を含む「包み」（チャンク）はどのくらいの大きさかという疑問は，1つの単語の精緻化はどれほど容易なのかということや，1つの単語が作動記憶のなかで，どのくらいの大きさの空間や処理能力を必要とするのかということ，および，情報の同時的短期貯蔵のためには余地が確保されていなければならないか，などということにかかっている。

　また，個々の学習者の先行知識と精緻化に必要な記憶力との差違や，情報の複雑性と新しさなども考慮に入れなければならない。要するに，現在の知識に照らしてみると，最善の解決策は，各々の生徒が，自分では新しい単語をいくつまでなら1度に学習できるかについて，最適な数を実験し見つけ出すことであろう。

11.7　系統的意味的精緻化による長期保持

　私たちは前に，自己テストの非常に有益な方法として，拡張的検索練習（Bjork, 1988）をいう形について論じた。しかし，役に立つアイデアはほかにもある。たとえば，およそ可能な場合は，どういう場合でも，**長期貯蔵のための情報はすべて，現存の知識体系構造に統合されなければならない**とする立場がある。換言すれば，新しい知識構造と古い知識構造との間に，多くの明確な関係（精緻化）が確立されなければならないということである。新しい材料を先行知識に統合することは，意味ネットワークの再構築，または調整の枠組みのなかで起こるものであり，そのネットワークは，その材料の構造によってかなり高められるのである（**メンタルモデル**の発達に関する第10章，**数のネットワーク**についての第12章および**認知マップ**に関する第13章も参照されたい）。

　教科書の各レッスンのために**複合的テーマ**を選ぶことは，たいへん有用な教材である。なぜなら，そのテーマは，**カリキュラム**および**概念的枠組み**をはっきり示してくれるからである。そして，そのまわりに意味的ネットワークが築き上げられるのである。この方法は教授学的には単純ではあるが，しかし効果的であり，多くの教科書作成者はそれを使うことによって利するところが多いはずである。視覚的にイメージすることのできる1つの完全なシーンは，この枠組みの基本的な内容を構成する。とはいえ，はっきりした形でつくり出される連想が抜け落ちていることが多い。とくに，文法的，意味的，そしてことさらに，言語的な連想（たとえば，**ある単語の語源学**〔etymology〕に基づいたものなど）が欠けていることが少なくない。

　本章冒頭で見た辞書の学習の第3欄にある例は，この種の連想が発達する際の基本的形態である。すなわち，新しく学習された名詞が動詞と結合されて単文（あるいは，少なくとも言語学的な意味での**句**）となったり，あるいは動詞が目的語と結合されて，より大きな言語的単位を形成することもある。

　もちろん，意味ネットワークをつくり上げる意図で語を学習する方法は，ほかにもある。たとえば，フランス語のpasser（通り過ぎる）という語を使って，その語源に基づく全体の語族を構成するような場合である（図11-3参照）。

　外国語の**語族**をつくり上げることは，確かに推奨すべきことである。なぜなら，その言語全体の感覚を育ててくれるからである。私たちがここで関心を寄せるのは，語彙の単一の要素を学習することではなく，言語学的に関連性をもつ語の全グループの学習である。それゆえ，私たちの目標は，単に**言語的手がかり**に（verbal cues）応じて，暗記によって学習すること（cued recall procedure）ではない。そうではなくて，外国語の語族全体を英語訳とともに，**自由再生**の形で

第11章 語彙の学習／自己制御的・適応的学習

```
passager, -ère =           le passeport =            passager,
transient                  the passport              1. transient
                                                     2. passenger
  └─ e: une maladie
     passagère

le passé =                 passer =                  le passage =
past                       to pass by                passage
                           to go past                way through
                                                     gangway

  ├─ e: l'année passée     ├─ e: passer par une ville    ├─ e: le passage dans
  └─ e: une époque passée  ├─ e: passer de l'autre côté  │     la classe supérieure
                           └─ e: passer la frontière     ├─ e: passage interdit
                                                         ├─ e: un oiseau de passage
                                                         └─ e: passage à niveau
```

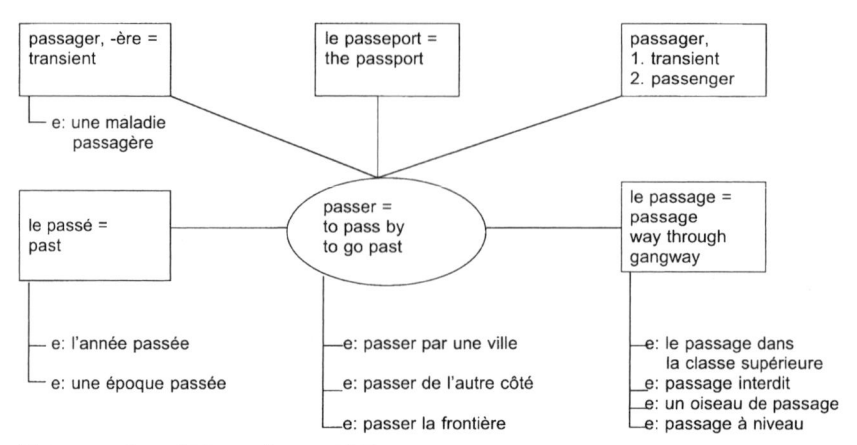

図11-3 フランス語グループpasserの図表

どれだけマスターしたかをチェックしなければならない。この課題は，その語を組み入れている句全部を再生しようとする場合，とくに，本章の例（第3欄）のように，明確な英語がつけられていない場合は，とても厄介なものとなる。

概念的，意味的性質をもつ情報を学習するときは，常に，自由再生に向けて，生徒は情報の符号化や貯蔵に努力を集中するだけでなく，その情報の**検索**や**使用**の練習にも集中しなければならない。自由再生は，符号化され貯蔵された情報を積極的に再生し出し，検索の仕組みを練習することを生徒に強く求める（第7章および第10章参照）。これはビヨルク（Bjork, 1988）の拡張的検索練習というアイデアの背後にある基本的な考え方である。

さて，図11-3に示した単語にもう1度立ち戻って考えてみよう。それらは，どのようにして知的財産になるのであろうか？　答えは，こうである。すなわち，ひとつの語族に属するそれぞれのメンバーは個別に学習されねばならない，ということである。自由再生のための語彙学習に関して前に述べたように，**視覚的イメージの生成**が，ここでもやはり役に立つ。ただ，ここでのケースでは，その方法はたぶん，有効度が比較的限られるであろう。le passage（通過）や，le passeport（旅券）やle passager（乗客）は，容易に1つのシーンのなかで想像できるであろうが，2つの形容詞の型，passagerとpassagere（通りすがりの，一時的な）や，le passé（過去，通過）は，もっとむずかしいことがわかるであろう。

もちろん，カード法を採用して成果をあげることもできるであろう。また，代わりの方法あるいは追加の方法として，空のダイヤグラムを使って抜けている語を何度も何度も埋める練習をしたり，あるいは単に既存の知識を含む，新しい

ダイヤグラムを創作する方法を使うのも役に立つことであろう(これは一種の**マッピング**である,第10章参照)。このように,学習プロセスは,恣意的だと言われようが,語族の符号化や検索に役立つ付加的な**空間的側面**(additional **spatial aspect**)をもっている。

認知的構成に関する比較的最近の諸理論を考慮に入れると(たとえば教師の説明における概念の構成については,本書の第10章およびAebli, 1978, 1981; Steiner, 1997を参照のこと),動詞から派生した名詞は,学習活動中のテキスト文の意味を理解する際に,非常に大きな役割を演じていると考えねばならない。たとえば,だれかが最初,2台の車が**衝突する**(collide)場面について述べる。次の文では,**この衝突**(this collision)という言葉が使われる。**衝突する**(to collide)という動詞が**衝突**(collision)という名詞になったわけだが,その名詞は,いまや,話者が前に述べたすべての情報を凝縮した形で含んでいる(こうして,外国語を学習するときは,図11-3で示されたような言語学的変形も学ばねばならない)。言語面の流暢性の初期レベルから,それ以降も,動詞そのものとともに,動詞から派生した名詞を学習することがすすめられる。たとえば,passer(通り過ぎる)―le passage(通過,通行):chanter(歌う)―le chant(歌), la chanson(歌):marcher(歩く)―la marche(歩くこと,足並み)〔le marche(売買,取引)はla marcheと対比させて学習すべきである〕:courir(走る)―la course(走ること),などなど。

外国語の教師にとっては,**母語**(native language)の語族から始めるのがしごく当然である。なぜなら,これらの語族は凝集度の高い言語的かつ意味的ネットワークのなかに,既存知識としてすでに貯蔵されているからである。もちろん,外国語のなかのそれぞれの等価語(equivalents)を学習することは,**手がかり再生**(cued recall)のプロセスに相当する。しかし,(そして,これが重要な要因であるが),その手がかりは容易に思い出すことのできる構造のなかにすでに備わっている。このことは単純に,その対応する外国語の単語を活性化する**検索パス**(回路)が維持されていることを意味する。これらは意味的にいっしょにリンクされるが,必ずしも言語学的にリンクされるとは限らない。1例をあげれば,rentrer(帰宅する)とpartir(出発する)は,**意味的には**互いに密接に関係しているが,**言語学的には**遠く離れている。

検索パスを発達させ,必要なときにそれらを活性化させるもうひとつの方法が,図11-4に示されている。ここでは,意味の結合が体系的に確立されており,その結合を学習しなければならないときには,検索のための手がかり構造(パスのネットワーク)の土台として使われる(図11-4「事故の原因」を参照)。

このようして語彙を学習するとき,私たちは群化,すなわち**クラスタリング**

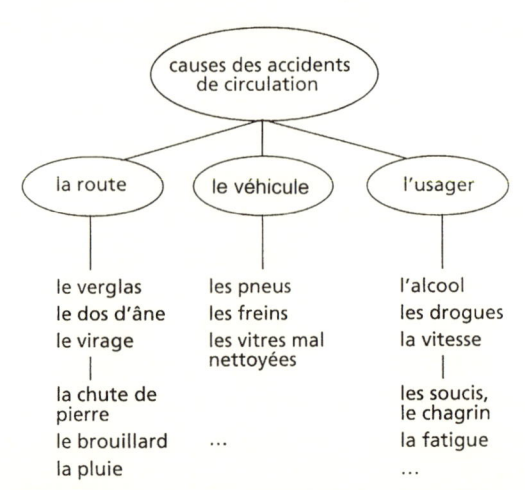

第11章　語彙の学習／自己制御的・適応的学習

```
              causes des accidents
                 de circulation
           /          |          \
       la route    le véhicule    l'usager

    le verglas      les pneus      l'alcool
    le dos d'âne    les freins     les drogues
    le virage       les vitres mal la vitesse
                    nettoyées
    la chute de                    les soucis,
    pierre                         le chagrin
    le brouillard   …              la fatigue
    la pluie                       …
```

図11-4　「事故の原因」という話題の概念（名詞）のための外国語のカテゴリー

(clustering) という方略を使っているのである。上の例で示すように，**意味的カテゴリー**が，このクラスタリングのために選択される。しかし，やはり私たちが前に見たように，**クラスタリング**は，音韻論的基準や図的基準あるいは言語学的基準によっても形づくられる (Bower, 1970)。意味による群化（グルーピング）に基づく学習の利点は，それが，意味的手がかりを提供し，また外国語の要素が属す空白のスロットを合図してくれる，**検索プラン**の発達を意味していることである。それらが今度は，精緻化された意味ネットワークを通して進んでいる間に呼び出されるのである。しかし，学習者は，それらをダイヤグラムのなかの与えられた場所に置いたとき，それらの外国語の単語の意味だけでなく，その外国語自体（それらの響きや綴りも含めて）を学習せざるを得ないのである。換言すれば，私たちは，冠詞（性），発音，正字法などのような重要な特徴を，その意味ネットワークのなかで同時に符号化するのである。

最後に，さらに別のタイプの学習をあげておかねばならない。それは，上で考察したように，意味的な近さと言語学的な遠さの両方の関係をもつ語の学習，すなわち**同義語**の学習である。外国語を流暢に理解できるのは，ひとつには，同義語や他の近い関係にある単語を使えるからである。この理由から，その外国語の名詞，動詞，形容詞に対する同義語をできるだけ多く習得することが望ましい。反意語（白－黒，与える－奪う，というような反対の語）も忘れてはならない。反意語も，意味ネットワークの点では**関連性**をもっているのである。すなわち，意味の要素は同じであることが多いが，関係性，たとえば行為の方向が反対である（離陸する－着陸する，買う－売る，上る－下る，質問する－答える，など）。

しかし，この場面にしても，そうしたペア（同義語と反意語）を聴覚的，視覚的に符号化するしかたについての明確なアイデアを，私たちに与えてはくれない。確かに，第1歩は，その外国語の両方の単語を自分の母語の訳語と連合させることであろう。これらが次のとき，その外国語の2つの項目（同義語であれ，反意語であれ）を再生するための手がかりとして使われる。そして後に，いったん，その外国語の語のストックが母語のストックから一段と引き離されたものになったら，外国語の一方の項目が，直接もう一方の項目を活性化するであろう。そのとき，学習プロセスは外国語の意味ネットワークの**内部**で動き始め，こうして，多かれ少なかれ，孤立した語彙ペアの学習をはるかに超えたものになっていくのである。

❖この章のポイント

1　対連合学習または対連合という用語は，2つの項目（普通は名詞，時にはイラスト類）の結合を表わしている。記憶テスト（手がかり再生テスト）では，被験者は1つ目の項目を与えられ，そして，もう一方の項目の名前を言うよう求められる。両方の項目を含む文をつくるとか，その項目が表わす2つの対象（もの）が複合的な絵のなかで，互いに影響しあっている視覚イメージをつくることで，その連合的結合を促進することができる（たとえば，タバコを吸っている鯨）。

2　語彙の学習も，単語の項目をペアでリンクすることに関係しているが，対連合学習のパラダイムでは説明できない。なぜなら，当該の2つの項が，違う意味ネットワークからではなく，同じ意味ネットワークから取られているからである（英語語彙とフランス語の語彙は，同じ意味ネットワークに違うラベルを割り当てたにすぎないと言えるかもしれない。たとえば，電球に対して）。語彙の学習は，単語項目の響きや綴りにしたがって，多様な視覚的，聴覚的あるいは運動的な符号化を基礎にしている。

3　もし，リンクすべき明白な聴覚的類似性や綴りの類似性がない場合，ペグワードを導入することで類似性をつくることができる。ペグワード法，すなわち，記憶術としてクリブを使う方法においては，外国語の単語に似た響きをするリンク（ペグワード）が形成される。そのペグワードを表わすものとその外国語の単語（ampulla／light bulb）は，ひとつの視覚的イメージのなかで連合する。母語のその語が呼ばれると，生徒は想像のなかに生み出された絵を思い起こす。その絵もペグワード（ampulla）を特徴づけるものである。これが今度は，その外国語のなかの響きが似ている語（ampoule）を再生する。

4　学習すべき項目をなんらか形で拡張する（響きや綴りの類似性によってと

か，クリブの助けを借りて，など）すべての学習手続きは，精緻化として知られている。精緻化は，学習すべき要素をリンクし，またそれらの項目を先行知識の要素ともリンクする。

5 　反復学習は不可欠である。これは符号化の強化のためばかりでなく，精緻化の構成のためにも使われる。後者のケースでは，機械的学習は，そのとき扱っている項目の意味に集中することによって，意味ネットワークという高次の学習プロセスに変換される。

6 　暗記学習（たとえば，カード法による）は，系統的に行なわれれば，その有効性は極大化できる。7つの「S」とは，「自己訓練Self-discipline」「自己強化Self-reinforcement」「自発的・意味的精緻化Spontaneous semantic elaboration」「選択性Selectivity」「系列化Sequencing」「相称性Symmetry」および「厳格な検索練習という形の自己テストSelf-testing in the form of strict retrieval practice」のことである。

7 　中期または長期の学習が成功するかどうかは，数回にわたり実施される検索練習にかかっている。そこでは，各検索練習の間隔が次第に長くなっていく（拡張的検索練習）。

8 　語彙の長期保持に加えて，「S」で始まる原則に従った計画は，さらに適応的な，自己調節的，自己制御的学習への道をひらくものであり，そうした学習は，学習さるべき項目の困難度の違いや個人の学習進度を考慮した学習である。

9 　1回で学習できる語の最適数は，個人的基盤によってのみ決定される。それは先行知識や手持ちの学習方略（たとえば，クリブの開発），個人の実績（学習の速度や密度）および学習材料の複雑性にも依存する。

10 　語彙を学習する際，人は2つの関連したネットワーク（1つは母語の，もう1つは外国語の）をつくり出す。効果的に学習された場合，一方の言語の語彙は，もう一方の言語のネットワークから呼び出すことができる。しかし，外国語学習の目的は，結局のところ，外国語ネットワーク内の手がかりや対応する関係だけを使って，語彙を再生する能力である。

11 　ネットワークの発達は，学習すべき項目の言語的，意味的な結合を系統的につくり上げるプロセスを介して生じる。すなわち，言語的，意味的精緻化（語族）によって起こるものである。そこで使わる手がかりは，後に，項目を再生する際に検索補助として役に立つ。それらはまた，学習された語彙を適切な方法で応用する能力に対して，かなりの貢献をしてくれる。

第*12*章

数えることの学習／数のネットワークの構築——ピアジェの発生的認識論を超えて

12.1 はじめに

本章は，算数の演算課題に取り組むための**数的ネットワーク**（numeric network）という，きわめて特殊な意味的ネットワーク（semantic network）が，どのようにして構築されるかを示している。なぜ，この問題領域を選んだかといえば，それは数というものが，たとえば，インフレなどという日常の概念に比べて，私たちにとってよりとらえやすく，また，より直接的である（透明である）という理由からである。

本章では，ピアジェの**発生的認識論**から次の用語を借用している。すなわち，算数の演算に関わる**行為の適切性**（relevance of action），確立されようとしている構造（つまり数のネットワーク）の**システム性**，および教授学的に興味深い概念である mise en relation（簡単に言えば「関係づける」とか「ある関係のなかに入れる」という意味）などである。

また，とくに重要な用語として次のようなものがある。すなわち，**mise en relation と lecture des donees**（「事実の読み取り」という意味）**との分化，一貫性の ある動作系，一貫性のある数的ネットワーク，算数的準拠点，自然数の「反復」**（iteration），**半分にする・2倍にする**という演算，**操作的思考，数の大きさの変化の方向の把握，解決パス（通路）の複数制，自動化，学習者の自立性，および自己制御，自己強化**などである。

数を数えるということは，単に目標とする結果を得るために演算の符号を介して，ふたつの数を相互に関連づけることにとどまらない。数えるということは，また，高いレベルの学習と思考過程を必要とする数のネットワークの構築と拡張，および探索を意味する。ピアジェの協同研究者ピエール・グレコは，このことを次のようにたくみに述べている。「算数は，貧者の論理ではない」（"L'arithmétign n'est pas la logique du pauvre." Gréco, 1963, p.100; Steiner, 1973, p.54参照）。

12.2 9×8＝72，それとも74？

　ここで学校の教室場面に目を転じてみよう。きょうは，小学2年生の子どもたちが8の数について勉強している。先生（便宜上，T先生と呼ぶ）は，この勉強を効果的に進めるために，小さな四角いクッキーを使うという形で，甘い道を用意してやることにした。そして，8個のクッキーがきっちり入れられる箱をもってきた。最初の箱にクッキーを8個入れ，2番目の箱にも8個入れる。あわせて16個になる。3つ目の箱にも8個入れる（計24となる）。子どもたちは，確認のために，カードの3行目に「24」と書き込むのだが，その前に，もう1度数える。「24個」と彼らは口で言い，3×8＝24と考える。それから子どもたちは，机の上の3つの箱をひとつのブロックにまとめ，対応する数（8，16，24）を，右脇のマス目のなかに書き入れる（図12-1参照）。

　こんなふうにして80まで達したところで，彼らは「8の段」は空で言えるようになる。子どもたちのなかには，声に出して唱える者もいれば，黒板と冊子に書き込む子もいる。この時点で，ほぼすべての子どもが8の段の半分，つまり5×8まで，あるいは6×8までも，小声で計算するなどしながらも，学習し終えていた。T先生の考えでは，箱を使って数えることを練習することが大切なのである。くり返し，くり返し，子どもたちは箱をひとつ取り，それを机の上に置き，「1×8＝8，2×8＝16……」と唱え，10個の箱が全部並ぶまで練習する。混乱を防ぐために，箱は重ねて置かず，ひろげて並べるようにする。

　ここで子どもたちは，1枚の色のついた紙を渡される。それにはクッキーが8個ずつ入る10組の箱の絵が描かれている。最初の8個は濃い茶色，次の8個は薄い茶色というように，はっきり色分けされている。先生は，ここでまた，薄茶色の鉛筆をもってくる。この鉛筆はほかのことにも使えるので，子どもたちは大いに喜ぶ。計算が終わると，この鉛筆を使って，答えを記入する。

　授業の最後の5分は，遊びの色合いの濃い**強化**に当てられる。子どもたちは，口をそろえて「1×8＝8，2×8＝16，3×8＝24，4×8＝32」などと唱え，「10×8＝80」まで進む。そこで先生はさらに調子を上げ，黒板からひとつの答

図12-1　8の段の学習のためのクッキーの箱の列

え（たとえば24）を消し，計算式（3×8）だけ残す。そこで子どもたちはあらためて「1×8 = 8，2×8 = 16，3×8 = 24，4×8 = 32」といっせいに唱える。先生は，「たいへんよくできました」と言い，黒板の答えを2つ（40と72）消す。そして「1×8 = 8，2×8 = 16……」の合唱が始まるが，9×8のところで子どもたちの声は小さくなり，自信なさそうになる。

なかにはまったく口を動かさなくなる子もいるが，何人かは9×8は74と同じだと考え，ほかの何人かは，四苦八苦しながらも答えを出し，「72だ！」と声をあげる。ここでベルが鳴り，休み時間に入る。子どもたちは，72という答えを出そうが，間違って74と言おうが，あるいは何も答えられなかろうが，ごほうびとして全員がクッキーを1個ずつもらった。休憩の間，子どもたちは別のゲームをして遊んでいたので，前の授業の最後の計算式，つまり9×8，に対して干渉作用をおよぼすような，ほかの数学的推理課題には接していないと見てよい。子どもたちは「わかった」とか「わからなかった」とか，あるいは単に正答だと思う数を頭に浮かべてみたというように，それぞれに印象をもちながら教室を後にした。このことは，強化とその効果についてのガスリーの解釈とよく対応すると思われる読者もいるであろう（第3章「この章のポイント」の4参照）。

12.3　授業についてのＴ先生の考え──数えることの学習の基礎としての連合の輪

授業の観点からして，Ｔ先生は，かけ算九九のどの段も，一連の数または計算式として，つまりは一定の数（ここでは8）の足し算のくり返しとして見なすことができると考えているようである。かけ算を反復加算と見なすことは確かにひとつの見方である。日常の多くのかけ算課題では，それで十分である。しかし，たとえば「スイスの外交官5人と，アメリカの外交官8人が握手したとしたら，その握手の数はいくつか？」といったようなデカルト的問題の解を求めるような場面となると，話は別である。

Ｔ先生は，子どもたちに掛け算の構造（仕組み）を教えるために，次のようないくつかのことがらに頼っている。すなわち，①教材の魅力，②それぞれの箱のなかの8つの要素の順序の明確さ，③これらの要素の計数可能性，④数えることで得た結果が知覚的にはっきりわかり，その結果を書き留めたり，それぞれの箱の脇のマス目に書き込めるようになっていること，⑤計算式を大声で唱和したり，心の内面に刻印するための手続き，および⑥正解を得た子どもに対しては，くり返しほめること（強化），などである。

これらのポイントのうちの3つは，古典的（行動主義的）学習理論に由来する

第12章　数えることの学習／数のネットワークの構築──ピアジェの発生的認識論を超えて

ものである。第1に，教材の魅力は参加への**誘因**の働きをする（子どもたちは以前，「2の段」を勉強したときは，サクランボをもらったので，たぶん，今回のクッキーは動機づけのためだとわかっていたであろう），第2に，学習のメカニズムとしてのくり返し，そして第3に適切な**強化**の存在，である。このことは，単なるくり返しによる学習は有効でないとするソーンダイクの考えと対立すると言えよう。

　T先生は，時間をかけて十分練習をくり返しさえすれば，やがて子どもたちは「8の段」を学習するであろうと考えていたのであろう。しかし，これは疑問である。人によっては，重要なのは「**何を，どのように**くり返すか」であると反論するかもしれない。また，先にあげたポイントのふたつ目，つまり，要素の**明確な図的順序**とくり返しのたびごとに結果が示されることが決定的であるという異論もあろうし，そうした計算の結果は，コンピュータのキーボードの配列を覚える場合に用いる記憶コードのようなものではなく，1×8から始まって，いつでもくり返せる**数え**のプロセスの産物である，という見方もあろう。しかし，その一方で，忘れてならないことは，T先生自身の信念によれば，私たちが扱っている問題はこうした計算の**多重媒体的表示**であるということ，すなわち，計算の結果は聴覚的コード（符号）の形（言語的刻印づけ）ばかりでなく，**空間的**にも（順序），**視覚的**にも（数）表示される，ということである。場合によっては運動的符号化も加えてよいかもしれない，つまり，色を塗ったり，紙に計算式を書き留めるなどの作業も含まれているのである。ただし，ここまではあくまでもT先生の仮定にすぎない。

　このように，掛け算九九表の学習には，明らかに多くの相異なる符号化プロセス（視覚的，聴覚的，構音的，そして時に運動的，など）が関与している。だが，たとえば4×8の計算に対する32という答えや，7×8に対する56という答えを実際に**産出する**作業に関わっているのは，そうしたプロセスのなかのどのメカニズムであろうか？　ここで次のことが明らかになる。すなわち，計算式に対する答え（計算の結果）の関係は，符号化のタイプに依存するのではなく，いわゆる中枢指揮部による基底的プロセスのタイプに依存しているのである。

　T先生は，ゆっくりした形で「8の段」を教えようとするなかで，最初のふたつの数（たとえば7×8の7と8）とその答え（＝56）との**連合**を形成させようとした。この連合を把持できなかった子や次の機会にそれを想起できなかった子は，結局，数学の成績が低く，その連合を正しく把持し，それを自由に呼び出せる子は，数学の成績優秀者と考えられることになる。

12.4　連合の輪だけでは十分でない

やはり，そのような連合は十分でないのである。このことは，まず次のような場合に明らかになる。すなわち，子どもが自分では正しい答えを出せず，たとえば「8の段」を最初から全部口に出して言ってみて，そのなかで偶然答えを見つけるような場合である。そうした形の九九の段は，結局のところSとRの連鎖となり，1つのS－Rが次のS－Rにつながるにすぎず，その中間にあるものは，その列全体をたどることによってのみ（あるいは，少なくとも，そうしようとしかしない場合に）得られるだけである。

連合だけでは不十分だという第2の理由は，子どもは答えを言ってしまうと，それが実際に「正しい」か「間違っている」かを知るために，教師やほかの子の反応を熱心に（または気をもみながら）待つようになるからである。そうした子どもは，**なぜ**その答えが正しいのか，誤りなのかについての情報を得ようとしない。

第3に，これが最も重要なことであるが，1対の数ともうひとつの数の単純な連合は，数や数を結びつけている演算記号が，実際には何を意味するのかを子どもが**理解**するうえで，回り道をたどらせることになる。このことは，2年生の子どもが7×8の計算式を解こうとして，「これはかけ算なの？　足し算なの？」と質問する場合に見られる。ここで，たとえば7×8＝56という計算式のなかのどの数も，どの記号も，何かを**表わし**（stand for），何かを**象徴してる**（symbolize）こと，すなわち，何かを**表象している**（represent）ことが明らかになる。これがじつは，子どもが頼みとすべきことがらなのである。

12.5　算数的操作とその行動的基礎

すべての算数的操作は行為に根ざしている。ということは，それらの操作の学習は，その行為をつかみ取ることと深く関わっている。そこで私たちは，九九表を学習している2年生の子どもたちが**かけ算の行為的性格**を完全に理解しているかどうか，また，その特性との比較において，たとえば，足し算の行為的特性を理解することができるかどうかを確かめなければならない。足し算のプラス記号（＋）と対比して，掛け算の倍記号（×）または中央点（・）は，最初の数（掛ける数，**乗数**）は，2番目の数（掛けられる数，**被乗数**）とはまったく違う機能をもっていることを意味する。最初の数は**演算子**（言わばメカニズム）を象徴しており，実行さるべき行為の数を表わしている（「これを7倍せよ」とか，「何かをもってくる」など）。他方，2番目の数は，たとえば，行為の対象となる，あ

る特定のものがいくつあるかなど，ひとつの**状態値**（state）を表わす。掛け算におけるこれらふたつの役割の違いを理解することは，7＋8と7×8の区別を成り立たせるための第1次の要件である。後に見るように，このことはまた，7×8や8×8の計算，あるいは8×7の計算にとってさえ，結論を引き出す際に重要である。

掛け算の行為的特性の理解は，こうして，後で数の形で書き表わすことを**実際にやってみること**（または，少なくとも，**実際の行為を想像してみること**）を意味する。

12.6　算数的操作のシステム性

発達心理学の領域の実証的研究，とりわけ，ピアジェのジュネーブ学派の研究は，さまざまな知識分野（たとえば数概念や空間的概念，論理的概念）の行為的基礎ばかりでなく，それらの**システム性**についても指摘している（Steiner, 1973）。換言すれば，**算数的操作**の学習（本章の主題）は，単に行為に基づいているだけでなく，一貫性ある行為の体系，およびその後の**算数的思考体系**の構築をも暗示している。

さて，九九表の問題にもどる前に，第10章と第11章で考察したテーマの延長として，概念構造や意味的ネットワークというものがどのようにして形成されるのか，というテーマにもう1度ふれておくことにする。さらに，学習心理学の観点から見て，九九表一般を扱うための前提条件を部分的にしろ表わしているような2，3の**初歩的操作**について見ておくことにする。

◆概念体系と意味的ネットワーク

ここで考察している数というものは，たとえ，それがほかの概念（2，3の例をあげれば，供給，需要，インフレなど）と比べて特殊であるとしても，**概念**であることには間違いない（Piaget & Szeminska, 1965）。たとえば，インフレというような概念の**学習**に関して見る限り，現代の**意味的記憶理論**は，人がどのようにして，知識構造の要素として概念を理解するに至るかを示している。概念というものは，より包括的な知識体系の一部，つまり，**意味的ネットワーク**の一部分を表わしている。「インフレ」といったような概念は，ほかのより基本的な概念を**建築ブロック**または**要素**として内包しており，さまざまな関係によって相互に結びつけられている。こうして，たとえばインフレという用語は，「お金」「商品」「サービス」などの概念ばかりでなく，「お金と商品の循環」といったような，より高次の概念も含んでいる。それら全体がひとつになって「インフレ」という

概念を成り立たせているのである。概念は，ほかのどのレベルの概念とも結びつけることができ，その結果，**より高いレベルの**新しい概念が現われることがある。たとえば，「インフレ」が「連邦銀行の介入」と結びつけられて「通貨政策」が出てくる。

概念的要素は**命名された連合**（named association）を通じて，すなわち，「〜に属す」とか「〜の一部である」とか，あるいは，いくつかの他動詞（「もつ」「含む」「必要とする」「打つ」など）のような特殊な関係を通じて結びつけられる（第10章参照）。

ここで重要なことがふたつある。①意味的ネットワークのなかの概念は**展開**（unfold）できるということである。たとえば，**インフレ**という用語は，「商品の量とサービスに比べて過剰なお金が出回り，そのためにお金の価値が下がったときに，インフレが起こる」といった表現に変えることができる。②いくつかの概念的要素と，それらの相互の関係からなるネットワークのどの一部をとっても，それは**凝縮**され得るし（第10章参照），ひとつの新しいコンパクトな概念的要素として使われ続け，そしてそれがまた，ほかの概念的要素と新たな関係をつくる場合もある。**概念的学習**とは，このように，a）要素を**結合**して新しいネットワークを形成するプロセスであり，b）これらのネットワーク要素を**凝縮**して（まとまりにして）思考過程の新しい要素または「対象」を形成するプロセスであり（Aebli, 1978, 1981参照），c）新たに結びつけられ，「まとまり」をもたされた要素の整序または**構造化**である（Steiner, 1997）。

意味的ネットワークのどのひとつをとってみても，そのなかにある要素の多様性はそれらの間の関係の数と同じく，原理的に無限である。概念的学習プロセスの主要な特徴は，その**構築的**性質である。この点こそ，認知的学習理論が発達理論およびピアジェの発生的認識理論と出会うところである（Steiner, 1997）。

◆数的ネットワーク

前述のように，数というものは**概念**でもある。数はその大きさの点で無限であるが，種類（variety）の点では限りがある（自然数，整数，有理数，無理数，虚数など）。数の間の可能な関係の数もまた，ほかの数的でない（言語的）体系で見られる無限に多くの（かつ興味深い）関係に比べて限られているか，あるいは少なくとも単調（monotonous）である。そこで私たちは，数的体系は，その単純な性質ゆえに，外界についての私たちの知識を含む会話的な（colloquial）意味的ネットワークよりも理解しやすく，より透明であると考えるであろう。

概念的要素である数は算数的操作によって互いに結合され，新たな要素となる。しかし，それらもまた展開されて，あらゆる個別の関係のなかの構成要素の姿を

見せる。たとえば，8という数を展開すれば，次のような多くの要素と関係を示す。

8は7より1多い‥‥‥‥‥‥‥ $8 = 7 + 1$
8は9より1少ない‥‥‥‥‥‥ $8 = 9 - 1$
8は16の半分‥‥‥‥‥‥‥‥ $8 = 16/2$　または $8 = 1/2 \times 16$（16の半分）
8は4の2倍‥‥‥‥‥‥‥‥‥ $8 = 2 \times 4$　（4の2倍）
8は24の3分の1‥‥‥‥‥‥ $8 = 24/3$，または $8 = 1/3 \times 24$

そして，より高いレベルでは，次のようなものがある。

8は64の自乗根‥‥‥‥‥‥‥ $8 = \sqrt{64}$
8は512の3乗根‥‥‥‥‥‥ $8 = \sqrt[3]{512}$
8は2の3乗冪(べき)‥‥‥‥‥‥‥ $8 = 2^3$
8は100,000,000のlog10（訳注：「8は10を底とする100,000,000の対数」）

　もちろん，こうした陳述の数は潜在的には無限である。このことを視覚化しようと思うなら，すべての陳述がネットワークの1点，8で出会うであろう。そして，意味的記憶理論によって提起された概念的ネットワークの場合と似たような姿を示すであろう（とりわけ Aebli, 1978, 1981; Norman & Rumelhart, 1975 参照）。8という数を他の多くの数と結びつけている陳述の多さは，実際，8という数の意味を私たちに示している。こうしたリストはもっと拡大できると思う人もいるであろう。また，数的ネットワークは，すべての概念的ネットワークと同様，一定の状況下では既知のものとなっていることがらから抽出することのできる**隠された情報**，または**暗黙の情報**を含んでいる。たとえば，もし，8が9より1少なく，9は10より1少ないなら，8は10より2少ないことになる。数えることの学習とは，このように，**数的ネットワークを構築する**学習を意味し，**そのなかを自由に移動することの学習**であることを意味している。ここに至って，私たちは**基本的な認知的学習**のレベルに到達したわけである。

12.7　一貫性のある数的ネットワークの構築

◆授業に有益な概念

　数えることの学習は，どのようにして成り立つのかを考える際，きわめて有益だと思われる多くのアイディアを，ピアジェの構成的発達理論のなかに見て取ることができる（たとえば，Piaget, 1949; Steiner, 1973; Flavell, 1963, 1985）。数的ネットワークはピアジェ流の意味での**複合的（全体論的）構造**と見なされる（彼はそれを**全包括的構造**（structure d'ensembleと呼んだ）。ただ，ピアジェの複

合的構造と，ここで筆者が提案している**意味的ネットワーク**との間の理論的整合性は完全ではない。数を数えるというような**開かれたプロセス**の説明に対しては，ネットワークという概念のほうがはるかにひろく，またより適している (Steiner, 1994 ; Steiner & Stöcklin, 1997)。

しかしながら，ピアジェの理論のなかの第2の概念，つまり「何かをほかの何かとの関係のなかに置く」という意味の「関係づけ」という概念（彼の言葉では mise en relation）は，より重要である。たとえば，ふたつまたはそれ以上の要素が相互に結びつけられる（リンクされる）。ピアジェはこのプロセスを「そこにあるものに注意を集中する」(lecture des donnees) という単純な行為から区別する。数えることの学習は，数的な結合を確立すること，すなわち，もとは行為の形を取っていた関係づけを通して，数的要素をリンクさせることに深く関わっている。

◆自然数の反復 (iteration)

小学校の算数で教えられる基本的関係というものは，その大部分が1を足したり引いたりするものであり，それは暗に，自然数の上向き，下向きの反復 (iteration，たとえば8は7より1多く，7は6より1多いなど) から成っている。反復と，それぞれの暗黙の関係は，単に数える活動によって決まるものではない。反復は，むしろ，ある種の**可逆性**を意味する。たとえば8は9より1少なく，9は8より1多い，など。

◆2倍にする・半分にする

私たちは反復ができることによって，自然数や整数を小さなステップで調べることが可能となる。私たちは，反復という作業によって，数を数える際の足し算的局面や引き算的局面に向き合うのである。「半分」とか「2倍」というような関係や「半分にする」とか「2倍にする」などの操作は，一方で**加法と減法の間**のどこかにその位置を占めながら，他方で**乗除の間**のどこかに位置づいている。私たちは，こうした関係をもって，±の反復よりも大きなステップで数の世界に足をふみ入れる。すなわち私たちは，1よりも大きな等価単位による**反復的加減**を体験し，こうすることで乗法に進むために備えるのである。「半分にする」・「2倍にする」という作業はまた，可逆性を意味している。すなわち，8が4の2倍なら，4は8の半分である。ある数（またはいくつかのもの）を2倍にするということは，まず最初に，特定の数（またはもの）を選び，それに同数を加え（最初は1対1対応によって），そして，最初の1組や後の1組に目を向けるのではなく，全体に注目することを意味している。この全体が初めにそこにあったも

第12章　数えることの学習／数のネットワークの構築——ピアジェの発生的認識論を超えて

のの**2倍**である。このような操作を学習する前提条件は，**数の概念**（すなわち**数の不変性**，Piaget & Szeminska, 1941）がわかるまでになっていることや**1対1対応**および**部分-全体関係**の理解などである。

◆基本的構成プロセス

反復および**半分にする・2倍にする**などの操作は，自然数の初歩の世界に足をふみ入れ，それをわがものとするための基本的操作となるものである。では，私たちはそのような数的ネットワーク（その構造や，さらにその構造の制御が数え方の学習を組み立てている）をどのようにして構築するのであろうか？　その答えは，先行の知識のうえに精力的に積み重ねる努力を続けることによって，である。すなわち，**既知の事実が未知の事実なり，忘れてしまった事実に関係づけられる**。たとえば，3 + 3 = 6 という方程式をすでに知っていたなら（理由がどうであれ，3の2倍は6であるという意味で）この知識を導入して，未知の 3 + 4 = ? という方程式を解くことができる。これはもちろん，**非常に初歩的な**例である。しかし，数えることの学習は，まさにそのような初歩的な例で始まるということを忘れてはならない。この学習のプロセスは，次のような3つのステップを経て進む。

ステップ1　学習中の子どもが 3 + 4 は 3 + 3 と同じでないことを認識して，3 + 4 の答えは，3 + 3 の答えとは違うはずだという認識をもてること。このステップは，**一貫性ある数的ネットワークの構築**に向かう進路のうえで，すべての子どもにとって，とくに精神発達遅滞児にとって，ひとつの主要な，そして意味の深いステップである（Steiner, 1983）。

ステップ2　このステップで，子どもは4は3より大きいのだから，3 + 4 は 3 + 3 より**多い**はずだということを認める。これもまた平凡なステップではあるが，ひとつの算数的答えの**数の大きさの変化の方向**の理解に至るための，きわめて重要なステップである。こうした知識は，後で見るように，ジョルジュ・キュイズネール（Georges Cuisenaire）の色つき棒を使うことで比較的容易に獲得できる。

ステップ3　ここで子どもは，3 + 4 が 3 + 3 を上回るのはどれくらいかを認識する。つまり，厳密に1だけ上回ることを認識する。この段階で，前にふれた自然数の系列についての反復の意味についての洞察が明らかとなる。

同じように，5 + 5 = 10 の問題をキュイズネール教材を使って解くことができれば，その知識を使って 5 + 6 = ?　とか 5 + 4 = ?　などの式も解くこと

ができる。**最初の自然数を2倍にする作業**（2×1, 2, 3……または1+1＝2, 2+2＝4, 3+3＝6……10+10＝20まで）ならびに，±1によって**自然数を反復する能力**は，間違いなく，数的ネットワーク構築のための最初の基盤を形成する。

さて，初歩的な例を使って，数えることの学習のいくつかのプロセスについて，より詳しくながめてみることにしよう。これらの例の多くは，掛け算の問題を扱う際にも出てくるであろう。たとえば，ピアジェの**関係づけ**（mise en relation）と**事実の読み取り**（lecture des donnees）の区別を学習心理学で使うとしたら，どうなるであろうか。発達心理学の分野の研究者がはっきり示しているところでは，この区別は，**概念発達**に向けられたものである（たとえばPiaget & Szeminska, 1965）。だが，ここで私たちがこの区別に関心をもつのは，学校での数えることの学習との関連においてである。

数えることの学習のための多くの授業方法では，特殊な教材を必要としたり，あるいは少なくとも，おはじきや色つき棒の使用がすすめられる（図12-2参照）。しかし，そうした教材を使う子どもたちは，**数の間の関係**やそうした**数に関する陳述の間の関係**をきちんと学習せずに，棒の組み合わせの長さや，おはじきのならび方を単に読み取るだけ（ピアジェのいうLecture des donnees）に終わってしまうという危険がある。こうした形で用いられる教材や視覚的に呈示された刺激配置は，多かれ少なかれ，そうするように学習者を誘導する（少なくとも示唆する）ものである。こうした図解的な教材から生じるこの重大な危険について，多くの教師が気づいていない。したがって，この問題についてもっと多くの認知論的学習研究がなされるべきであろう（たとえばNesher, 1989）。

障害児に関する研究によれば，キュイズネールの色つき棒のような教材をあまり使わなかったり，あるいは，ごく慎重に使うしかなかった場合のほうが，実際は，初歩的な数学的操作についての洞察に導く度合いが高かったという（Steiner, 1972）（実例的教材の使用については第10章で考察したが，第14章でもこの問題をあらためて取り上げる）。

子どもたちの答えの「読み取り」（この場合は**数的な**答え）は，数的構造（ネットワーク）の形成を推進するうえで妨げとなる。それは**要素（数）の間の新しい関係**に導くことはなく，したがって，数的ネットワークの新たな部分が現われ

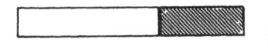

キュイズネールの教材：5×3の足し算の問題で，例として使われるおはじきと色つき棒。

図12-2　数えることの学習で使われる教材の例

第12章 数えることの学習／数のネットワークの構築——ピアジェの発生的認識論を超えて

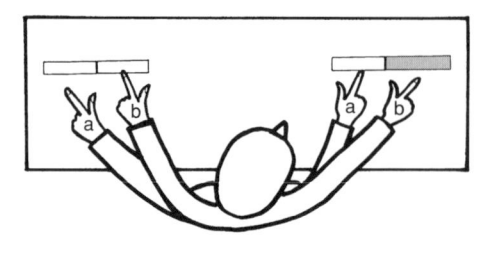

机の上に2組の刺激配列をかなり離しておく。学習者は左右の手の指ですさすことによって，対象物の間の関連性をマークする。たとえば，a) どれが同じで，どれが同じでないかなど。b) 左右に置かれたものがなぜ，どれだけ違うかということについて，くり返しによって推論することができ，こうした思考に基づいて最終的な答えが決まる。この方法によれば，関連性をステップに分けてはっきりさせられる。その関連性は単に「読み取り」によるものではない。
すなわち，**事実の読み取り**（lecture des donnees）は不可能である。

図12-3 関係づけ（mise en relation）の機能の仕方

ることもない。先生方は授業の場面を注意深く準備し，子どもたちが真の関連性について，たとえそれがごく単純なものであったとしても（実のところ，おとなの目から見て単純に見えるだけである），しっかり理解できるようにしむけてやらなければならない。数的ネットワークについての理解をほんとうに教えたいのなら，**読み取りの方略**（要素を数え上げるとか，とくに，指を使うなど）を防ぐことが不可欠である。最も手軽な方法（または，最低限の条件）は，たとえば，色つき棒やそのほかの要素の配列を空間的に互いに**離しておき**（図12-3参照），子どもたちがその配列を見比べてみなければならないようにし，密度の濃い情報処理の重みのもとで，ばらばらであった要素を連合させる作業をせざるを得ないように仕向けてやることである。そうなれば，読み取り（ピアジェのlecture des donnees）は，もはや起こり得ない。

12.8 （数的ネットワークの）認知的構築と個々の学習者の自律性

数的ネットワークの構築は，おもに，なんらかの数学的問題に対する正答を見つけることを意味するというようなものでなく，数と数との間の関係を判断したり，ここでの場合のように，**隣り合う計算式**（つまり**隣り合う**数学的陳述）に対する解答を見い出すことである。それゆえ，子どもたちにとっての課題はおもに，5＋6が何かを知ることではなくて，5＋5と5＋6が**共有するものは何か**を知ることである。5＋5＝10をすでに知っているなら，まったく知らなかった結果でも正しく判断することが可能である。もし，5＋6＝11が正しいかどうかを判断したいのなら，5＋5＝10と比べてみればよい。（数的ネットワークのなかの）**算数的準拠点**としての5＋5＝10は，6＋5や4＋5とか5＋4，あるいは4＋6とさえ連合させることができる（後者は補償の例である）。

12.8 （数的ネットワークの）認知的構築と個々の学習者の自律性

つまり，4は5より1だけ少ないが，6は5より1だけ多いので，4＋6は5＋5と同じはずだ，という判断が出てくる。5の2倍（5＋5＝10）または10の半分（10－5＝5）から手がかりを得るなら，10－6＝？　を10－5＝5とか，10－4，11－5，9－5などとリンクさせてみることもできる。

これらの陳述はすべて，**算数的準拠点**（数のネットワークの準拠点）としての10－5＝5に向かって方向づけられている。だが，子どもにとっての課題は常に同じである。つまり，ひとつの計算式（その答えは未知であるか，それともチェックの必要があるかのどちらかであるが）を，次のようなステップをふんで，ほかの既知の計算式と結合させることである。

ステップ1　「10－5＝5（算数的準拠点）であって，10－6を計算するのが課題であるとしたら，それは**同じではない**ことがわかる」。

ステップ2　「10－6の答えは10－5**より小さく**なければならない。なぜなら，**より多く**引き算しているから」。これは，基本的に重要なステップの言語化である。このステップの肝心なところは，計算結果の**変化の方向**についての学習者の洞察である。

ステップ3　「だから，答えは5ではなく，5より1だけ小さい。つまり4。10－6＝4」。これが，この子どもの結論である。この子どもは，自分の数的ネットワークの上で，数歩だけではあるが重要な数歩を進んだことになる。

このような数える行動を通して，子どもの**自律性**が育まれる。すなわち，子どもは**外的な判断**（たとえば，何かの計算式が正しいかどうか）から自分を解き放ち，**外的強化**から独立していく。自分の計算の正しさを自分自身で決められるようになることで，**自己強化**の力が生まれる。「解放」（emancipation）という言葉がまだ使えるとしたら，その子は，自分をまさに「解放した！」と表現してもよかろう。体系的にながめれば，数的ネットワークを築き上げることは，**自己強化のシステム**を立ち上げるひとつの方法であるが，それは，その子どもの認知的技能と動機づけの両方のさらなる発達にとって，明らかに大きな重要性を帯びている。

すでに指摘したように，ここで展開してきた数学的思考は，すべて，**行動の定理**に基づいている。子どもが，比較的大きな和（足し算の結果）をすでにそこにあった量に加えれば，その結果は，実際に，より多くなるということを，その子は実践的に経験しているに違いない。その子はまた，引き算ではそうはならないこと，すなわち比較的大きな和を取り去るなら，後に残るものは少なくなるということも経験ずみのはずである。そうした**生きた経験**を通して学習されるものは

何かと言えば（事実，学習というものは，そのような形でしか生じないが），それは既知の量と未知の量を比較したときに，その結果（答え）がたどる**変化の方向**である。それで，子どもは，ひとつの和を考えつく前でも，「（前よりも）もっと大きいはずだ」というように言うことができる。これは純粋な**操作的思考**であり，行為に基づいており，また，**より包括的なシステム**に埋め込まれている。それがまた，ピアジェの認識論を応用する際のカギとなるところである（Steiner, 1994）。

12.9　初歩的な乗法ネットワークの構築

数的ネットワークの構築と，初歩的な算数的操作に関与する基本的な問題を吟味してきたので，このあたりで，かけ算九九表にもう1度立ち返ってみることにしよう。かけ算の領域であっても，小学2年生の子どもが数えることの学習をする際に，だれもが参照できるいくつかの**基本**がある。つまり，ここでもまた，**反復や2倍にする，半分にする**，などの初歩的操作があることがわかる。しかしながら，この場合の反復は，掛ける数の大きさによって，前向きでも後ろ向きでも進むことができる。8の段では，±8のステップがある。**数的ネットワークのなかの算数的準拠点**として，5×8＝40という算式を取るなら，この陳述を6×8という算式と連合させて，40＋8の反復的ステップを通って48という正しい結果（答え）を見いだしたり，チェックしたりできる。そして，最後に「これで合っているんだ！」と確信し，自己強化が図られる。

2倍にすること（同じ数の反復足し算）がよく理解できている子どもは，2倍にする操作（**2倍にするアルゴリズム**とも呼ばれる）の助けを借りて，その数的ネットワークのなかの8の段のさまざまな計算を行なうことができる。たとえば，出発点が2×8＝16だったとしよう。この数を2倍にすれば，4×8であり，これはもとの答えの2倍，つまり32となるはずである。2×8＝16からスタートして，反復によって（＋8），3×8＝24を得る。そして，この数を2倍にすれば（6×8），もとの答えの2倍，つまり48を得る。これと逆の操作（半分にする）についても同じことが当てはまる。すなわち，10×8＝80からスタートすれば，8をくり返す回数を半分にして，すなわち5×8として，もとの答えの半分，40が得られる。

ここでもまた，**算数的陳述**（計算式とその要素）**の間の関連性**をしっかり理解することが重要である。こうして，この初期の段階では，いかにすばやく計算結果を，数と操作記号（演算記号）に連合させるかということが問題なのではない。子どもたちは，むしろ，最初に関連性についてよく理解することを意識的に学習

12.9 初歩的な乗法ネットワークの構築

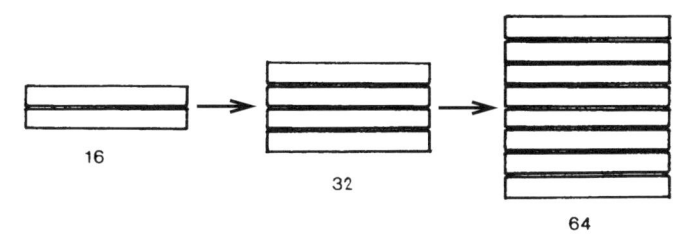

図12−4 初歩的な乗法ネットワークの一部としての2倍にする

し，そして最後に，それらを言語化することを学習しなければならない。

このプロセスにおいては，明らかに，教材の果たす役割は大きい。しかしながら，モットーとして守るべきことは，**事実の読み取り**（lecture des donnees）ではなくて，「関係づけ」（mise en relation）であることには変わりない。足し算の初歩的な事例についてすでに見たように，1つのものをもう1つのものに関連づけることは，常に比較するという行為から成っている。クッキーの箱の数を2倍にしなければならないとしたら，既知のネットワーク結節点（たとえば $2 \times 8 = 16$）から出発して，2倍にすることを介して，次の（未知の）結節点を決めることができる（図12−4）。

もし，クッキーを一度に数え上げられないなら，結果（答え）の**読み取り**はほぼ排除される。子どもたちにとって重要なのは，4×8 の唯一の正しい配列はどれかを見つけるのに汲々とすることではない。そうではなくて，彼らがさまざまな**選択肢**的配列を選び取り，要素の配列ではなく，$2 \times 8 = 16$ の方程式に対する**関連性**だけが決定的であることを理解できるようになることが望まれる（図12−5）。

数的ネットワークの構築と，本章冒頭に記したT先生の方法との基本的な違いは，学習の**体系性**にある。私たちの手もとにあるのは，多少とも孤立したさまざまな連合や，せいぜい直線的な連合ではなくて，数学的陳述（命題）の**複数の連合**である。さらに，強調点は，視覚，聴覚，そしてたぶん，運動的な符号化の多さということから，**意味的符号化**，すなわち算数的・数的連合の供給と貯蔵のほうに移っている。後者の問題は，後に数的・算数的ネットワークのパスを難なくナビゲートしようとする際に大いに役立つことであろう。

上述の通り，この方法によって数えることの学習をすれば，子どもたちは**コントロールパス**（control paths）をたどることができ，〔$(10 \times 8) - 8$〕や〔$(8 \times 8) + 8$〕を計算することによって，〔9×8〕をチェックすることができる。この数的ネットワークが**一貫性**をもっていたら，この子どもは他者の意見にまどわされることなく，自己強化の力があるという意味で，安心感を得ることであろう。

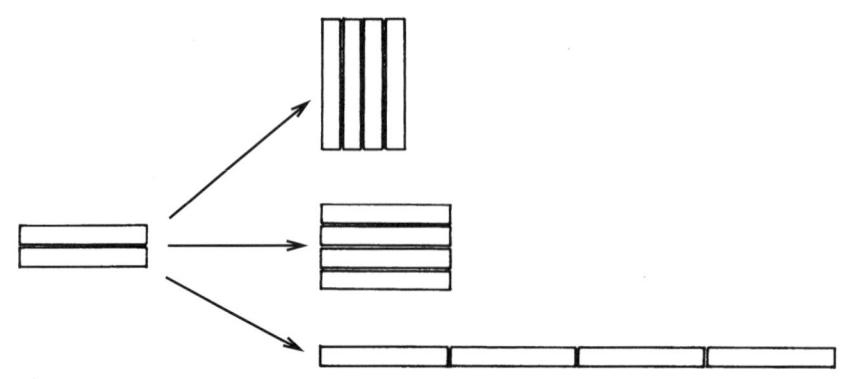

第12章　数えることの学習／数のネットワークの構築——ピアジェの発生的認識論を超えて

図12-5　乗法課題における「関係づけ」(mise en relation) 場面の構築を確かなものにするためのさまざまな配置

よく計画された学習に見られるこうした効果は，きわめて重要である。この種の学習は，**学習の学習**（learning to learn）いう方略の1形態と考えることができ，小学校でも教えることができるし，また，教えるべきだというのが筆者の意見である。

◆数的ネットワークの構築とそのパスの自動化

　数えることにすぐれている子どもと，そうでない子どもの違いは，前者の子どもが**完全で一貫性のある数的ネットワーク**を確実に身につけている点にある。エリクソンが言うように，前者の子どもたちは，よりすぐれた記憶術的システムをもっている（Ericsson, 1985）。彼らはまた，そのシステムを通じて，より容易に，よりすばやく自分なりの方法を見つけられる点でも，ほかの子どもたちと異なる。彼らは，知識のどの部分には，どの検索手がかりがふさわしいかを正確に知っている。というのは，彼らは学習している間に，自分のネットワークのなかに，相互に結びついた一連の連合を確立することによって，自分自身でそれらを符号化したからである。別の言い方をすれば，算数の成績がふるわない仲間に比べて，彼らは数的な活動により大きな**ウエイト**をかけていた。

　数的ネットワークを積み上げ拡張することは，T先生が苦心してめざしていたものの要件，つまり，掛け算問題の正解検索活動の自動化である。成績のふるわない子どもが援助の手を必要とするのは，どういうところかを簡単に見つけることができる人もいるであろう。まず目を向けなければならないことは，数的ネットワークのなかに正しい検索パスができあがっているかどうか（すなわち，既知のことがらと未知のことがら，ないしわかり方が不十分なことがらとの間に十分な結合があるかどうか），ということである。

12.9 初歩的な乗法ネットワークの構築

　ここで私たちは**習熟**の一般的レベルという問題に行き着く。成績のふるわない子どもたちについては，たとえば8という数についての，よりやさしいレベルの学習ができているかどうかをチェックしなければならない。このレベルの学習が**算数的準拠点**（数的ネットワークにおける結節点）の役割を果たすことで，その後の計算式（$1 \times 8, 2 \times 8, 10 \times 8, 5 \times 8$など。図12-6参照）での操作が可能なのである。その次にチェックしなければならないのは，簡単な計算と難しい計算の間の結びつき具合（10×8と9×8とか，5×8と6×8や4×8など）である。こうした方法でチェックすることで，なぜ多くの子どもたちにとって，7という数が関わる掛け算が比較的むずかしいのかが見えてくるであろう。そうした計算は，次のような形で，数的ネットワークのなかの**最も長い検索パス**を通ることを求めるからである。すなわち，①$10 \times 8$を介して，9×8や8×8へ行き，そこから7×8に至るパス，②$3 \times 8$から6×8へ行き，そこから7×8に至るパス，③$5 \times 8$を介して6×8へ行き，そこから7×8に至るパス，④$4 \times 8$から8×8へ行き，そして最後に7×8にたどり着くパス，などである。

　掛け算九九表の**自動化**という現象は，数的ネットワークのおける掛け算の意味的表象についての私たちの考えに反して，最短のパスを見い出し記述することを

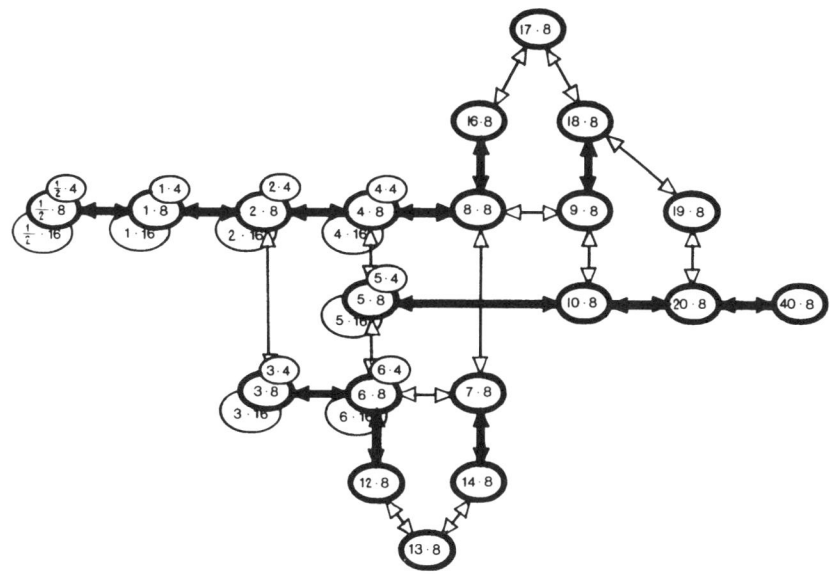

図12-6　8という数に関わる掛け算のネットワークの一部を示すダイアグラム
　　　多くの異なる関係があることに注目。2倍にする操作は太い線で，「反復」的関係（隣り合う関係）は細い線で表わしている。明らかに，このダイアグラムはすべての関係を描き出しているものではない。左肩の部分は，4と16の段に対する関係を，前景と背景に重なるような形で表示しているが，それらの関係を示す矢印は引かれていない。

第12章　数えることの学習／数のネットワークの構築──ピアジェの発生的認識論を超えて

おもに意味している（より長いパスを取らねばならない場合はまれである）。

　また，自動化とは，そのネットワークのなかのパス全体を，よりすばやく渡り歩くことを意味する。というのは，それまでにも，より頻繁にそれらのパスを渡り歩いており，より慣れているからである。こうした学習と自動化プロセスにおいては，たとえ，すでに**習熟のレベルに達している場合に限られる**にしても，直接的強化をともなう反復練習が一定の役割を演じることがある。興味深いことに，諸研究の結果によれば，**大きな数の計算は小さな数の計算に比べて**，より長い検索パスをたどるようである。たとえば，8×16は3×16に比べてより長いパスをたどる。ただ，計算の一般的速度は，数的システムに内在するさまざまな制約条件によって違ってくる。

　ひとりひとりの子どもが，自動化の段階で成功裏に学習できるかどうかは，一方で，その子が自分の数的・算数的ネットワークを**さまよい回る**回数の関数と見ることができるが，他方で，そのネットワークの質や，その質に由来する**要約的観点**（synoptic view）および常に使える状態になっている検索手がかりの多さの関数と見なされる。

◆練習と強化

　もし，ある教師が，クラスの子どもたち全員に何かの課題について練習させたいと思ったなら，彼らのなかに高度な自己訓練の習慣を養っておかねばならない。すなわち，数えることの学習をする場合なら，指名された子どもだけでなく，**どの子もその課題に取り組むように習慣づけておく必要がある**。**テンポよく学習**させたいと思う場合でも，だれかを指名する前に，子どもたち全員が手をあげるまで待つゆとりが必要であろう。ひとりの子どもが答えを大声で発表したときは，ほかの子どもたち全員がわかったことや正しい答えを思い出したことに対して，自己強化することを練習できるように配慮すべきである。とはいえ，この強化は，なんらかの形で（紙片に印をつけるとか，星形を書くなどの形で）定式化しておいたほうがよい。ここで大切なことは，こうした場合の強化は常に自己強化の形であるべきだということと，どの子も，自分の答えの公表を**無理強いされることはない**ということである。自動化の段階のより経済的な（たぶん，より有効な）練習方法は，小集団や2人ペアの形を取ることである。このことによって，大きな数の計算も正しく解く可能性が高まるであろう。もちろん，このような小集団はうまく**機能**しなければならず，正の強化は正しい答えが出された場合にのみ，また，例外なく，すばやく与えることが肝心である。こうした練習は独自の課題として行なわれる必要がある。また，そうするだけの価値がある。というのは，教室のなかで**チームを組んで練習すること**はいつでも可能だからである。と

りわけよい成績をあげたチーム(あるいはチームのなかでとくに貢献した子ども)に対しては,特別の強化を与えてもよい。これは,スキナーがプログラム化された授業に関して述べているなかで推奨していることである(Bower & Hilgard, 1981参照)。

◆数的ネットワークの構築は実際に経済的で有益と言えるか?

数的ネットワークの構築という複雑な構造と,私たちおとなが通常行なう九九表の検索および使用とを比較してみるとき,自然に行き着く疑問が,数えることを数的ネットワークの構築として考えることが,経済的であるかどうか(また,実際に有益であるかどうか)ということである。最も大切なことは,正しい答えをすばやく思いつく能力ではないだろうか?

そこで,私たちはまず,九九表の知識は,2年後には文字の形で子どもたちに求められることを忘れてはなるまい。その段階では,九九表は比較的低レベルの学習活動であり,それは,文字に書かれているひろい範囲の操作のなかの**サブ・ルーチン**としての役割を果たし,すばやく活性化されることが求められる。実際,この時点でおもに問われることは,検索の**正しさ**と**速さ**である。人によっては,さらに進んで,次のような問いを発するかもしれない。現代の電算機のことを考えてみたとき,九九表の知識がなんらかの意味をもつのであろうか,と……。

この疑問に対する回答は,また,これまで述べてきたような,数えることの学習が経済的で意味があるかどうかという疑問に対する回答は,次の点を指摘するだけで十分であろう。すなわち,数的・算数的ネットワークの構築において最も重要視されることは,**数や算数的陳述の間の関係**についての深い理解であるということ,また,こうした理解が確立する際に最も重要なことは,**数の大きさの変化の方向**を見て取ること,すなわち,**操作の基本**をつかむことである,という点である。これらすべての学習活動と,それに関連した知識が根本的な重要性を帯びている理由は,その後のいろいろな形式のほぼすべての数学分野で,たとえば印刷された練習問題とか,小学校高学年や中学で勉強する分数の学習などにおいて,ふたたび出てくることがらであるからである(Steiner & Stöcklin, 1997)。さらに,数的・算数的ネットワークの構築に関わりのある学習活動は,**自己コントロール**や**自己強化**などの技能を身につけさせ,そのことによって,子どもたちは外的なコントロールから自らを自由にする力を身につける。こうしたことはすべて,教育学的見地から見て非常に望ましいことである(学習者の「解放」についての筆者の解説を参照されたい,12.8)。

こうした動機づけの側面とは別に,数的・算数的ネットワークの**調べ尽くし**(working through; Aebli, 1983)というプロセスに関わる認知的側面がある。こ

第12章　数えることの学習／数のネットワークの構築——ピアジェの発生的認識論を超えて

れは機械的な学習課題や個々の陳述と対比される問題である。ここで注意すべきは，私たちが扱っている問題が，ますます**思考**や**課題解決**の学習の性格を帯びてきていることである。これらは，少し高いレベルの算数的（および，後の数学的，代数的）思考において，似た形で見ることができる。数的ネットワークの**調べ尽くし**作業をすることによって，小学校4，5年の子どもたちは複雑な計数的操作について予測をする能力を獲得する。たとえば，「4704 ÷ 48 = 98」を知ることによって（計算機を使ったとしても），「4705 ÷ 48 = 98……あまり1」ということや，「4703 ÷ 48 = 98」ではなく，「97とあまりがいくつか」になるということを判断できる。あるいは，「48で割ったら99になる」とか，「100に等しい」といった場合，割られる数はいくつかを判断できる（Fricke, 1970）。このような計算は，数的ネットワークのなかの，ひとつまたはそれ以上のパスを通ることを表わしている。

すなわち，そうした計算をすることで，学習者は，そのような算数の問題（後に代数的問題）に関わりのある，どんなことでも**考え抜く**ことができることを知り，この種の問題には解決に通じる，ひとつまたはそれ以上のパスがあることを知るのである（先に見た7×8の例では，同じ解に至る4つのパスがあった）。**パスの複数性**に気づくこと，とりわけ，それらのパスの使い方がわかるようになることは，幼い学習者がそうした課題を目の前にして，絶望的となり，「そんなの，できない！」などと言って，泣き出してしまうような事態に対抗するための最善の方法である。

換言すれば，解法の複数性について十分な練習を通してよく理解していることが，数学的問題に対して，**何も解答が出せないでいる**というような，よく目にする事態に対する対抗策である。同時に，こうした知識と能力は，単純な計数操作よりも高いレベルの**メタ認知的技能**を表わしており，数的ネットワークの構築における経済性についての疑問を不発にしてしまう。あるプロセスの効率性はどうでもよいというわけではないが，ここで私たちがより強い関心をもっているのは認知的学習のほかの側面であり，また，そこから浮かび上がってくる動機づけの側面である。

ひとつの算数の問題（それが，いかに初歩的なものであろうと）を解くために，多くのパスを渡り歩く能力は，**創造性**の1形式だと考えてよいのかもしれない。しかしながら，こうした技能を子どもたちのなかに育て高めることは，教師に対して多大な要求を出すことになる。数的ネットワークが子どもたちのなかに構築されつつある段階で最も大切なことは，教師の注意が**結果**に対してでなく，**プロセス**に対して向けられることである（プロセス志向的授業の目標，授業目標としての**理解**，Aeschbacher, 1986参照）。そして，もし必要なら，これらのプロセスにおける進歩に対応する形で，授業は個人別に構造化されねばならない。

❖この章のポイント

1　数的ネットワークは，数と算数的操作の意味が表示される，意味的（概念的）ネットワークの特殊ケースである。ある特定の数の意味は，数的ネットワークのなかのその結節点によって決まり，その結節点とリンクした無限の数の操作で表現することができる。

2　数えることの学習は，数や演算記号や計算結果（答え）などの連合の輪以上のものである。その学習は，数的ネットワークの構築や拡張とか，そのうえを渡り歩くことを意味する。

3　数的ネットワークの構築は，算数的関係を介して数的要素（数）の間を結びつける数多くのプロセスの結果である。

4　算数的関係の初歩的なものは，自然数の±1の反復とか，基本的な数学的操作，および半分にする，2倍にするなどの操作を通して表現される。

5　数えることの学習は，ひとつの高次な学習として，数とか操作に意味を与えるという含みがある。数えることの学習は，また，発見的（創造的）であって，ただのアルゴリズム的な結合のプロセスではないことを暗に意味している。そしてまた，多くの場合，解決パスは複数あることが明らかになる。

6　初歩的な数的ネットワークの構築を具体的に説明するために，私たちはピアジェの発生的認識論から，①すべての算数的操作の行為志向性，②すべての算数的操作のシステム特性，③教授学的に非常に適切な概念である関係づけ（mise en relation）とか事実の読み取り（lecture des donees）などの用語を借用した。

7　教授学的に言えば，関係づけと事実の読み取りとは明確に区別される。

8　数的ネットワークの構築がプロセス志向的態度でもって適切に行なわれたとしたら，それは操作的思考につながる。すなわち，いくつかの相異なる解決パスにふみ入れる能力や，自己制御と自己強化を採用する能力が育つことになる。

9　操作的思考の発生源は，算数的演算を事実上，成功裏に完了することのなかにある。それは内化された可逆的な算数的行為である。最初の行為の内化が生じるのは，想像することや，そうした想像過程についての言語化を通じてである。算数的行為，または，その内化から派生する基礎知識は，一方で，得られた数的結果を反映し，他方で，それらの変化，とくに操作が相互に比較された場合は，その変化の方向（同じ，違う，多い，少ないなど）を反映する。そうした初歩的な知識は，分数の学習のような，より複雑な数学の領域においてさえ高い価値をもつ。

10　数える力の高い子どもと低い子どもの違いは，①数的ネットワークの一

貫性の度合い，②適切な検索手がかり（すなわち，ネットワークのなかの数的準拠点）を使える状態にもってくる能力，③数的ネットワークを先導することから選び取られたり，推論されたりした算数的関係をすばやく想起する能力，などに見られる。

11　このようなすばやい想起（検索）は，数える行為の自動化の基盤となる。そうした想起の力は，そのネットワーク上の広汎な領域，ならびにそれらの数的要素と関係の利用可能度の増大するなかから立ち現れる。その力はまた，学習者がそのネットワークを頻繁に行き来したり，成功への最短パスを発見したりすることによって，そのネットワークに慣れ親しんできたことの産物でもある。

第 *13* 章

タクシー運転手の地理概念／認知地図の構築

13.1 はじめに

　本章では，いわゆる認知地図（cognitive map）のような特殊な構造が，どのように構築されるのかという問題を取り上げる．そこには，目の前の，またはより広範囲の，環境についての**概念的**知識や**空間的**知識が含まれるが，そうした知識が，**局所的位置の変更の計画や実行**とか，**ある場所の位置の予測や距離と時間の見積もり**などの形で，それぞれの環境における私たちの行動を導くのである．

　本章で使う重要な用語は**認知地図**，**道標知識**，**ルート知識**，**測地的知識**（survery knowledge），**空間関係**，**空間的包摂**，**計量的および近接性関係**，**直写的および命題的表象**（analog and propositional representation），**階層性統合**，**空間的準拠枠**，**動作プランの活性化**，**概念的・空間的情報の凝縮と展開** などである．

13.2 環境学習，場所学習，町中を回ることの学習

　ふだん，そんなふうに考えることはあまりないが，私たちは新しい環境のなかで自分の行くべき道を探そうとしているとき，初心者のタクシー運転手と同じような課題に当面する．ある研究者はそれを**環境学習**と呼び，ほかの研究者は**場所学習**と呼んでいる．より一般的な意味では**空間認知**という用語を使ってもよいであろう．これは，すなわち，目の前（あるいはよりひろい範囲）の空間的環境についての知識の獲得と，その後の使用の問題である．

　普通，私たちは，ある町について熟練したタクシー運転手と同じように，詳しく知っている必要はない．しかし，行ったことのない町に入ったときは，あまり迷うことなく，自分の道を見つけたいとだれしも思うだろう．同じ町でも，新しい地域に引っ越したときや新しい仕事を始めようとするときもまた，その周辺で自分の道を見つけ出す必要がある．「自分の道を見つけること」は，店舗やバス停，駐車場などの位置を知るなど，近隣の通りについてなじみになることを意味する．

そのことはまた，自分が出発する位置からそれらの場所への所要時間はだいたいどれほどであるとか，どちらの方向へ行けばよいのかなどについて知ることでもある。

私たちは比較的**広域の環境**について知るだけでなく，デパートのなかの商品の配置換えをした売場とか，マーシーの新しい店舗やタワー・レコードの店，あるいは日曜大工や園芸センター，オフィス街，新しいアパート（小さい子は新しいアパートで迷子になり，泣いて助けを求めることがいかに多いことか）など，より**限られた**環境について知っておかねばならないことがあるだろう。もっと小さいことでは，新しくなった台所や家具の配置換えをした後の自分の仕事場についても同じことが言える。

ここでは，タクシー運転手のケースについて考えてみることにする。運転手は町の地理を学習し，ある地域のどんな地点からでも，乗客を可能な限り速く安全に運べる道を知っておかねばならない（Pailhous, 1970 ; Bahrick, 1983）。運転手がいかにして，こうした学習をするのかを見てみることにする。

タクシー運転手は，自分がこの仕事ですぐれているとか，その仕事から喜びが得られるとか，もしまわりの道を**完全**に知っていたら，乗客たちはより満足するだろうということを知っているものと仮定する。つまり彼には，その町の地理を学習することへの**動機づけ**があるとする。彼は，この目的のために，あらゆる知識を得ようとして意識的に努力するであろう。ここで，私たちの多くとは違って，新しい場所をより**偶発的**に知ることであろう。私たちは，自分が住み，働く新しい地域が，どのようにして次第しだいになじみのものになっていくのかについて気がつくことはまずない。

13.3　心理学的トピックとしての認知地図

町の地理の学習とは，要するに**メンタルな地図**，現代心理学で言う**認知地図**をつくり上げることを意味する。こうした地図があれば，場所，方角，距離の判断をするとき，いつでも頼ることができる。つまり，空間的環境のなかで私たちの行動に指針を与えてくれるのである。ここで考察する学習のプロセスまたは方法は，**認知地図構成**（cognitive mapping）と呼ばれる。この学習の産物が認知地図（CM）であり，特殊な認知構造，空間環境の一部についてのたくみに組織された内的表象であると理解される。

◆初期の研究

空間学習とか**場所学習**あるいは**CMの構築**は，学習心理学のなかで長い伝統を

13.3 心理学的トピックとしての認知地図

もつものであるが，ここで考察する学習に関わる特殊なプロセスは，数年前まで詳しく研究されたことはなかった。空間学習に関する研究自体は，20世紀初頭の10年くらいまでの間にすでにあった（Galton, 1872；Claparède, 1903；Gulliver, 1908, とりわけTrowbridge, 1913）。しかし，学習心理学の分野にＣＭの現象を最初に導入し，系統立てて説明したのはトールマンであった（Tolman, 1948）。「ラットと人間における認知地図」と題する彼の論文は，その後の心理学史のなかでひとつの里程標となった。それに先立つこと20年前，ラシュレー（Lashley, 1929）はすでに，エサを求めて迷路を通るラットが出発点のカバーを押しのけ，よじ登り，エサに向かって迷路をまっすぐ走っていくようすを観察している。トールマンは，そうした観察から，ラットは実際にかなり広範な**地図**を身につけており，それは何度も迷路を通るように置かれたことによって学習したＳ－Ｒ連鎖**以上のもの**だと結論づけた。彼はリッチー，カリッシュとともに，特殊な実験装置によってラットにおける空間表象（「認知地図」）の存在を証明した（Tolman, Ritchie, & Kalish, 1946）。

トールマンらは図13-1aのような装置を用いて，ラットをＡ点からＢ点を過ぎ，開かれたスペース（テーブル）を渡って，Ｃの通路を通り，さらにＤ，Ｅ，Ｆを通って，最後にＧ点にたどり着くよう訓練した。ＦからＧまでの区間は，照明Ｈによって明るくされている。いったん，この訓練が終わったところで，ルートは完全に変更される（図13-1b参照）。スタートの位置はまったく同じだが，Ｃに通じる通路は袋小路となっている。Ｃのほかに12本の長い通路と6本の短い通路が開かれており，それらは最初，エサに通じていた通路Ｃの左90度，右90度の角度まで，いろいろな方向でテーブルから放射状にのびている。

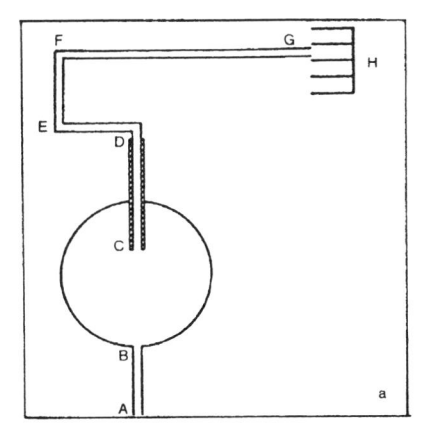

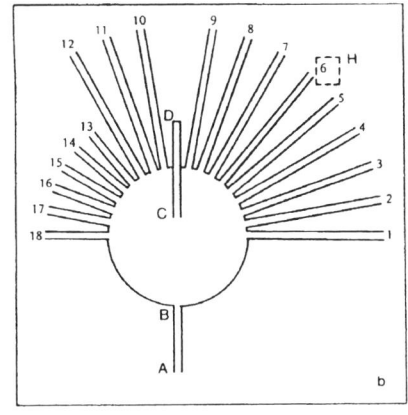

図13-1 ラットを用いた2つの実験装置。aからbに変えることが認知地図の発見に導いた
（Tolman, Ritchie, & Kalish, 1946）

ラットは最初のうちは，前に学習した方向に走り出すが，Cは先まで行けないことがわかると，開かれたスペースまでもどった。ラットはそれぞれの通路の最初の部分を探索しながら先へ進み，それから目標に通じる通路を選んだ。3分の1以上のラット（18個体）は通路6を選んだ。通路6は，訓練期間にエサが置かれていたところに最も近い位置に当たる。次に数の多い群（9個体）は通路1を進んだ。そこを通ると，訓練中照明で照らされていたFからGに至る通路と同じ方向に進む。残りのラット（49％）はほかの10の通路のどれかを選び，なんら選好性は示さなかった。ラットは訓練中に進路要図（strip map）とエサに続く特定の通路ばかりでなく，エサはその実験領域内の一定の方角で見つけられるという情報を含む，かなり包括的な地図をも形成していたことは明らかである（Tolman, 1948, p.204参照）。

しかしトールマンの実験は，**認知地図**とは，いったいいかなる表象なのかということは示していない。彼はどのようにして認知地図が構築されるのかということついても，それが何から成り立っているのかについても，またそれがどのように使われるのかについても，具体的に述べていない。むしろ彼はその用語を，いささか奇妙な方法で，退行とか固着，攻撃の置き換えなどの精神分析的用語を解釈するために使っている（Tolman, 1948, pp.205-208参照）。しかしながら，刺激布置と反応の間に「地図様の」表象の形で複雑な認知過程が介在するという彼の考えは，さまざまな形で取り入れられたり，拡張解釈されたりしている（チンパンジーについてはMenzel, 1973, 1978；人間についてはKozlowski & Bryant, 1977）。

ＣＭの構築はＳ－Ｒ学習とはまったく異なる。タクシー運転手の例を用いながら，この種の学習がどのように働くのかを，より詳しく見ていくことにする。ＣＭの構築は，相互に依存し合う，さまざまな下位過程または微細過程から成る複雑な学習過程だということは，初めからはっきりしているはずである。

13.4　所産としての認知地図

町の認知地図をできるだけ完全で明瞭な形で構築しようとしたら，次のような関連性の深い3つの内容が学習されねばならないことを知るであろう。
1　その地図のなかに含まれるものは**何か**を教えてくれる情報（「何らしさ」What-nessと呼ぶ研究者もいる；Downs & Stea, 1973, 1977）。
2　ＣＭを構成するすべての要素の**位置**を特定する情報（「どこらしさ」Whereness）。
3　個々の位置には**どうしたら**行き着けるかについての情報。

13.4 所産としての認知地図

◆空間的知識と非空間的知識

　このような大まかな分類でも，すでに，構築されるべきCMは単に空間的知識ばかりでなく，多くの**非空間的**，**非3次元的**な性質の知識を含んでいることを示している（Thorndyke, 1981）。この非空間的知識の大部分は，場所や公共施設の名前とかいろいろな通りの名前など，一定の意味をもつ多くの名称から成り立っている。タクシー運転手はこれらの名前をすべて覚え，認識できるようにしておかねばならない。たとえば，ニューヨークについていえば，マディソン・スクエア・ガーデンとかペン・ステーション，スターテン島のサウス・ビーチについて知っていなければならないが，国会議事堂やスミソニアン博物館とかスーパードームなどは知っていなくてもよい。また，ワシントン・スクエアやデューク・エリントン通りは存在するが，アブラハム・リンカーン通りやルイ・アームストロング通りはない。お客はベルビュー・ホスピタル・センターとかペンタ・ホテルなど，自分のめざす特定の行き先を指示するだろうから，運転手はそれらの目的地がどこにあるかを知っていなければならない。ただ，必ずしも，それぞれの目的地のある通り名を正確に知っておく必要はないであろう。

　明らかに，これらの場所が問題になるところでは，「どこらしさ知識」（whereness knowledge）が必要とされ，おそらくほかの比較的磨かれた知識（情緒または価値志向的知識）も関わってくるであろう。この点については後でまた考えてみることにする。この種の場所が，CMの要素または**基本単位**であると言ってよかろう。通りのある**区間**や交差点とか，高速道路の合流点やランプのような言葉で表わしにくいほかの要素もあるだろう。さらに，とくに目立つ構造物（高層ビルや橋），あるいは自然の道標（崖や樹木や滝）とか象徴的価値をともなうもの（救急施設や歴史的モニュメント）などもまたCMの要素であり，ある町のある地区全体やある部分全体すら，CMの要素となることがあろう（たとえば，イースト・リバーで隔てられたマンハッタンとクイーンズ）。

　リンチ（Lynch, 1960）は，CMを構成する要素を探り当てようとする試みのなかで，道標，通路または経路，合流点，端（edge）および地区を区別した。地図の要素についてのこうした分類は，CMの構築とその使用に関わる心理的プロセスに対してよりも，所定の地理的または**位相的**要因（topological factors）に関係が深いものである。もし，私たちが後者の側面（訳注：心理的プロセス）を考慮に入れるなら，地域または地区全体がCMの要素を表わすものとなり，ある街角の郵便受けや花瓶ですらCMを表わすものとなる。

　明らかに，そうした要素は規模（scale）によって支配されている。つまり，エンパイヤー・ステート・ビル全体がひとつの要素になることもあるし，その印象的な表玄関だけでもひとつの要素となることもある。この例から明らかな

ように、**非空間的**または**非3次元的**知識ですら、意味的または概念的基準に照らして体制化されることがある（たとえばAebli, 1978, 1981参照）。ある町の地理を学習するためには、文字通り、要素の「階層的体制化」を求められるのである（Hirtle & Jonides, 1985参照）。まず初めに、町全体が、マンハッタン、ブロンクス、クイーンズ、ブルックリンなどに、それから周辺地域であるスターテン島やミドルセックス、ウエストチェスター、ナッソー、そのほかの基本的地域分割される。マンハッタンのなかでは、イースト・サイドとウエスト・サイドの間に区別がなされ、その地域のなかでさらに、たとえば南から北への順に、ホワイトホール、ローアー・ブロードウェイ、ローアー・イーストサイド、ソーホー、バウリー、グリニッジ・ビレッジ、チェルシー、そのほかに分割される。最後に、それらの地域に、街路が加えられ、最初に幹線道路、次に支線道路という具合に構成されていく。

しかし、実際には、ある町の構造が事実的・地理的特性の基準だけですべて決まるものではないので、町の構造がそれほど秩序よく論理的な形になっていることはあまりないであろう。もちろん、ＣＭの要素となるものは、ある地理的位置を占めていることは間違いないが、しかしその位置や名称とは別に、きわめて重要なほかの特性、たとえば知覚的特徴とか、特別の機能あるいは特殊な魅力などをもっている。ある町が、非常事態に対応できるような構造になっている場合もあろうが、その場合は医療や専門技術、そのほかの助けが得られるような場所の機能が前面に出てくるであろうし、あるいは料理やそのほかの楽しみごとに向くような町の構造になっている場合もあろう。

場所の名称や知覚的特徴とか機能、価値などは、ある程度その位置（「どこらしさ」）とは独立に学習されることは十分考えられる。こうした場所についてのタクシー運転手の知識は、地理的位置が主観的な色づけをされることなしに、絶えず増していくことも確かである。しかし、この「何らしさ」が「どこらしさ」からどれだけ独立であるかは、相対的な問題である。すなわち、すべての場所は互いに空間的な関係において組み合わされているのであり、そのなかの何かがＣＭの構築にとって基礎的なものとなっているのである。スウェーデンのゲールリング（Gärling）研究グループは要素間の空間関係について、3種区別している（Gärling, Böök, & Lindenberg, 1984）。次に、その3種の空間関係について考えてみることにする。

◆ＣＭの要素間の空間関係

1　空間的包摂関係　ある特定の通りの角に置かれた花瓶とか、オフィス街のビルのなかの特定のオフィスなど。こうした空間的包摂関係が生じる

のは，私たちが内的表象の要素をつくり上げるために異なった尺度で事物を使うからである。

2 計測的空間関係 つまり，ＣＭ上の１対の場所間の方向と距離についての情報。ＣＭは多くの場所を含むので，すべての場所の組み合わせについて，その方向や距離の情報を貯えておくことは，絶対に不可能であろう。しかしながら，準拠点の役割を果たす最も重要な事物の間には，歴然とした計測的空間関係が存在すると考えることは自然であろう。そうした場所として，鉄道の駅とか地下鉄の乗換駅などの重要な交通上のポイントが当たる場合もあろうし，特定の高層建築物や公園，教会などのような重要な知覚的特徴となるものである場合もあろう。ある個人にとってだけ重要な場所，たとえば友人が住んでいる家とか，大好きなおじさんの店などが準拠点になる場合もある。

ここで問題になるのが，ＣＭの正確さと信頼性である（Tversky, 1981; Gordon, Jupp, & Byrne, 1989）。ＣＭの構築過程に注目してみるとき，実際の空間的環境の属性および配置と認知的表象における，それらとの間に全体的な**同一性**を期待することには無理があることがわかるであろう（Downs & Stea, 1977, p.99）。ＣＭに含まれるものは，手もとの膨大な環境情報のなかから選択されたものだけであり，その選択は，内容や課題とか目的によってケースごとに大きく違うであろう。そこで，あるＣＭの正確さの問題は，それがその場の空間的環境によって生じた問題の解決を可能にするような厳密な情報を含んでいるかどうかという，その**適切性**のひとつの問題とならざるを得ない。ＣＭの正確さを測る方法は，そのＣＭがどれだけ**うまく**，実際の**使用に供せるか**ということである。

3 近接関係 つまり近さの関係である。重要な準拠点の地位をもっていない場所も多くあるが，それらの場所が，いくつかのより重要な場所または事物の近くにあることを，私たちは知っている。たとえば，公立図書館はブライアント公園の**近く**だとか，マグロー・ヒル社のビルはタイムズ・スクエアの**近く**だ，という具合にである。近接関係においてほかの場所と連合している場所は，時として**序列的空間系列**のなかに組み込まれていることがある。この系列の序列は，計測的情報が欠けている場合の代用物として，ある所定のポイントからずっと遠いところやもっと近いところに，何があるかを判断するのに役立つ。

さて，あるＣＭのなかの距離に関連するすべての情報が，こうした序列性をもつものであろうか。また，そもそも計量的情報を含んでいるものなのだろうか。

コスリン（Kosslyn, 1980）やほかの人たちが示したように，計量的情報は実際に表象化され得る。ただ私たちは，計量的情報の定義に役立てるために自由に使えるような，高度に洗練された言葉をまだもっていない（Canter & Tagg, 1975 も参照のこと）。

13.5　認知地図の構築

　ＣＭの発達には，言語学習，個別の具体的空間環境との相互作用，および選択と統合または体制化という，3つのプロセスが含まれる。前述のニューヨークの新米タクシー運転手の例で言えば，そこにある南北の街路（ストリート streets）や道路（roads），車線（lanes），広場（squares），大通り（boulevards），東西の大通り（アヴェニュー avenues）など，まず，ニューヨークの通りの名前を覚えることが勧められる。これは主として非空間的言語学習である。とはいえ，このことは**構造化**または**精緻化**につながる，いくつかの可能性を暗示し，また必ずしも位置学習とまったく無関係に起こるわけではない。たとえばマンハッタン地域では，ストリートとアヴェニューの構造を，その番号によって記憶するのが理にかなった方法であろう。そのほかの名前は，たとえばアレクサンダー・ハミルトン広場とかピーター・クーパー道路，フレデリック・ダグラス大通りなどのように，個人の一般的知識によって意味的に精緻化することができる。

　読者のなかには，こうした言語学習は実用的価値がほとんどない，陳腐な理論的練習のように感じる人がいるかもしれない。しかし，そうではない。ここでの学習の課題は，場所のペアをマッチさせること，すなわち，その場の空間的環境の実際の地理的要素と，それに対応する完全に恣意的な名前との間の連合を確立することである。ことによったら，その双方とも新しいものである場合もあろう。つまり，そのストリートを見たこともなければ，名前も聞いたことがないという場合もあろう。この運転手が見慣れない地域を歩くかドライブするかして通ることになったとき，彼が通りの名前をすでに知っていたなら，その名前と通りを連合することはずっと容易になることであろう。もし彼がその両方を同時に記憶しなければならないとしたら，それははるかにむずかしいことになろう。この点で彼は，学校の教師が学年の初めに，受け持ちのふたつの新しいクラスの40人の生徒の名前をできるだけ早く手際よく覚えなければならない場合と，同じ状況に置かれることになる。この教師の場合，もし彼がふたつのクラスの生徒と初めて顔を合わせる前に，Ａのクラスにはだれそれがいて，Ｂのクラスにはだれそれがいるというように，何人かの生徒の名前を覚えていたら，彼の課題はずいぶん容易になることであろう。つまり，彼は生徒とその名前のペアの半分を空んじてい

ることができれば，後は対応する生徒のイメージをリンクさせればよいわけである。この種の**対連合学習**の目的は，生徒の顔を見てその生徒の名前を正しく思い出せるようになること，または，**手がかり再生**（cued recall）過程のなかで生徒の名前を聞いたり読んだりした際に，その生徒の容貌の正しいイメージを生成できる状態になることである。

同じように，タクシー運転手の場合も，ある地域内を初めて車で通ることになり，通りの名前を目にするのも初めて言う場合でも，もし，彼が事前に街路についての言語的知識を自由に操れるまでにもっていたとしたら，比較的簡単に（**通りとその名前の**）対連合ができることを知るであろう。彼の相互作用的学習過程——その町の空間的構造についての経験——は，はるかに効率的なものになるであろう。

ロンドンでタクシー運転手になりたいと思う人は，実際に自由に走り回れるようになる前に少なくても1年くらいの間，この巨大都市をバイクで走り回ってみなければならないかもしれない。こうした相互作用的学習プロセス，すなわち**なすことによって学ぶ**方式の学習は，通りやそのほかの重要な要素の名前が前もって学習されていて，対連合がより容易になされるようになっていたら，はるかに迅速で効率的になるであろう。

ただしかし，これは理想的なやり方であって，そう簡単に実践に移せるものではない。現実には，タクシー運転手は場所の名前を何度も何度も聞いたり見たりしながら，徐々に学習していくのである。しかし，その学習手順を最適なものにするために，少なくとも渋滞で待つ時間を利用して，いくつかの通りの名前を空んじる学習をしたり，また同時に，地図で調べたりすることができるはずである。

◆道標の学習

速度の遅い車（または徒歩）で，町のなかをあちこち回ってみるのは大切なことである。そうすることで，目立つ要素や機能的に重要な要素の**符号化**のために必要な機会と時間ができることになる。先に，私たちは町の通りなどの要素に注目した。次に，私たちが関心を寄せるのは要素そのものである。前述のタクシー運転手にとって，通りや広場に含まれる**すべての**情報を符号化することは明らかに不可能である。むしろ，彼は定位ポイントとして使える要素を**選択的に**しぼり出し，そのほかのすべてを無視するであろう。その選択の基準となるものをリストアップすると，次のようになろう。

1　知覚的弁別または**イメージ化可能性**。運転手は空間的環境のなかから，大きさや遠くからも見えるがゆえに，あるいは背景との対比ゆえに際だち，認

知されやすい諸特徴を選択する。それは彼が車の流れに注意を集中しているときでも行なっている。これらの事物は想像のなかで描いてみることは容易であり，通りや通りの一部に対応する視覚的イメージとして用いられ，対応する通りの名前と連合する。もし，目立つ特徴がほとんどないかまったくない場合は，直接的ではないにしても，比較的長い時間（信号待ちの場合のように），彼の視野にさらされるほかの特徴を選ぶ。したがって，町の空間的構造を学習する場合は，**相対的露呈時間**が一定の特徴の選択につながることがある。

2 諸特徴の**機能的重要性**。比較的目立たない特徴が符号化されることがある。それは，そうした特徴が，その場の行動のしかたについて一定の方向を示している場合である。たとえば，宣伝広告板を見て正しい車線に入るとか，壊された街路灯を見て，とくに危険な交差点が近づいていることを思い出した，などという場合である。

3 このことと結びついて，第3の基準としての運転手にとって（たぶん，彼だけにとって）の特性の場所の**価値内容**がある。たとえば，20番街東の小さな芝生のあたりで，最近，彼は今までで1番多額のチップをもらったからということで，その芝生が選ばれることもあろう。この場合，20番街は少なくとも一定期間，彼の**挿話的記憶**（episodic memory）のひとつの重要な要素となるであろう（Tulving, 1972参照）。

そこで，CMの発達の第1歩は道標を選択し，それらを多かれ少なかれ新鮮な心的イメージのなかに符号化し，それらをひとつの名前と連合することである。もし，お客がそれらの名前のひとつをあげたら，運転手はその目的地についての対応するイメージを生み出すことができるであろう。彼がひとつの道標を通り過ぎたとき，その名前を覚えたら，それは，その町についての彼の知識を**定着させる**うえで役に立つことになる。同時にそれは，たとえば彼がこのポイントを通り過ぎるときは正しい道を進んでいること，少なくとも正しい方向に向かっていることをはっきり示してくれていることになり，**フィードバック**と**強化**にもなっている。**道標**がわかってくるとともに**空間的準拠枠**の諸要素も築き上げられてくる。その後，この枠のなかにますます多くの細部が組み込まれ，さらに多くの地域がその枠と結びつけられる。そして，最後に彼は，この学習過程の最終段階（このことについては後でまたふれる）として，その町の大きな地域についての**測地図（鳥瞰図）**をつくり上げる。この全体図によって，彼は方角，方向，距離などに関連する空間的推論を引き出すことができるのである。

13.5 認知地図の構築

◆ルートの学習

タクシー運転手が，町のことを知っていると言える状態になるためには，その町の**道標**となるもの以外のものにも通じていなければならない。より重要なことは，**ルート**，すなわち道標となるポイントの空間的結びつきを学習することである。場所の空間的連合を成り立たせているのは，産出ルール（production rule）の学習と行進計画（marching plan）の発達である。産出ルールは，次の例に見られるような一連の**場面－動作対**から成っている。仮に，あなたが車でフォーダム大学を出発して，ヘイデン・プラネタリウムへ行くところだとする。ルーズベルト病院の角（場面）に着いたら，あなたは左折（動作）しなければならない。そして，ニューヨーク・コロシウムのロータリー（場面）で左レーンに入り（動作），セントラル・パークの西南の角（場面）で幹線道路から出て，左側の通りに入る（動作）。そしてあなたは，国立自然史博物館（場面）を過ぎたらすぐに左折（動作）し，ヘイデン・プラネタリウム（新しい場面）に到着する，という具合にである。このように言うと，ずいぶん細かい話になるが，いつもそれほど細かいものになるわけではない。それほど詳しく言えなくとも，あるルートを「知る」ことはできる。

何年か前，筆者は毎日ジュネーヴの郊外の町，カルージ（Carouge）から空港近くのブーデ（Bude）まで車で行かねばならなかった。1度，大家さんの車の後について自分の車を運転し，道を教えてもらったことがあった。それ以来，筆者は，通りの名前など実際には何も知らなかったが，毎日ひとりで車を運転して行けるようになった。しかし，いったん，バスやトラックの後につく状態になると，道がわからなくなった。**場面－動作対**を呼び出すためのあらゆる手がかりが視界からさえぎられたり，認識するのが困難になったりして，産出ルール検索が妨げられたのである。

秩序だった産出（Thorndyke, 1981, p.40）のためには，動作の引き金となる場面（手がかり）が正しく迅速に認識されることが決定的である。だが，産出ルールに含まれる**場面－動作対**を言語的に再生することが絶対必要だというわけではない。「私はあなたに，そこに行く行き方を口では言えないが，あなたをそこに遅滞なく連れていくことはできる」と，ある日ある人が，路上で筆者に言ったことがあった。

◆測地的知識（Survery knowledge）の構築

空間的要素の**体制化の最初の形式**は，ルートを使って2つまたはそれ以上の道標を結びつけることである。もちろん，そのことは距離と大よその方向の体験をともなっている。ここで問題になるのは，より包括的な見取り図を可能とする認

第13章　タクシー運転手の地理概念／認知地図の構築

図13-2　子どもの認知地図
　　　この図は，子どもは道標やルートのことはよく知っているが，その知識を結合して，大きなまとまりにつくり上げることがまだできないことを如実に示している。
　　　子どもの言葉「学校までもどってきてくれたら，ウチまでの道を教えてあげられるよ」。

知地図が，このさまざまなルートについて増え続ける情報の山のなかから，どのようにして現われ出るのかということである。最初，それはたぶん，大まかなスケッチふうのもので，2，3の空間的関係しか含まない大きな穴の開いた網のようなものでしかないであろうが，学習過程が進むにつれて徐々に，より細やかで精密なものになっていくのであろう。ＣＭの発達プロセスのなかには，**ルートの結合**がまだ生じておらず，ひとつひとつのルートが産出ルールの連合に頼っているままの段階があると思われる。図13-2の子どもの言葉は，このことを雄弁に物語っている。

　私たちは理論上，ＣＭを特徴づける空間的ネットワークは個々のルートの「重なり」，たとえば異なるルートが同じ目的地に通じている場合とか，2つのルートが同じ場所から始まって，どこかのポイントで出合い，そして，またそれぞれの目的地をめざして異なる方向をたどる，といったような形で発達するものと考えることができよう。ここで重要な役割を演じるのが，比較的少数で互いに隔たっていても，それでも意味をなす準拠点である。それらが計量的空間関係に組み込まれるようになると，**足場状の**（scaffoldlike）**準拠枠**の構成部分として機能するようになる。ニューヨーク市のなかでは，ほかの町と同様，こうした準拠点を成り立たせているのは，何かとくに目をひくような特徴をもつためにいっそう際

だって見える重要な場所である．すなわち，42番街7番通り角の巨大な広告板のあるタイムズ・スクエアとか，メトロポリタン博物館のあるセントラル・パーク，国連本部のあるイーストリバー・ドライブなどである．

空間的ネットワークまたは準拠システムというものは異なったしかたで発達し，時に互いに平行して起こるプロセスを巻き込んでいるもののようである．すなわち，一方で，どこかで重なり合うことのある，いろいろなルートを実際に運転して回ったり，他方で，町の地図を調べたりするというような形で展開するものと思われる．

最初のケースでは，運転手のそのときの行動，すなわちさまざまなルートを使って運転し回ることは，**動作プランの活性化**を通しての内的情報処理とリンクしている．動作プラン，より正確には運転プランは，なんらかの明白な，または単に**既知の**，あるいは，想像された道標でリンクされた部分的に**協応的ルート・プラン**を含んでいる．手持ちの表象があれば，それが依然強くルートに基づいているものであっても，タクシー運転手は自分が取っているルートの上，またはその近くに準拠点が現われることを**予測する**ことができる．**期待した**事物（ビルなど）が実際に見えてくれば，それらの事物はフィードバック情報として働くことになり，彼の表象が正しかったことを確認し，これまで彼が築き上げてきたＣＭの使用を「強化」することになる．彼の期待がはずれた場合，彼は自分の表象を改めるか，取ったルートを正さなければならない．

空間的予測とフィードバック機能を備えた運転プランは，ＣＭの構築においてコントロールとしての働きをする．現在たどっているルート上には，直接位置づかない道標を組み込むことによって，人はよりグローバルな空間配置システムを確立し，地域全体の見取り図を得ることになるが，それはスケールの小さなものから出発して，そのプロセスを続けるなかで徐々に大きなものになっていく．

2つ目のケース，つまり町の地図を使う場合は，運転手は自分の心的イメージのなかのルートをたどり，時に付随的運動行動（角を曲がるふりをするとか，よりありそうなこととして，地図上の通りに沿って指を走らせるなどのようなからだの動き）の助けを借りることもある．ここで重要なことは，運転手が生き生きしたイメージのなかに積極的に呼び出せるような道標を**選択的**に取り出し，そしてそれらの道標を地図上の対応するシンボルと結びつけようとすることである．ＣＭのなかの町の地図についての情報の完全な1対1を再現する必要はないし，またそれは実際不可能である．すでに見たように，ＣＭの要素の大きさと規模（scale）はランダムに変えられる．

実際の地図も，このような読まれ方をされることがあり，その場合，その地域全体に焦点が当てられて，個々の通りや交差点とか脇道は副次的になる．例の運

転手が「ラファエット通りの左レーンをキープして，そのままブルックリン橋を渡れば，ブルックリンに行ってしまうだろう」と言うかもしれない。この彼の言葉が意味するのは，次のふたつのうちのどちらかである。すなわち，彼は行き方を知っていながら，ブルックリンへは行きたくないか，それとも，そこがまさに彼の行きたくない場所だからか，のいずれかであろう。ここでキーワードとなっているブルックリンという言葉は，そのCMからひとつの新しい区画（部分的構造）を呼び出す。それは比較的高いレベルの表象上の要素であるが，必要がある場合，街路とかビル，あるいは個々の家の戸番さえも含めて，それを構成する要素に「ばらされる」こともある。

このように，実際に運転してみたり，町の地図をよく調べてみたりすることは，**空間環境**（大規模環境）をひとつの**全体的システム**としてまとまった形で表象する統合的なCMを確立するのに資することができる。

多くの著者（たとえば，ソーンダイクThorndyke, 1981）は，CMとは「長期記憶のなかの表象」であると信じている。だが，CMの**構築**と読み取りは，容量の面で**限界**のある**作動記憶**において生じるプロセスを暗示している。このことはCMというものが大きさの点で無限なものではなく，時に**部分的に**（たとえば地域別に）活性化されるものであることを意味する。上で吟味したように，CMの構築もまた部分ごとに生じる。つまり，最初は局所的で，空間的に限られた準拠システムが組み立てられるが，そのなかで要素と関係の数を見失わないようにすることは簡単である。作動記憶の容量をゆるめるために，要素と関係がさらに高いレベルの要素のなかに**凝縮**される。たとえばブロードウェイ，パーク・アヴェニュー，14番通りはすべてユニオン・スクエアへ通じているということで，**ユニオン・スクエア**または**アッパー・イースト・ビレッジ**というキーワードのもとにいっしょに分類され，単一の高次要素となる。換言すれば，**凝縮**または**客観化プロセス**（Aebli, 1978, 1980, 1981）が生じるのである。これはまさに，現代の意味的記憶理論のなかで略説した概念の構築に対応する（第10章の関連するトピックスと比較せよ。また，Steiner, 1997も参照のこと）。

◆CMは直写型（analog）表象か？

認知的学習心理学者にとっては，CMの表象形式とは，いったいどんなものかという問題がもち上がる。これまで見てきたように，多くの要素は非空間的概念と同じ特徴をもっており，**意味的ネットワークの結節点**を形づくっている。だから，それらの要素に含まれる情報は，**命題的に**（特定の意味をもつ陳述のように）表象されることがある。このことは，CMに含まれる要素の**何らしさ**（whatness）ついても言い得ることである。つまり，それらの名前や特性は，命

題として表象することが可能なのである。空間的包摂に基づく関係（たとえば，あるビルの郵便受け）や近接関係（たとえば，AはBに**近い**）もまた，こんなふうに貯蔵され得る。他方，いくつかの重要な準拠点を結びつけ，方向と距離についての情報を表象する空間的計量関係は，**直写型**のフォーマットをもっている。すなわち，そうした表象は，その環境に含まれる重要な諸特徴，ことに事物の間の空間関係（だいたいの角度とか距離）を**直接的に**反映している。ほかの視覚的，非視覚的な知覚特徴（たとえば，ある工場の色や独特のにおいや香り）は**非命題的な**形で表象される。CMに含まれている**直写型**情報を考えると，CMを記述するのに**地図**という言葉を使うことは当を得ていると言えよう。ただ，ネズミや人間の心のなかに写真ようのイメージを考えることは間違いであろう（Tolman, 1948）。

　直写型表象の存在を示唆する実験的証拠は数多くある。こうした研究の主目的は，CM（または視覚的イメージ）のなかの再生経路が長ければ長いほど反応時間が遅くなる，ということを証明することであった（たとえば，Kosslyn, Ball, & Reiser, 1978 参照）。ソーンダイクも直写型表象（図的または絵画的表象）についての間接的証明についてふれている（Thorndyke, 1981）。すなわち彼は，**視覚的符号化能力**がすぐれていればいるほど，**地図学習**の面でもすぐれていることを示している（Thorndyke & Stasz, 1980）。CMを築き上げる過程は，対連合や意味的洗練とか階層的統合過程などの，実に多くの相互作用的過程ないし**マイクロ過程**（Steiner, 1980, 1987）が関わっているだけに，無視できない個人差に左右されることは間違いない。

　上述の著者たちは，地図をよく見ること（実際に現地を車で通ったり歩き回ったりすることなしに）によってCMを発達させるプロセスを観察して，**有意な個人間差**を見い出しているが，このことによって，この場合の学習過程に関する一定の結論を引き出すことができよう。つまり，**すぐれた**学習者は力の劣る学習者に比べて，地図を調べているときの**注意のコントロール**の面ですぐれていることが明らかになった。前者は，まず，地図上の一部の地域に注意を集中して，そこに含まれる情報を系統的に学習し，それから次の区域の移るというふうに進めていた。すぐれた学習者はまた，すでによく知っていてあらためて学習する必要のない情報とまったく新しい情報とを識別する力の点でもはるかにまさっているようであった（第11章参照。そこでのキーワードのSは**選択性**を示す）。しかしながら，最も重要な要因は，すぐれている学習者は印刷された情報を符号化する力が高いということであった。地図のなかの言語的情報の獲得という点では，優秀な学習者とそうでない者との間に差はなかったが，空間的な形態や関係を明示的に符号化するという形の**空間的情報の符号化**という点では，前者のほうがたくみ

であった。彼らは「それは何々のように見える」というような形で練り上げ作業を行ない，「それは，どこそこの西にある」といったふうに意識的に**ペアをつくる**ことに焦点を当て，複雑な配置をひとつのカテゴリーに「統合」して，後で検索の手がかりとして使えるように処理していた。

13.6　ふたたび——単純な連合学習を超えて

　ふり返ってみると，ＣＭの構築作業というものは，とくにそれが産出ルールの発達と使用を意味する場合は，なんらかのとても単純なＳ－Ｒ連合を含んでいる**かもしれない**ことを見てきた。私たちはまた，場所とその名前を結びつけて要素と要素のペアをつくるという形で，ＣＭの構築に関わる対連合学習についても見てきた。しかし，道標の相互リンクが不可欠な単純なルート学習でさえも，概念的または空間的要素の連合以上のものを必要とする。ここに，なぜあるポイントから別のポイントまでのあるルートが，それほど人気があるのか（たとえば，そのルートを取れば人気のあるバーやナイトクラブへ行けるから）とか，なぜＡのルートよりＢのルートを選ぶことが勧められるのか（それは，Ａのほうが混まないから）とかというような意味ある関係があるに違いない。このことはふたたび，ＣＭの構築には高次の学習過程，つまり，本章のすぐ前のいくつかの章でしばしば見てきたような何かが関わっていることを私たちに示している。**測地的知識**，すなわち空間的準拠点（道標）の全体的システム（換言すれば，しっかりしたまとまりのあるＣＭ）が形成されるときは常に，その構築過程は単なる連合ということでは説明のつかない新しい概念的・空間的全体をもたらすのである。

　もちろん，例のタクシー運転手がいったんニューヨークのＣＭを組み立てても，彼は絶えず，それを更新しなければならないであろう。マンハッタンの数えきれない一方通行路や，新たに設定された迂回路などのような交通上の特殊条件が，彼の表象のなかに組み込まれ，古くなった情報は削除されることになる。

　距離の見積もりとの関連で，彼は**時間の見積もり**をすることもできるようになるであろう。彼は地理的な純粋に空間的な距離と"技術的"距離（訳注：この場合，運転技術によって，遠回りになっても，かえって速く行けるような'距離'のこと）を区別して，その時どきの時間（ラッシュアワーとかデモやスポーツ行事などの特殊状況）に合わせて，**ぐるっと回る**道を選び，そのために交通の混雑を避けることができて，実際には**より速く行けた**という場合もあろう。ここで彼は，お客の便宜のために（もし，彼が腹黒い人間なら，自分の得のために），**得失勘定**をする立場に置かれることもあろう。換言すれば，彼はその時どきの必要と状況に適合するように，自分がもっているＣＭを修正することを学習するであろう。

❖この章のポイント

1　「認知地図」という用語は，トールマン（1886 – 1959）のラットの実験にさかのぼる（Tolman, 1949）。この概念の導入に当たって，彼は当時の刺激反応説（行動主義心理学）の分野の空間的環境学習のための古典的説明をはるかに超えてしまった。

2　認知地図には，直写型表象と命題的表象の両方が含まれる。前者は，視空間構造のなかの現実を反映するが，後者は，現実とその部分についての多くの意味的解釈から成っており，概念的および手続き的情報や，時に情動的，価値関連的情報さえも含んでいる。

3　認知地図の構築は，道標についての知識に端を発する。道標（準拠点）は，ルートを形づくったり，ルート知識を組み立てたりするためにいっしょにまとめられる。それを受けて，ルート知識は測地的知識を得るために組み合わされるが，それは最初のうちは，重なりのプロセスの影響下にある。しばしば，ルート知識もまた，道標または重要な道路と結合されるか，あるいは既存の足場的な空間的準拠枠（たとえば2本の幹線道路の間の地域とか，2本の川または似たような区域にはさまれる地域）のなかに統合されるなりして，測地的知識を得るために拡張される。

4　道標は一定の基準に沿って選択され，対応する名前と連合される。その選択基準は知覚的識別度（高層）や機能的意味（「ここで曲がらないといけない！」），あるいは価値内容（著名な会社）などから成っている。

5　道標を相互に結びつける空間関係は，空間的包摂関係（何々の一部だ，など），計量的関係（方角や距離に直結する，かなり正確な情報）および近接関係（何々に近い，など）から成っている。

6　ルート学習に含まれるのは，単に道標や準拠点，あるいは道標知識の要素の連合的結びつきだけではない。むしろ，意味の概念的・空間的ネットワークのなかに統合されていく準拠点の間で，時にルートの学習が進んでいるときでさえ，意味ある関連性が形成される。

7　測地的知識は，階層的に構造化され統合された知識である。つまり，ある町はひろく地域に分割され，それぞれの地域は対応する通りを含み，それが今度は，たとえば家の戸番の連鎖に見られるような詳しい空間的情報を含んでいる。

8　ある町の地理を学習することは，個々の建物（道標）や通りの連鎖（ルート）の学習から出発する（**上記3**を参照のこと）。しかし，まもなくいくつかが組み合わされ，地域に凝縮され，より高次の要素となる。

第*14*章

マッチ棒ゲーム／ゲシュタルト理論または洞察的学習

14.1　はじめに

　読み進める前に，まず図14-1に示す問題に目を向け，自分がどうするかを観察してみてほしい。そうすることで，本章で考察することがらの理解が大いに増すであろう。

　いわゆるベルリン・ゲシュタルト心理学者たちは（これからこのグループについて見ていくわけであるが）機械的学習または暗記学習と，洞察的学習との違いをしばしば問題にした。その区別をとりわけ強調したのはウェルトハイマーとドゥンカーであった。このことは何を意味するのか，これまでの章で見てきたことと，どう対応するのか，ということが本章のトピックスである。ゲシュタルト心理学の言葉は，私たちが聞きなじんでいるものとたいへん違うが，それが特殊な役割を演じるであろう。

　さて，図14-1のマッチ棒問題は，試行錯誤やその個別のルールによって解決できないことは，すぐにはっきりするであろう。そうではなく，その**問題の構造**を分析する必要があり，解決に必要な**操作の体制化**が**力動的システム**の形をなしていることを理解しなければならない。ゲシュタルト心理学者たちは「問題の再構造化」というふうに言うが，これが洞察につながるものであり，ルールの暗記的学習と真っ向から対立するものである。マッチ棒問題のような問題を解くためには，そこに関与する要素と操作を**体制化**する必要があるのであって，**記憶**することではない（Katona, 1940）。

　本章で考える諸現象は**認知的学習心理学**の用語による記述も可能であるが，こ

「3本のマッチ棒を移動させて4個の四角をつくれ」。

図14-1　マッチ棒課題の基本型

14.2 試行錯誤，仮説とルール，当て推量的帰納

れまでの章と違って，キーワードとなる用語は次のようなものである。**仮説の構成**，**ルールの演繹**，**当て推量帰納**，**洞察**，**構造の転移可能性**，**全体すなわち構造の総体への統合**（これが**ゲシュタルト**），**形象的コンテクスト**，**再構造化**，**力動的システム**，**体制化対記憶**。

14.2 試行錯誤，仮説とルール，当て推量的帰納

◆ゲームのプロトコル

ある晩，ある家庭で，父親がマッチ棒問題の競争をしようと言い出した（Brooke, 1970 も参照）。いちばんたくさん問題を解いた人が賞をもらえる。父親は「さあ，ここに 5 つの四角がある」と言って始める。「問題は，マッチ 3 本動かして 4 つの四角をつくることだ」（図 14 − 1 参照）。

家族のひとり（女性）の肩越しにながめてみるつもりで，彼女がどのようにして問題を解こうとするかを観察してみよう。どんなステップをたどったかをステップごとに示したのが，図 14 − 2a − e である。最後の試行が成功と仮説の定式化につながるものである。

ここで父親はふたつ目の問題を出す。家族のみんなはそれぞれに同じように（図 14 − 3a）マッチ棒を配列し，そしてゲームを始める。問題はさきほどと同じである。初めの 5 回の試行（図 14 − 3b − d）は失敗に終わるが，最終的にはひとつの仮説に沿った形で正解を得る（図 14 − 3e）。この仮説でもって新しい問題での試行（図 14 − 3f）が始まるが，その試行はまた失敗に終わる（図 14 − 3g）。

◆選択された手順の分析

上の女性がここで用いた手順は，試行錯誤による学習に対応するものである。だが，そのやり方は完全に当てずっぽうではない。彼女は作業の途中，その結果をみて，ある種のコメントを口にしていたが，それは一種の**フィードバック**としての役割を果たしていた。まず，彼女は失敗になりそうな手を下そうとすると，「そうか，底の 1 本取ったら，だめかもしれない」というような言葉を口にしていた（図 14 − 2b）。それから彼女は，「天井の 1 本と角の 2 本を取ればいいんだ！」というふうに，ひとつの仮説を口にしている（図 14 − 2e）。この仮説に基づいて，彼女は新たにその問題に取りかかる（図 14 − 3a）。だが，これもすぐにはうまくいかない。彼女はふたたび試みる。やはり，まだ試していないほかの手があった（図 14 − 3b）。そこで彼女は，底の 1 本ではなく天井の 1 本を移動させてみる。彼女はこれでも完全な成功は得られなかったが，しかし少なくとも自分の期待すること（つまり 4 つの四角形をつくること）の半分に対応する配列を見つけるまで，

第14章　マッチ棒ゲーム／ゲシュタルト理論または洞察的学習

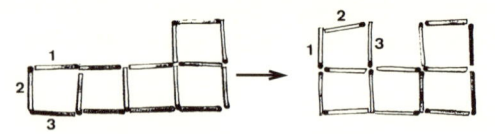

a　3本のマッチ棒を動かすが，四角の数は5個のまま。

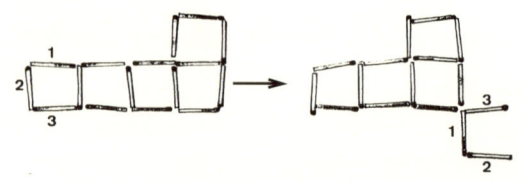

b　やはり3本動かすが，四角を4個つくるという目標は達せられない。

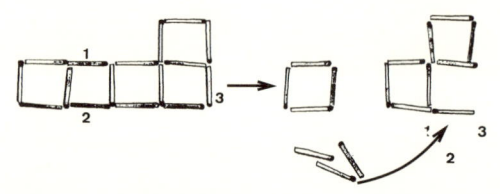

c　3本動かすが，四角が3個となったうえ，3本のマッチ棒があまってしまう。ここでの課題はすべてのマッチ棒を使うことである。この被験者は，この3本を右側の形のように組み合わせようと考えたらしいが，それでは4個の四角ができても，つながらなくなってしまう。そこで被験者は，「正解なんてほんとうにあるの？」と疑問を呈する。しかしもちろん，正解はある！

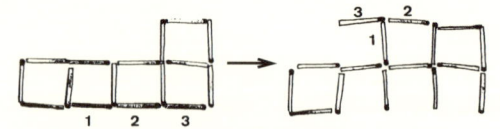

d　3本動かすが，これでは4個の四角が得られるはずもない。「そうだ。底のマッチを動かしてもだめなんだ」。

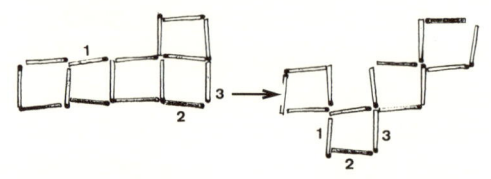

e　3本動かして4個の四角ができる。「今度はできた。天井の1本と角の2本を動かせばいいんだ！」

図14-2　1人の被験者の解決試行例
　　　図の数字は，移動されたマッチ棒の順番を示しており，左側の配列の1が右側の1に対応する。
　　　2，3も同じ。a-eはこの被験者が試みた解法のプロトコル。

14.2 試行錯誤，仮説とルール，当て推量的帰納

こぎつけたのである（図14-3c）。さあ，残されているのは1本だけである！彼女の仮説の**随伴性**と結果として得られた部分的成功は，その仮説に沿ってさらに試みようとする活動を**強化**する。その仮説は，いまや，ルールの特性を帯びている。彼女はもう1度トライして，また失敗するが（図14-3d），それに続いて何か「完全に違う」ことを試みる。すなわち彼女は，実際に前の方法を捨ててしまうわけではないが，底の部分からまた1本（前とは違う1本だが）を動かすという形で，自分の仮説を脇に置いておくという行動に出た。こうして彼女はようやく成功するが，そのことによって彼女の方法の確かめが行なわれ，「問題は，底の角なんだ！」という言葉に見られるように，彼女がそれまで目にしたこと，学んだことのひとつひとつが強化されるわけである（図14-3e）。

しかしながら，次の課題は，その方法をふたたび問題に引っ張り込む。すなわち，それまでの作戦は通用しないことがわかってくる（図14-3f, g）。つまり，前のように3本のマッチを動かす手順は，ある随伴的成功（部分的にしろ完全な形においてにしろ）によって強化されたことがあるにはあるしても，結局間違いであることがわかってくる。この被験者は，一連の**強化**によって，支持することのできない，なにごとかを効率よく学習したのである。ところで，このことは，学習の転移は同一の要素（上のケースの場合，同一のプロセスまたは同一の変形ステップ）の新しい場面への転移を意味するものでない，ということのたいへんよい例証である。ここでこのように言う理由は，そのことが転移理論における最初の公理のひとつであったからである（Detterman & Sternberg, 1993 ; Greeno, Smith, & Moore, 1993 ; Steiner, 1997）。

たぶん，先の被験者が考えついた仮説は**十分正確**なものではなかったのであろう。確かに，その仮説は，5つの四角からマッチ棒3本動かして，4つの四角をつくるという課題のすべてのケースに応用（一般化）することはできない。しかし，いくつかの課題でうまくいったことがあるために強化された方法がある場合，その方法の助けを借りて，この種のあらゆる課題が解決できるのではないかと考える人がいるかもしれない。だが，マッチ棒の配列のしかたはたいへんな数にのぼるので（図14-4参照），試行錯誤による学習は非常に時間をくうやり方ということになろう。

例の被験者がうまくいく方法をひとつマスターしたとしても，別の新しい課題が出されるたびに，また新しい方法を学習しなければならない場合もあろうから，そのときは彼女の指導仮説（すなわち，強化を受けた手続きルール）はもはや"適合"しなくなる。換言すれば，彼女は一方で新しい課題によって誘発され，他方で未知の理由から課題の解決にはつながらないような，一連の動作を応用することを学習したのである。このように，これまで学習してきたことがらの転移可能

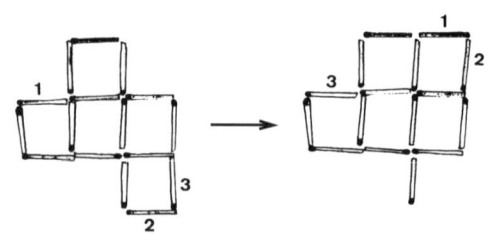

第14章　マッチ棒ゲーム／ゲシュタルト理論または洞察的学習

a 「天井の1本と角の2本を動かしてみよう」。
　3本動かすが，四角は5個のままであり，マッチ棒1本，余分に残ってしまう。

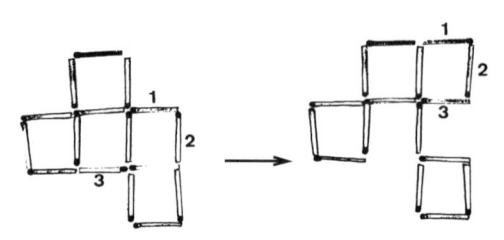

b 3本動かして，四角は4個になるが，1本残っている。
「さっきよりはいい。底と角からとればいいんだ」。

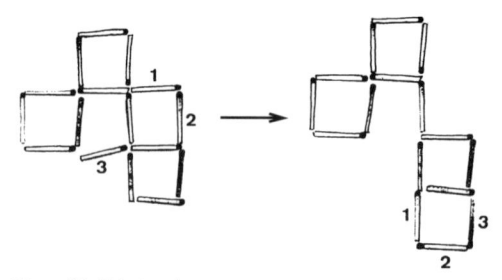

c 「やっぱり同じか！」

図14-3　マッチ棒課題の別の要素配列　（次頁に続く）

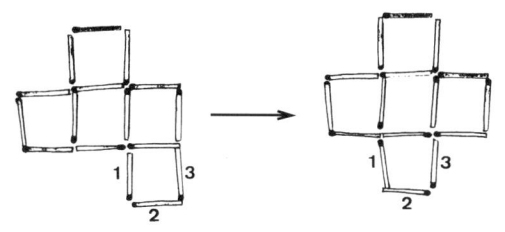

14.2 試行錯誤，仮説とルール，当て推量的帰納

d 3本動かすが，四角の数は変わらない。
「これではだめだ。いいんだろうか？ 今度は全然別のやり方をしてみよう」。

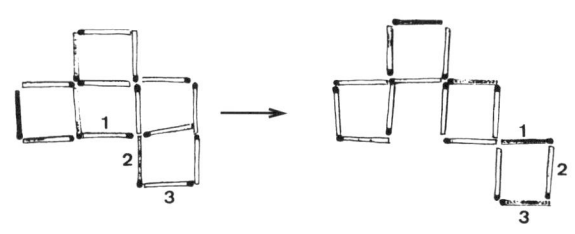

e 「さあ，できたぞ。角の1本と底1本を動かせばいいんだ！」
そして，この仮説でもって，第3ラウンドが始まる。

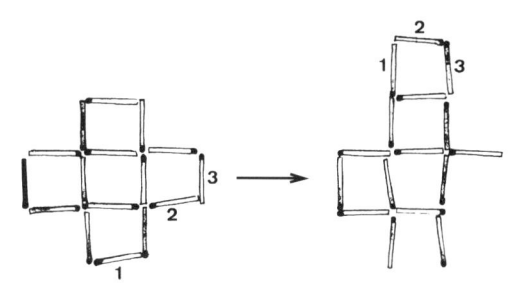

f ここで，新しい課題が導入される。マッチ棒3本動かし，4個の四角をつくるが，閉じきっていない3個の四角が残る形になる。

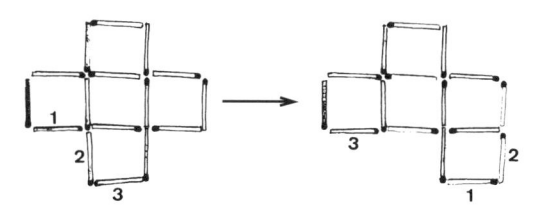

g 3本動かすが，四角は5個。
「でも，さっきうまくいったときと同じにしたんだけどなあ」（底の1本と角の2本を使ったという意味）。

227

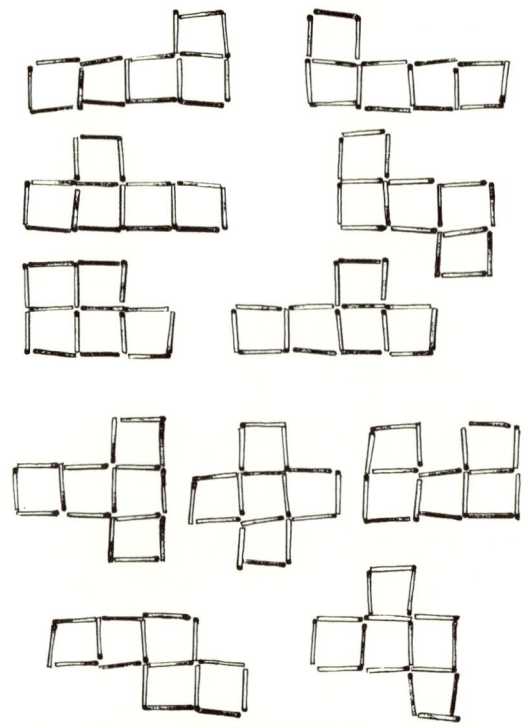

第14章　マッチ棒ゲーム／ゲシュタルト理論または洞察的学習

図14-4　同じマッチ棒課題の変形版の例
　これらの要素配列を90°回転するとまったく新しい配列となり，ルールないし仮説を考え出す条件も改めなくてはならなくなる。

性は保障されない。ひとつのパラメータ（parameter）が変えられただけの場合でさえ，こうしたことが起こるのである。

　私たちの被験者は，自分の方法に**規則性**（ルール）をもたせようとしてみたが，彼女が得た成功はいつも彼女にとっては驚きであり，**関係の洞察なし**に生じていた。指導的ゲシュタルト心理学者のひとりであるウェルトハイマー（Wertheimer, 1949）は，この点に関して「見通しのない帰納」というふうに語っている。それこそがほかならぬポイントである。では，どうしたら私たちは，学習におけるその「見通しのなさ」を減らすことができるのであろうか？　内的な**関係**（または結合）についてのどんな知識を獲得したら，**すべて**のマッチ棒問題を解く方法の**学習**が可能になるのであろうか？

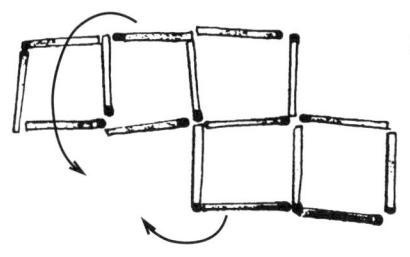

最初の課題と違い，動かせるマッチ棒は 2 本だけ。
図の矢印は正解を示す。

図 14-5　新しい課題
　　　　「2 本動かして，4 個の四角をつくれ」。

14.3　洞察と理解に至る道

◆見通しのない帰納から数的省察へ

　ここに示したマッチ棒課題は，先の被験者が考えついたやり方よりもずっと体系だった攻め方を要する。使われるマッチ棒の数は常に同じ（16 本）であるので，マッチ棒の**空間布置における明らかな相違にもかかわらず，構造的な共通性**を推定する（deduce）ためのなんらかの道があるに違いない。そこで，この課題の学習目標について少し予備的に考えてみることが適切であろう。

　言うまでもなく，四角形には辺が 4 つある。単純に考えると，四角形を 5 つつくるためにはマッチ棒は 20 本必要である。しかし，先の家族の父親は（手品に頼ることなしに），16 本で四角形を 5 つつくれた。ここで下せる唯一の結論は，20 本の内の 4 本は二重の役割を果たしているということである。このことは図 14-6 によって確認できる。

　課題は，5 個の四角形から 4 つの四角形をつくることだから，この 4 つの四角形はどれも辺が 4 つであるはずであり，したがって，どの四角形もただひとつの角で接しているだけで，ほかの四角から独立しているはずである。そのため，1 本でふたつの四角形の辺となっていたすべての辺は，どれかひとつの四角形の 1 辺でしかないという形に変えられなくてはならない。しかし，不思議なことに，こうしたテストにおいては，このような**数学的アプローチ**はあまり役に立たないようである（このことはカトナによっても論じられている，Katona, 1940）。被

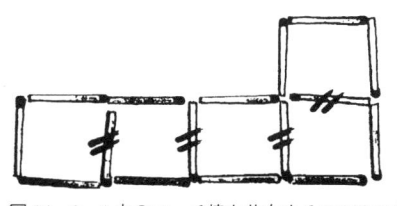

4 本のマッチ棒が 2 重の働きをしており，そのためにマッチ棒 16 本で 5 個の四角ができる。

図 14-6　1 本のマッチ棒を共有する 2 つの四角形

第14章　マッチ棒ゲーム／ゲシュタルト理論または洞察的学習

験者たちは，こうした知識を取り入れようとしない傾向があった（それとも，彼らは取り入れることができなかった）。カトナの定式化は**数学的には**正しいが，**構造的には**不利である。それは細部（辺）に基づいているが，そうした細部は四角形全体よりも重要性が低いのである。細部（辺）に始まって，より大きな単位に至るという，その道のりが，実際にここでの問題の理解につながるかということは，はなはだ疑問である（Bergius, 1964, p.306参照）。

ここで，もう1度，スタートした場面に目を移してみると，一方では，3本のマッチ棒を動かして課題を解決することが求められているので，辺の数が重要である。他方，問題にしているのは単位としての四角形であり，最初5個だったものを4個にすることが目的である。四角形のほうに目をこらして見れば，確かに特徴的な違いがわかる（図14-7）。まず，マッチ棒3本だけでできる**翼型四角形**がある（図14-7a）。次に，ほかの四角形と接していて，2本だけで十分な**片隅型四角形**（図14-7b），2本だけ反対の位置に置いた形の**中間型四角形**（図14-7c）ができることがわかる（ここで，同じ数のマッチ棒でできている図14-7cと図14-7bを見比べてみてほしい）。そして最後に，1本加えるだけで形を成すような**埋没型四角形**があることに気づく（図14-7d）。

上の段落で，翼型四角形はマッチ棒3本で構成することができ，片隅型四角形と中間型四角形は2本，そして，埋没型四角形はただ1本加えるだけで構成できると述べた。しかし，そうしたマッチ棒の数そのものは，四角形を**解体する**作業にとっては妥当ではない。それは，どれか1本がそのまま残って，新しい構造をつくってしまうことがよくあるからである。中間型四角形を解体するには，1本だけ動かすので十分である。残りのマッチは，3本で新しい四角をつくるための

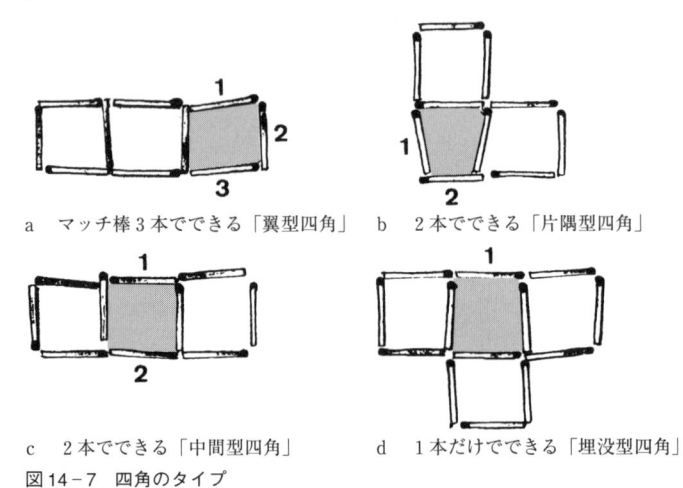

a　マッチ棒3本でできる「翼型四角」　　b　2本でできる「片隅型四角」

c　2本でできる「中間型四角」　　d　1本だけでできる「埋没型四角」

図14-7　四角のタイプ

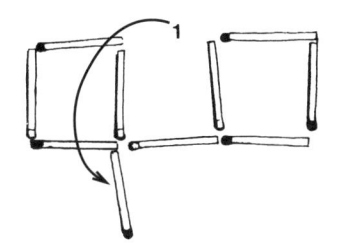

この図のような配列では，どの場所をどう変えても，別の位置のものを変えてしまう。

この図に見られるように，1のマッチ棒を動かすと，新たに「翼型四角」の基礎をつくることにはなるが，「中間型四角」（図14-7c参照）は解体される。

図14-8　「中間型四角」の解体

基礎として使われる（図14-8）。

◆数的省察から構造的省察へ

今まで，私たちはマッチ棒16本から成る独立の四角形，すなわち辺を共有することのない，4つの四角形をつくるという課題の純粋に数的な面だけを考えてきた。しかし，それだけでは，どの四角形に手を加えたらよいのかはわからない。そのため，私たちは，**図的コンテクスト**を成している四角形のなかのどの四角形に目を向けるべきかについて，何ごとかを教えてくれる**構造的情報**を必要とする。特定のコンテクスト次第で，同じ1つの四角形がまったく別のものとなるかもしれないのである。実際，これが四角形のゲシュタルト的特徴である。すなわちそれらは，個々の四角形の布置を決める**全体のなかに**（つまり**全体のゲシュタルトのなかに**）**どのように適合する**かという点で違うのである。こうして，マッチ棒のすべての布置やその変形に内在する，この課題の**ゲシュタルト特性**または**システム特性**を把握しなければならない。私たちが問題にしているのは，**単純な機械的学習や記憶ではない。課題は総じて，何かを記憶することではなく，全体の体制化とその変形を理解することである。体制化と記憶**というこれらの用語こそ，カトナの本のタイトルとなっているものである（Katona, 1940）。

四角形の形の組み直しは，各マッチ棒を移動してみて，全体の四角形の数（出された課題によって決まる）がどうなったかを見ることによって行なわれる。ここでの例では，3本のマッチ棒を移動すると，後で再構成するときの数よりも多い四角形（正確にはひとつ多い）を壊すことになる。そのため，私たちは組み直すたびにどうなったかについて，数的な作業（その**システム**）を学習しければならない。どれかのマッチ棒が入れ直される前に必要であった最初の形を決めるのは，もっぱら，動かすことになるマッチ棒の数である。もし，ここでの例のように，3本のマッチ棒を移動するという課題なら，3本だけでは独立した四角形を1個つくることはできないわけだから，少なくとも1本は最初からそこになければならない。

第14章　マッチ棒ゲーム／ゲシュタルト理論または洞察的学習

　しかし，もし，2本だけ動かしてという課題なら（図14-5参照），4辺から成る四角形を1個つくるためには，使えるようになっている（あるいは手をふれないままになっている）2本組のマッチ棒がなければならない。このように，動かすことのできるマッチ棒の数は，移動したり組み直したりされる四角形の位置とタイプの両方を制限するのである。換言すれば，2本のマッチ棒を動かしてふたつの四角形を壊さなければならないが，そのふたつは真ん中のものであってはならず，また，少なくとも片隅型四角形を1個含むものでないといけない（**回想による！**）

　しかし，再構成のためにもっているマッチ棒は2本だけであるから，その四角形を完成するためには，2本のマッチ棒が手もとになければならない（**予想！**）加えて，この課題にあっては，再構成される四角形より解体される四角形の数のほうが多くなければならない。

　もし，マッチ棒3本を動かす課題であれば（図14-1から図14-3の標準課題のように），せいぜい3個の埋没型四角形を壊すことであろう（図14-7d）。スタート時に5個の四角形がある今の配列形式では，この種の四角形は，せいぜい1個である。この1個と中間型の四角形（図14-7c），または片隅型四角形1個を解体すれば（しなければならないが），組み直された四角形よりもひとつ多い四角形を解体することになる。だが，まずはじめに，1本のマッチ棒を動かすことで片隅型四角形を1個新たにつくらなければならない（図14-9の1で示すように）。

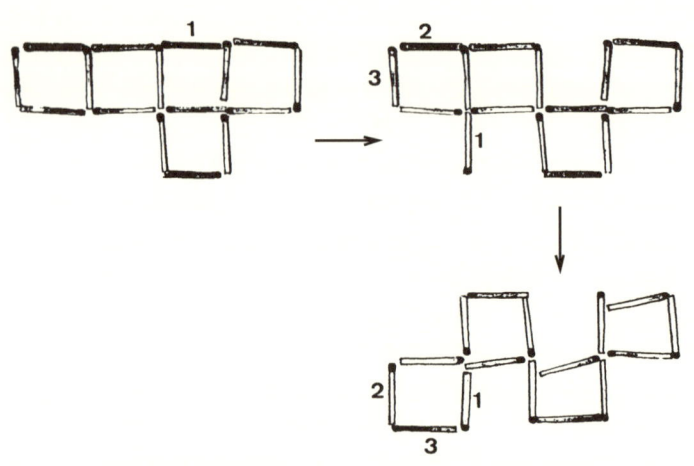

図14-9　課題解決過程の1例
　　　まず，「埋没型四角」が解体され（1），次に「翼型四角」がつくられた（2，3）。このように，1個の「翼型四角」を解体して，その2本と「埋没型四角」からとった1本とで新しい「翼型四角」をつくるという手順で，3本のマッチ棒を動かした例である。

14.3 洞察と理解に至る道

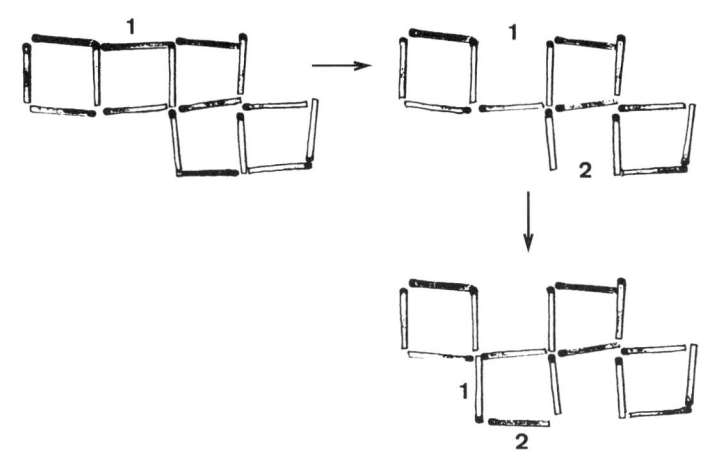

図14-10 マッチ棒課題の解決過程
「マッチ棒を2本動かして，5個の四角から4個の四角をつくれ」。

　もし，動かせるマッチ棒は2本だけで（図14-10），減らす四角形は1個だとしたら，論理的結論としては，中間型の四角形を2個解体し，動かせる2本で単一の四角形を再構成するということになる。図を見れば，中間型の四角形は1個しかないことがわかるが，おそらくほかの四角（たとえば角の四角）を変形して必要なマッチ棒2本を取り出し，すでにある2本も使ってひとつの四角を構成することもできるはずである。つまり問題なのは，こうした動作をお互いの関連において調整（tuning out）していくことである。

◆構造的省察とその転移可能性

　この種の動作の調律（tuning）を学習するためには，構成すべき四角の数にしっかり目を向けることが必要であるが，そのことはマッチ棒の移動数だけでなく，最終的にはどんな布置として完成されるべきかについての予測によっても決定される。

　マッチ棒課題の初心者にとっては，こうした考えはかなり煩瑣に感じられるにちがいない。だが，こうした考えこそが，上でふれた**関係または結合の理解**を成り立たせているのであり，こうした理解が，機械的に学習されたことがらとは反対に，ほかの布置や課題の**どれにでも**転移可能なのである。理解をともなった学習は，訓練の効果的な転移と意味的学習を可能にするという点で，機械的な覚え込みとは違うという仮説を，カトナは明確に述べている（Bergius, 1964, p.301参照）。

第14章　マッチ棒ゲーム／ゲシュタルト理論または洞察的学習

◆暗記学習 vs 洞察／理解

　マッチ棒課題は，ルールや手順の暗記学習と洞察的学習または理解に基づく学習との対比を，はっきりと例示している。この場合，ひろい全体構造の動き方を理解するということは，少なくとも3種の活動成分があることを示唆している。1つ目は，限られた数のマッチを動かして四角の数を減らすことであり，2つ目は付け加えの準備（予想といってもよい），3つ目にこれぞと思う布置の完成である（この点に関しては，テキスト文の理解や数学的演算または地理的操作の問題を論じた第10章および第12章で，それぞれコメントした点を参照してほしい。それぞれのケースには特殊なシステムの組み立ての問題が含まれている）。

　暗記学習　対　洞察または理解の対比は，カトナばかりでなくほかのゲシュタルト心理学者たちも論じているが，この問題はマッチ棒課題のような場面だけでなく，学校（小学校から職業学校，大学に至るまで）における学習においても重要な役割を演じる。あることがらや論理的つながり，あるいは原理の意味をつかむことに失敗した多くの生徒は，なんとかついていくために覚え込むほうに向かってしまうものである（学習の目標に関する第10章10.2参照）。

14.4　再構造化，力動的システムの構築および洞察

　ウェルトハイマー（Wertheimer, 1945）やドゥンカー（Duncker, 1935）のようなゲシュタルト心理学者たちは，人はどのように課題を解くのか，またいかにして，そうした力を獲得していくのかという問題について，強い関心を示した。彼らは知覚の場の再構造化という概念を力説する。すなわち，視覚的要素の順序の入れ替えまたは並べ替えによって，新たな全体または総体を形成することであるが（これこそが「ゲシュタルト」），それは，その全体性において，個々の要素の単純な総和以上のものであり，総和とは異なるものである。

　この（再）体制化のプロセスは，私たちが課題とその解法を見て取るしかた（ほかならぬ洞察）に影響するものと考えられている。というのは，そのプロセスはすでに存在していて，その場の課題の解決に関係の深い記憶との相互作用のなかで生起するからである。

　ここで私たちは，知覚の場の再構造化という問題だけでなく，複数の四角をそれぞれのコンテクストのなかで見る正確な方法を確立するという問題や変形プロセス（その再構造化が展開するところ）を，そのさまざまな前提条件（回想による！）およびそれらの予測可能な結末とともに把握し，加えて，これらのプロセスのすべてを統合して，まとまりのある力動的なシステムを形づくっていくという問題に，とりわけ関心を寄せることになる。こうしたことすべてが，マッチ棒

課題への洞察と私たちが言うところのものである。人によっては，このシステムのことを**力動的動作システム**と記述するかもしれないが，これは多くのフィードバック・ループをもつ，ひとつの**意味的ネットワーク**に類似したものであり，その構造は個々の部分的動作（つまり四角の数を減らしたり，一定数の辺を動かしたり，最後の変化に備えたり，その配置を完成させたりすること）についてよく知り，それらの協応化を図ることを意味する。認知心理学の分野でよく知られている**熟達者−初心者**という対比図式の言葉で言えば，これらの技能（訳注：部分動作の熟知や協応化）は前者（熟達者）の特徴とされるものである（たとえば，物理学分野の例としてはChi, Glaser, & Rees, 1982を参照のこと）。

　つまり，個々の動作を統合して**あらゆる**問題の解決を可能にするような心的モデルを形成し，そのモデルをただちに使って，問題の全体構造が少し変化してもそれに対応する内的シミュレーションの方法を考え出せるという点で，熟達者は初心者にまさっていたのである。他方，初心者は，部分的知識や個々の行動，およびそれらからわいてきた仮説（誤っていることが多い）やルールに頼ってしまっていた。

　しかし私たちは，これらの原理をどのようにしたら学習できるのであろうか？　また，教えることができるのであろうか？　筆者の知る限り，マッチ棒課題の場合，こうしたまとまりのあるシステムがどのようにしてできあがるのかについては（それがどんな仕組みになっているのかについてさえ），カトナの研究（Katona, 1940）以外に目につくものはない。しかも，カトナの研究は，学習の発生的ないし構成的側面に焦点を当てたものではない。もうひとりのゲシュタルト心理学者ドゥンカーは，このテーマに間接的にふれているだけである（Duncker, 1935）。将来，私たちは発達心理学の観点，または学習研究およびこうした技能の育成をめざす発達心理学からの教訓に基づいた個別の教育的研究の観点から，これらの技能の分析を集中的に行なわねばならないであろう。そのような研究は，部分的技能がひとつの機能性に富んだ力動的システムに統合された際の正確な仕組みについて，重要な情報をもたらしてくれるであろう。

　ここで私たちは，マッチ棒課題を出された場合，それがどんな課題であれ，また，数がどんなに多くても解けるという状態になるためには，何が必要なのか，すなわち，ある種の洞察を生み出すのは何なのか，どうすれば厄介な落とし穴を避けることができるのか，について考えてみる必要があろう。

❖この章のポイント

1　ゲシュタルト心理学者とはベルリンの心理学者の一群で，部分と全体（**ゲシュタルト**）の問題や知覚，思考，課題解決，知能および社会的関係の発達

などのようなさまざまな領域における行動の力動的体制化に関心を示した。おもな提唱者としてはウェルトハイマー，ケーラー（Köhler），ドゥンカー，コフカ，レビン（Lewin）などがいる。

2　マッチ棒課題は試行錯誤や強化メカニズムによっては解決できない。試行錯誤から引き出されたルールを意のままに，ほかの課題に転移することはできない。

3　マッチ棒課題を解くことの学習は，その課題の構造をつかむことを意味する。ひとつの構造分析は材料（四角）の特徴についての知識，およびその課題について実行される諸操作の関係，または結びつきについての知識へとつながる。

4　課題について深く考えることは，それがどんなものにしろ，ほかの刺激布置や課題にも転移する。

5　マッチ棒課題で四角の数を減らしたり，一定数のマッチ棒を移動させたり，刺激布置の手直しや完成の準備をしたり，実際に完成するなどの作業を行なうことは，すべて，ひとつの力動的システムに統合されるべき操作である。このシステムがあればこそ，私たちはその課題を理解し，その解決についての洞察を得ることができるのである。

6　ゲシュタルト心理学によれば，学習者がなすべきことは，うまく課題を解けた場合のことを暗記学習することではなくて，全体（**ゲシュタルト**）を再構造化，再体制化することである。カトナのキー概念は「体制化せよ，記憶するな」であった。

7　認知的学習理論に照らしてみた場合，上のことは次のように言い換えることができるかもしれない。マッチ棒課題を解くために，まず，操作の相互的関係や相互作用を含む，諸操作の能動的なネットワークを築き上げねばならない（上記4参照）。

引用・参考文献

Abelson, R.P. (1976). Script processing in attitude formation and decision-making. In J.S. Carroll & J.W. Payne (Eds.), *Cognition and social behavior.* Hillsdale, NJ: Erlbaum.

Abramson, L.Y., Seligman, M.E.P., & Teasdale, J.D. (1978). Learned helplessness in humans: Critique and reformulation. *Journal of Abnormal Psychology, 87*(1), 49–74.

Adams, J.A. (1984). Learning movement sequences. *Psychological Bulletin, 96*(1), 3–28.

Aebli, H. (1969). Die geistige Entwicklung als Funktion von Anlage, Reifung, Umwelt und Erziehungsbedingungen. In H. Roth (Ed.), *Begabung und Lernen* (pp. 151–192). Stuttgart: Klett.

Aebli, H. (1978). Von Piagets Entwicklungspsychologie zur Theorie der kognitiven Sozialisation. In G. Steiner (Ed.), *Die Psychologie des 20. Jahrhunderts. Vol. 7: Piaget und die Folgen.* Munich: Kindler, 604–627.

Aebli, H. (1980, 1981). *Denken: Das Ordnen des Tuns* (Volumes I and II). Stuttgart: Klett-Cotta.

Aeschbacher U. (1986). *Unterrichtsziel: Verstehen.* Stuttgart: Klett.

Alloy, L., & Abramson, L.Y. (1979). Judgment of contingency in depressed and non-depressed students: Sadder but wiser? *Journal of Experimental Psychology: General, 108,* 441–485.

Allport, G.W. (1961). *Pattern and growth of personality.* New York: Holt, Rinehart & Winston.

Alschuler, C.F., & Alschuler, A.S. (1984). Developing healthy responses to anger: The counselor's role. *Journal of Counseling and Development, 63*(1), 26–29.

Anderson, J.R. (1987). Skill acquisition: Compilation of weak-method problem solutions. *Psychological Review, 94,* 192–210.

Aronfreed, J. (1969). The concept of internalization. In D.A. Goslin (Ed.), *Handbook of socialization theory and research* (pp. 263–324). Chicago: Rand McNally.

Atkinson, R.C. (1972). Optimizing the learning of a second language vocabulary. *Journal of Experimental Psychology, 96,* 124–129.

Atkinson, R.C. (1975). Mnemotechnics in second-language learning. *American Psychologist, 30,* 821–828.

Atkinson, R.C., & Raugh, M.R. (1975). An application of the mnemonic key word method to the acquisition of a Russian vocabulary. *Journal of Experimental Psychology: Human Learning and Memory, 1,* 126–133.

Austin, H. (1974). *A computational view of the skill of juggling.* Unpublished report. Artificial Intelligence Laboratory, MIT, Cambridge, MA.

Ausubel, D.P. (1968). *Educational psychology – A cognitive view.* New York: Holt, Rinehart & Winston.

Averill, J.R. (1982). *Anger and aggression. An essay on emotion.* New York: Springer-Verlag.

Azrin, N.H., & Holz, W.C. (1966). Punishment. In W.K. Honig (Ed.), *Operant behavior: Areas of research and application* (pp. 380–447). New York: Appleton-Century-Crofts.

Baddeley, A. (1986). *Working memory.* Oxford: Clarendon Press.

Baddeley, A. (1990). *Human memory. Theory and practice.* Hillsdale, NJ: Erlbaum.

Baddeley, A. (1992). Working memory. *Science, 255*(1), 556–559.

Baddeley, A., & Hitch, G.J. (1974). Working memory. In G.H. Bower (Ed.), *The psychology of learning and motivation.* (Vol. 8, pp. 47–84). New York: Academic Press.
Baddeley, A., & Hitch, G.J. (1994). Developments in the concepts of working memory. *Neuropsychology,* 8(4), 485–492.
Baddeley, A., & Liberman, K. (1977). Spatial working memory. In R. Nickerson (Ed.), *Attention and performance* (Vol. VIII). Hillsdale, NJ: Erlbaum.
Bahrick, H.P. (1983). The cognitive map of a city: Fifty years of learning and memory. *The Psychology of Learning and Motivation, 17,* 125–163.
Ballstaedt, S.-P., Mandl, H., Schnotz, W., & Tergan, S. (1981). *Texte verstehen, Texte gestalten.* Munich: Urban & Schwarzenberg.
Ballstaedt, S.-P., Molitor, S., & Mandl, H. (1987). *Wissen aus Text und Bild.* Forschungsbericht No. 40. Deutsches Institut für Fernstudien an der Universität Tübingen.
Bandura, A. (1977). *Social learning theory.* Englewood Cliffs, NJ: Prentice Hall.
Bandura, A. (1982). Self-efficacy mechanisms in human agency. *American Psychologist, 37,* 227–247.
Bandura, A. (1986). *Social foundations of thought and action: A social-cognitive theory.* Englewood Cliffs, NJ: Prentice Hall.
Bandura, A. (1989). Self-regulation of motivation and action through internal standards and goal systems. In L.A. Pervin (Ed.), *Goal concepts in personality and social psychology* (pp. 19–38). Hillsdale, NJ: Erlbaum.
Bandura, A. (1991). Self-regulation of motivation through anticipatory and self-reactive mechanisms. In R.A. Dienstbier (Ed.), *Perspectives on motivation: Nebraska Symposium on Motivation* (Vol. 38, pp. 69–164). Lincoln: University of Nebraska Press.
Bandura, A., & Schunk, D.H. (1981): Cultivating competence, self-efficacy, and intrinsic interest through proximal self-motivation. *Journal of Personality and Social Psychology, 41,* 586–598.
Bandura, A., & Walters, R.H. (1963). *Social learning and personality development.* New York: Holt, Rinehart & Winston.
Bartlett, F.C. (1932). *Remembering. A study in experimental social psychology.* Cambridge: Cambridge University Press.
Beek, P.J., & Turvey, M.T. (1992). Temporal patterning in cascade juggling. *Journal of Experimental Psychology,* 18(4), 934–947.
Bergius R. (1964). Übungsübertragung und Problemlösen. In R. Bergius (Ed.), *Handbuch der Psychologie* (Vol. 1, 2. Halbband, pp. 284–325). Göttingen: Hogrefe.
Berry, D.C., & Dienes, Z. (1993). *Implicit learning: Theoretical and empirical issues.* Hove, UK: Erlbaum.
Biaggio, M.K. (1987). Therapeutic management of anger. *Clinical Psychology Review, 7,* 663–675.
Bjork, R.A. (1988). Retrieval practice and the maintenance of knowledge. In M.M. Gruneberg, P.E. Morris & R.N. Sykes (Eds.), *Practical aspects of memory: Current research and issues. Vol. 1: Memory in everyday life* (pp. 396–401). Chichester, UK: Wiley.
Bower, G.H. (1970). Organizational factors in memory. *Cognitive Psychology, 1,* 28–46.
Bower, G.H. (1972). Mental imagery and associative learning. In L.W. Gregg (Ed.), *Cognition in learning and memory* (pp. 51–88). New York: Wiley.
Bower, G.H., & Hilgard, E.R. (1981). *Theories of learning,* revised edition. New York: Prentice Hall.

Bower, S.A., & Bower, G.H. (1976). *Asserting yourself. A practical guide for positive change.* Reading, MA: Addison-Wesley.
Bridges, K. (1932). Emotional development in infancy. *Child Development, 3,* 324–341.
Broadbent, D.E. (1981). From the percept to the cognitive structure. In L. Long & A. Baddeley (Eds.), *Attention and performance* (Vol. IX, pp. 1–24). Hillsdale, NJ: Erlbaum.
Bronfenbrenner, U., & Ceci, S.J. (1994). Nature–nurture reconceptualized in developmental perspective: A bioecological model. *Psychological Review, 10*(4), 568–586.
Brooke, M. (1970). *Tricks, games, and puzzles with matches.* New York: Dover.
Brown, A.L. (1978). Knowing when, where and how to remember – A problem of meta-cognition. In R. Glaser (Ed.), *Advances in instructional psychology* (pp. 77–165). Hillsdale, NJ: Erlbaum.
Brown, A.L., & Day, J.D. (1983). Macrorules for summarizing texts: The development of expertise. *Journal of Verbal Learning and Verbal Behavior, 22,* 1–14.
Brown, A.L., & Palincsar, A.S. (1989). Guided, cooperative learning and individual knowledge acquisition. In L.B. Resnick (Ed.), *Knowledge, learning and instruction. Essays in honor of Robert Glaser* (pp. 393–451). Hillsdale, NJ: Erlbaum.
Brown, A.L., Palincsar, A.S., & Armbruster, B. (1984). Instructing comprehension-fostering activities in interactive learning situations. In H. Mandl, N. Stein & T. Trabasso (Eds.), *Learning and comprehension of text* (pp. 255–286). Hillsdale, NJ: Erlbaum.
Bruner, J.S. (1964). The course of cognitive growth. *American Psychologist, 19,* 1–14.
Bruner, J.S. (1966). *Toward a theory of instruction.* Cambridge, MA: Harvard University Press.
Bruner, J.S., Olver, R.R., & Greenfield, P.M. (1966). *Studies in cognitive growth.* New York: Wiley.
Brunnhuber, P., & Czinczoll, B. (1974). *Lernen durch Entdecken.* Donauwörth: Auer.
Cameron, J., & Pierce, W.D. (1994). Reinforcement, reward, and intrinsic motivation: A meta-analysis. *Review of Educational Research, 64*(3), 363–423.
Canter, D., & Tagg, S. (1975). Distance estimation in cities. *Environment and Behavior, 7,* 59–80.
Charness, N. (1981). Search in chess: Age and skill differences. *Journal of Experimental Psychology: Human Perception and Performance, 7,* 476.
Chase, W.G. (1973). *Visual information processing.* New York: Academic Press.
Chase, W.G., & Simon, H.A. (1973). The mind's eye in chess. In W.G. Chase (Ed.), *Visual information processing* (pp. 215–282). New York: Academic Press.
Chi, M.T.H., Glaser, R., & Rees, E. (1982). Expertise in problem solving. In R. Sternberg (Ed.), *Advances in the psychology of human intelligence* (pp. 7–70). Hillsdale, NJ: Erlbaum.
Claparède, E. (1903). La faculté lointaine (sens de direction, sens de retour). *Archives de Psychologie, 2,* 133–180.
Cleeremans, A. (1993). *Mechanisms of implicit learning: Connectionist models of sequence processing.* Cambridge, MA: MIT-Press.
Collins, A., Brown, J.S., & Larkin, K.M. (1980). Inference in text understanding. In R.J. Spiro, B.C. Bruce & W.F. Brewer (Eds.), *Theoretical issues in reading comprehension* (pp. 385–407). Hillsdale, NJ: Erlbaum.
Copei, F. (1950). *Der fruchtbare Moment im Unterricht.* Heidelberg.
Csikszentmihalyi, M. (1975). *Beyond boredom and anxiety.* San Francisco: Jossey-Bass.

Csikszentmihalyi, M. (1978). Intrinsic rewards and emergent motivation. In M.R. Lepper & D. Greene (Eds.), *The hidden costs of rewards* (pp. 205–216). Hillsdale, NJ: Erlbaum.

Dansereau, D.F. (1988). Cooperative learning strategies. In C.E. Weinstein, E.T. Goetz & P.A. Alexander (Eds.), *Learning and study strategies* (pp. 103–120). New York: Academic Press.

Darwin, C. (1859). *On the origin of species by means of natural selection. Dt. Die Entstehung der Arten durch natürliche Zuchtwahl.* Stuttgart: Reclam, 1976.

de Charms, R. (1968). *Personal causation: The internal affective determinants of behavior.* New York: Academic Press.

Deci, E.L. (1971). Effects of externally mediated rewards on intrinsic motivation. *Journal of Personality and Social Psychology, 18*(1), 105–115.

Deci, E.L. (1972). Intrinsic motivation, extrinsic reinforcement, and inequity. *Journal of Personality and Social Psychology, 26,* 113–120.

Deci, E.L., & Ryan, R.M. (1985). *Intrinsic motivation and self-determination in human behavior.* New York: Plenum.

De Groot, A.D. (1965). *Thought and choice in chess.* The Hague, Netherlands: Mouton Publishers.

De Groot, A.D. (1966). Perception and memory versus thought: Some old ideas and recent findings. In B. Kleinmuntz (Ed.), *Problem solving.* New York: Wiley.

De Kleer, J., & Brown, J.S. (1983). Assumptions and ambiguities in mechanistic mental models. In D. Gentner & A.L. Stevens (Eds.), *Mental models* (pp. 155–190). Hillsdale, NJ: Erlbaum.

Detterman, D.K., & Sternberg, R.J. (Eds.) (1993). *Transfer on trial: Intelligence, cognition and instruction.* Norwood, NJ: Ablex.

Diekhoff, G.M., Brown, P.J., & Dansereau, D.F. (1982). A prose learning strategy training. *Experimental Education, 50,* 180–184.

Doise, W., & Mugny, G. (1984). *The social development of the intellect.* New York: Pergamon.

Dollard, J., & Miller, N.E. (1950). *Personality and psychotherapy.* New York: McGraw-Hill.

Downs, R.M., & Stea, D. (1973). *Image and environment.* Chicago: Aldine.

Downs, R.M., & Stea, D. (1977). *Maps in mind. Reflections on cognitive mapping.* New York: Harper & Row.

Duncker, K. (1935). *Zur Psychologie des produktiven Denkens.* Berlin: Springer-Verlag (Reprint 1974).

Ebbinghaus, H. (1979). *Grundzüge der Psychologie* (4th edition, K. Bühler, ed.). Leipzig: Veit.

Edwards, A.E., & Acker, L.E. (1962). A demonstration of the long-term retention of a conditional galvanic skin response. *Psychosomatic Medicine, 24,* 459–463.

Ellison, K.W., & Genz, J.L. (1983). *Stress and the police officer.* Springfield, IL: Charles C. Thomas.

Ericsson, K.A. (1985). Memory skill. *Canadian Journal of Psychology, 39,* 188–231.

Ericsson, K.A., & Kintsch, W. (1995). Long-term working memory. *Psychological Review, 102*(2), 211–245.

Eysenck, M.W., & Keane, M.T. (1990). *Cognitive psychology. A student's handbook.* Hillsdale, NJ: Erlbaum.

Fillmore, C.J. (1968). The case for case. In E. Bach & R.T. Harms (Eds.), *Universals of linguistic theory.* New York: Holt, Rinehart & Winston.

Fischer, P.M., & Mandl, H. (1983). Förderung von Lernkompetenz und Lernregulation. Zentrale Komponenten der Steuerung und Regulation von Lernprozessen. In L.

Koetter & H. Mandl (Eds.), *Kognitive Prozesse und Unterricht. Jahrbuch der Empirischen Erziehungswissenschaft* (pp. 263–317). Düsseldorf: Schwann.

Flavell, J.H. (1963). *The developmental psychology of Jean Piaget*. New York: Van Nostrand.

Flavell, J.H. (1978). Metacognitive development. In J.M. Scandura & J.C. Brainerd (Eds.), *Structural process theory of complex human behavior*. New York: Wiley.

Flavell, J.H. (1985). *Cognitive development* (2nd ed.). Englewood Cliffs, NJ: Prentice Hall.

Flavell, J.H., Botkin, P.T., Fry, C.L., Wright, J.W., & Jarvis, P.E. (1968). *The development of role-taking and communication skills in children*. New York: Wiley.

Frey, R.L. (1981). *Wirtschaft, Staat und Wohlfahrt. Eine Einführung in die Nationalökonomie*. Basel: Helbing & Lichtenhahn.

Fricke, A. (1970). Operative Lernprinzipien. In A. Fricke & H. Besuden, *Mathematik – Elemente einer Didaktik und Methodik*. Stuttgart: Klett.

Galton, F. (1872). *On finding the way. The art of travel or: Shifts and contrivances available in wild countries*. London: John Murray.

Gantt, W.H. (1966). Reflexology, schizokinesis, and autokinesis. *Conditional Reflex, 1*, 57–68.

Gärling, T., Böök, A., & Lindberg, E. (1984). Cognitive mapping of large-scale environments. The interrelationship of action plans, acquisition, and orientation. *Environment and Behavior, 16*(1), 3–34.

Glaser, R. (1984). Education and thinking: The role of knowledge. *American Psychologist, 39*, 93–104.

Gordon, A.D., Jupp, P.E., & Byrne, R.W. (1989). The construction and assessment of mental maps. *British Journal of Mathematical and Statistical Society, 42*, 169–182.

Gordon, T. (1977). *Leader effectiveness training. L.E.T.* New York: Peter H. Wyden.

Graesser, A.C. (1981). *Prose comprehension beyond the word*. New York: Springer-Verlag.

Gréco, P. (1963). Le progrès des inférences itératives et des notions arithmétiques chez l'enfant et l'adolescent. In J. Piaget (Ed.), *La formation des raisonnements récurrentiels. Études d'épistémologie génétique* (pp. 143–281). Paris: Presses Universitaires de France.

Greeno, J.G., Smith, P.R., & Moore, J.L. (1993). Transfer of situated learning. In D.K. Detterman & R.J. Sternberg (Eds.), *Transfer on trial: Intelligence, cognition and instruction* (pp. 99–166). Norwood, NJ: Ablex.

Gulliver, E.P. (1908). Orientation of maps. *Journal of Geography, 7*, 55–58.

Guthrie, E.R. (1935). *The psychology of learning*. New York: Harper & Row.

Guthrie, E.R. (1959). Association by contiguity. In S. Koch (Ed.), *Psychology: A study of science* (Vol. 2, pp. 158–195). New York: McGraw-Hill.

Guthrie, E.R. (1960). *The psychology of learning* (rev. ed.). Gloucester, MA: Peter Smith.

Harris, B. (1979). Whatever happened to Little Albert. *American Psychologist, 34*(2), 151–160.

Heckhausen, H. (1969). Förderung der Lernmotivierung und der intellektuellen Tüchtigkeiten. In H. Roth (Ed.), *Begabung und Lernen* (pp. 193–228). Stuttgart: Klett.

Hiroto, D.S., & Seligman, M.E.P. (1975). Generality of learned helplessness in man. *Journal of Personality and Social Psychology, 31*, 311–327.

Hirtle, S.C., & Jonides, J. (1985). Evidence of hierarchies in cognitive maps. *Memory & Cognition, 13*, 208–217.

Hoffman, M.L. (1976). Empathy, role-taking, guilt and the development of altruistic motives. In T. Lickona (Ed.), *Moral development and behavior.* New York: Holt, Rinehart & Winston.

Holding, D.H. (1985). *The psychology of chess skill.* Hillsdale, NJ: Erlbaum.

Holland, J.G., & Skinner, B.F. (1961). *The analysis of behavior: A program for self-instruction.* New York: McGraw-Hill.

Holley, C.D., & Dansereau, D.F. (1984). *Spatial learning strategies: Techniques, applications, and related issues.* New York: Academic Press.

Holt, R.R. (1970). On the interpersonal and intrapersonal consequences of expressing or not expressing anger. *Journal of Counseling and Clinical Psychology, 35*(1), 8–12.

Hull, C.L. (1943). *Principles of behavior.* New York: Appleton-Century-Crofts.

Johnson-Laird, P.N. (1980). Mental models in cognitive science. *Cognitive Science, 4,* 71–115.

Johnson-Laird, P.N. (1983). *Mental models: Towards a cognitive science of language, inference and consciousness.* Cambridge: Cambridge University Press.

Johnston, J.M. (1972). Punishment of human behavior. *American Psychologist, 27,* 1033–1054.

Kant, I. (1781). *Kritik der reinen Vernunft* (Vol. 1). Frankfurt: Suhrkamp 1974.

Katona, G. (1940). *Organizing and memorizing.* New York: Columbia University Press.

Keller, F.S. (1969). *Learning: Reinforcement theory* (2nd ed.). New York: Random House.

Kintsch, W. (1988). The use of knowledge in discourse processing: A construction-integration model. *Psychological Review, 95,* 163–182.

Kintsch, W. (1992). A cognitive architecture for comprehension. In H.L. Pick, P. van den Broek & D.C. Kuill (Eds.), *The study of cognition: Conceptual and methodological issues* (pp. 143–164). Washington, DC: APA.

Kintsch, W. (1994). Text comprehension, memory, and learning. *American Psychologist, 49*(4), 294–303.

Koedinger, K.R., & Anderson, J.R. (1990). Abstract planning and perceptual chunks: Elements of expertise in geometry. *Cognitive Science, 14,* 511–550.

Koffka, K. (1935). *Principles of Gestalt psychology.* New York: Harcourt, Brace & World.

Köhler, W. (1929). *Gestalt psychology.* New York: Lifesight.

Kosslyn, S.M. (1980). *Image and mind.* Cambridge, MA: Harvard University Press.

Kosslyn, S.M., Ball, T., & Reiser, B. (1978). Visual images preserve metric spatial information: Evidence from studies of image scanning. *Journal of Experimental Psychology: Human Perception and Performance, 4,* 47–60.

Kozlowski, L.T., & Bryant, K.J. (1977). Sense of direction, spatial orientation, and cognitive maps. *Journal of Experimental Psychology,* 590–598.

Krebs, D. (1975). Empathy and altruism. *Journal of Personality and Social Psychology, 32,* 1134–1146.

Krohne, H.W. (1975). *Angst und Angstverarbeitung.* Stuttgart: Kohlhammer.

Krohne, H.W. (1981). *Theorien zur Angst* (2nd ed.). Stuttgart: Kohlhammer.

Krohne, H.W. (1985). Das Konzept der Angstbewältigung. In H.W. Krohne (Ed.), *Angstbewältigung in Leistungssituationen* (pp. 1–13). Weinheim: VCH Verlagsgemeinschaft.

Kuhl, J. (1984). Volitional aspects of achievement motivation and learned helplessness: Toward a comprehensive theory of action control. In B.A. Maher & W.B. Maher (Eds.), *Progress in experimental personality research* (pp. 99–171). New York: Academic Press.

Kuhl, J. (1988). Volitional mediators of cognition-behavior consistency: Self-regulatory processes and action versus state orientation. In J. Kuhl & J. Beckmann (Eds.), *Action control: From cognition to behavior.* Berlin: Springer-Verlag.

Kuhl, J., & Kraska, K. (1989). Self-regulation and metamotivation: Computational mechanisms, development, and assessment. In R. Kanfer, L. Ackerman & K. Cudek (Eds.), *Abilities, motivation, and methodology* (pp. 343–374). Hillsdale, NJ: Erlbaum.

Laird, J.E., Rosenbloom, P.S., & Newell, A. (1986). Chunking in soas: The anatomy of general learning mechanisms. *Machine Learning, 1,* 11–46.

Lashley, K.S. (1929). *Brain mechanisms and intelligence.* Chicago: University of Chicago Press.

Lashley, K.S. (1951). The problem of serial order in behavior. In L.A. Jeffress (Ed.), *Cerebral mechanisms in behavior. The Hixon Symposium* (pp. 112–130). New York: Wiley.

Laux, H. (1981). Psychologische Stresskonzeptionen. In H. Thomae (Ed.), *Handbuch der Psychologie. Vol. II: Motivation* (2nd ed.). Göttingen: Hogrefe.

Lazarus, R.S. (1966). *Psychological stress and the coping process.* New York: McGraw-Hill.

Lazarus, R.S., & Launier, R. (1978). Stress-related transactions between person and environment. In L.A. Pervin & M. Lewis (Eds.), *Perspectives in interactional psychology.* New York: Plenum.

Lee, T.D., & Magill, R.A. (1983). The locus of contextual interference in motor-skill acquisition. *Journal of Experimental Psychology: Learning, Memory, and Cognition, 9,* 730–746.

Lepper, M.R. (1973). Dissonance, self-perception, and honesty in children. *Journal of Personality and Social Psychology, 25,* 65–74.

Lepper, M.R. (1981). Intrinsic and extrinsic motivation in children: Detrimental effects of superfluous social controls. In W.A. Collins (Ed.), *Aspects of the development of competence: The Minnesota Symposia on Child Psychology* (Vol. 14, pp. 155–214). Hillsdale, NJ: Erlbaum.

Lepper, M.R., & Greene, D. (1975). Turning play into work: Effects of adult surveillance and extrinsic rewards on children's intrinsic motivation. *Journal of Personality and Social Psychology, 31,* 479–486.

Lepper, M.R., & Greene, D. (1978). Overjustification research and beyond: Towards a means-end analysis of intrinsic and extrinsic motivation. In M.R. Lepper & D. Greene (Eds.), *The hidden costs of reward* (pp. 109–148). Hillsdale, NJ: Erlbaum.

Lepper, M.R., Greene, D., & Nisbett, R.E. (1973). Undermining children's intrinsic interest with extrinsic reward: A test of the overjustification hypothesis. *Journal of Personality and Social Psychology, 28*(1), 129–137.

Levin, J.R. (1981). On functions of pictures in prose. In F.J. Pirozzolo & M.C. Wittrock (Eds.), *Neuropsychological and cognitive processes in reading* (pp. 203–228). New York: Academic Press.

Levin, J.R. (1982). Pictures as prose learning devices. In A. Flammer & W. Kintsch (Eds.), *Discourse processing* (pp. 412–444). Amsterdam: North-Holland.

Levin, J.R., & Mayer, R.E. (1993). Understanding illustrations in text. In B.K. Britton, A. Woodward & M. Binkley (Eds.), *Learning from textbooks* (pp. 95–113). Hillsdale, NJ: Erlbaum.

Lewin, K. (1935). *A dynamic theory of personality.* New York: McGraw-Hill.

Liddell, H.S. (1934). The conditioned reflex. In F.A. Moss (Ed.), *Comparative psychology.* New York: Prentice Hall.

Lindsay, P.H., & Norman, D.A. (1972). *Human information processing. An introduction to psychology.* New York: Academic Press.
Lübke, H. (1975, 1983). *Emploi des mots* (9th ed.). Dortmund: Lambert Lensing.
Lynch, K. (1960). *The image of the city.* Cambridge, MA: MIT Press.
Maccoby, E.E. (1980). *Social development. Psychological growth and the parent-child relationship.* New York: Harcourt, Brace & Jovanovich.
Magill, R.A., & Hall, K.G. (1990). A review of the contextual interference effect in motor skill acquisition. *Human Movement Science, 9,* 241–289.
Mandl, H., & Friedrich, H.F. (1986). Förderung des Wissenserwerbs im Kindes- und Erwachsenenalter. *Unterrichtswissenschaft, 1,* 10–24.
Mandl, H., & Schnotz, W. (1985). *New directions in text processing.* Deutsches Institut für Fernstudien an der Universität Tübingen, Forschungsbericht No. 36.
Mandl, H., Stein, N.L., & Trabasso, T. (1984). *Learning and comprehension of text.* Hillsdale, NJ: Erlbaum.
McGraw, K.O. (1978). The detrimental effects of reward on performance: A literature review and a prediction model. In M.R. Lepper & D. Greene (Eds.), *The hidden costs of reward* (pp. 33–60). Hillsdale, NJ: Erlbaum.
McNamara, D.S., Kintsch, E., Butler-Songer, N., & Kintsch, W. (1996). Are good texts always better? Interaction of text coherence, background knowledge, and levels of understanding in learning from text. *Cognition & Instruction, 14,* 1–43.
Meichenbaum, D. (1977). *Cognitive behavior modification.* New York: Plenum.
Meichenbaum, D.H., & Cameron, R. (1974). The clinical potential of modifying what clients say to themselves: A means of developing self-control. In M.J. Mahoney & C.E. Thoreson (Eds.), *Self-control: Power to the person.* Monterey, CA: Brooks/Cole.
Meichenbaum, D., & Novaco, R.W. (1978). Stress inoculation: A preventive approach. In C.D. Spielberger & I.G. Sarason (Eds.), *Stress and anxiety* (Vol. 5, pp. 317–330). New York: Halstead.
Menzel, E.W. (1973). Chimpanzee spatial memory organization. *Science, 182,* 943–945.
Menzel, E.W. (1978). Cognitive mapping in chimpanzees. In S.H. Hulse, H. Fowler & W.K. Honig (Eds.), *Cognitive processes in animal behavior* (pp. 375–422). Hillsdale, NJ: Erlbaum.
Merton, R.K. (1948). The self-fulfilling prophecy. In E.P. Hollander & R.G. Hunt (Eds.), *Classic contributions to social psychology* (pp. 260–266). London: Oxford University Press.
Meyer, W.U. (1984). *Das Konzept der eigenen Begabung.* Bern: Huber.
Meyer, W.U., & Hallermann, B. (1974). Anstrengungsintention bei einer leichten und schweren Aufgabe in Abhängigkeit von der wahrgenommenen eigenen Begabung. *Archiv für Psychologie, 124,* 85–89.
Miller, G.A. (1956). The magical number seven, plus or minus two. *Psychological Review, 63,* 81–97.
Miller, G.A., Galanter, E., & Pribram, C. (1960). *Plans and the structure of behavior.* New York: Holt, Rinehart & Winston.
Minsky, M. (1975). A framework for representing knowledge. In P. Winston (Ed.), *The psychology of computer vision.* New York: McGraw-Hill.
Minsky, M., & Papert, S. (1972). *Perceptrons.* Cambridge, MA: MIT Press.
Mischel, W., & Patterson, C.J. (1978). Effective plans for self-control in children. In W.A. Collins (Ed.), *Minnesota Symposium on Child Psychology* (Vol. XI, pp. 199–230). Hillsdale, NJ: Erlbaum.

Mischel, W., & Staub, E. (1965). Effects of expectancy on working and waiting for larger reward. *Journal of Personality and Social Psychology, 2,* 625–633.

Mischel, W., & Underwood, B. (1974). Instrumental ideation in delay of gratification. *Child Development, 45,* 1083–1088.

Neber, H. (Ed.) (1973). *Entdeckendes Lernen.* Weinheim: Beltz.

Neisser, U. (1967). *Cognitive psychology.* New York: Appleton-Century-Crofts.

Neisser, U. (1976). *Cognition and reality.* San Francisco: Freeman.

Nesher, P. (1989). Microworlds in mathematical education: A pedagogical realism. In L.B. Resnick (Ed.), *Knowing, learning, and instruction. Essays in honor of Robert Glaser* (pp. 187–216). Hillsdale, NJ: Erlbaum.

Newell, A., & Simon, H.A. (1972). *Human problem solving.* Englewood Cliffs, NJ: Prentice Hall.

Nolen-Hoeksma, S., Girgus, J.S., & Seligman, M.E.P. (1986). Learned helplessness in children: A longitudinal study of depression, achievement, and explanatory style. *Journal of Personality and Social Psychology, 51*(2), 435–442.

Norman, D.A. (1976). *Memory and attention.* New York: Wiley.

Norman, D.A., & Rumelhart, D.E. (1975). *Explorations in cognition.* San Francisco: Freeman.

Pailhous, J. (1970). *La représentation de l'espace. L'exemple du chauffeur de taxi.* Paris: Presses Universitaires de France.

Paivio, A. (1971). *Imagery and verbal processes.* New York: Holt.

Paivio, A. (1983). The empirical case for dual coding. In J.C. Yuille (Ed.), *Imagery, memory, and cognition.* Hillsdale, NJ: Erlbaum.

Paivio, A. (1986). *Mental representations: A dual coding approach.* New York: Oxford University Press.

Paivio, A. (1991). *Images in mind: The evolution of a theory.* New York: Harvester Wheatsheaf.

Pavlov, I.P. (1927). *Conditional reflexes.* London: Clarendon Press.

Pavlov, I.P. (1928). *Lectures on conditioned reflexes* (translated by W.H. Gantt). New York: International Publishers.

Peters, T.J., & Waterman, R.H. Jr. (1982). *In search of excellence.* New York: Harper & Row.

Pflugradt, N. (1985). *Förderung des Verstehens und Behaltens von Textinformation durch "mapping."* Deutsches Institut für Fernstudien an der Universität Tübingen, Forschungsbericht No. 34.

Piaget, J. (1936). *La naissance de l'intelligence chez l'enfant.* Neuchâtel: Delachaux & Niestlé.

Piaget, J. (1947). *Die Psychologie der Intelligenz.* Zürich: Rascher.

Piaget, J., & Inhelder, B. (1948). *La représentation de l'espace chez l'enfant.* Neuchâtel: Delachaux & Niestlé.

Piaget, J., & Szeminska, A. (1941). *La genèse du nombre chez l'enfant.* Neuchâtel: Delachaux & Niestlé.

Prystav, G. (1985). Der Einfluss der Vorhersagbarkeit von Stressereignissen auf die Angstbewältigung. In H.W. Krohne (Ed.), *Angstbewältigung in Leistungssituationen* (pp. 14–44). Weinheim: VCH Verlagsgemeinschaft.

Pylyshyn, Z.W. (1973). What tells the mind's eye to the mind's brain: A critique of mental imagery. *Psychological Bulletin, 80,* 1–24.

Reber, A.S. (1993). *Implicit learning and tacit knowledge: An essay on the cognitive unconscious.* New York: Oxford University Press.

Rescorla, R.A. (1988). Pavlovian conditioning. *American Psychologist, 43*(3), 151–

160.
Resnick, L. (1985). *Cognition and the curriculum*. Paper delivered at the AERA Conference, 1985, in Chicago.
Resnick, L.B. (1987). Instruction and the cultivation of thinking. In E. De Corte, J.G.L.C. Lodewijks, R. Parmentier & P. Span (Eds.), *Learning and instruction. A publication of the European Association for Research on Learning and Instruction.* Oxford/Louvain: Pergamon Press/Louvain.
Revenstorf, D. (1982). *Psychotherapeutische Verfahren: Vol. 2: Verhaltenstherapie.* Stuttgart: Kohlhammer.
Rosenhan, D. (1969). Some origins of concern for others. In P.A. Mussen, J. Langer & M. Covington (Eds.), *Trends and issues in developmental psychology*. New York: Holt, Rinehart & Winston.
Rosenthal, R., & Jacobson, L. (1968). *Pygmalion in the classroom.* New York: Holt, Rinehart & Winston.
Rotter, J. (1966). Generalized expectancies of internal versus external control of reinforcement. *Psychological Monographs, 80*(1), Whole No. 609, 1–28.
Rumelhart, D.E. (1980). Schemata: The building blocks of cognition. In R. Spirao, B. Bruce & W. Bewer (Eds.), *Theoretical issues in reading comprehension* (pp. 33–58). Hillsdale, NJ: Erlbaum.
Rumelhart, D.E., & Norman, D.A. (1976). Accretion, tuning, and restructuring: Three modes of learning. In J.W. Cotton & R.L. Klatzki (Eds.), *Semantic factors in cognition* (pp. 37–53). Hillsdale, NJ: Erlbaum.
Rumelhart, D.E., & Ortony, A. (1976). *The representation of knowledge in memory.* Technical Report No. 55. Center for Human Information Processing. Department of Psychology. University of California, San Diego.
Salmoni, A.W., Schmidt, R.A., & Walter, C.B. (1984). Knowledge of results and motor learning: A review and critical appraisal. *Psychological Bulletin, 95,* 355–386.
Sanford, A.J., & Garrod, S.C. (1981). *Understanding written language: Exploration of comprehension beyond the sentence.* New York: Wiley.
Sarason, I.G., Johnson, J.H., Berberich, J.P., & Siegel, J.M. (1979). Helping police officers to cope with stress: A cognitive-behavioral approach. *American Journal of Community Psychology, 7,* 590–603.
Schank, R. (1980). Language and memory. *Cognitive Science, 4,* 243–284.
Schank, R., & Abelson, R.P. (1977). *Scripts, plans, goals, and understanding.* Hillsdale, NJ: Erlbaum.
Schimmel, S. (1979). Anger and its control in Graeco-Roman and modern psychology. *Psychiatry, 42,* 320–377.
Schmidt, R.A. (1988). *Motor control and learning: A behavioral emphasis* (2nd ed.). Champaign, IL: Human Kinetics.
Schmidt, R.A. (1991a). *Motor learning and performance: From principles to practice.* Champaign, IL: Human Kinetics.
Schmidt, R.A. (1991b). Frequent augmented feedback can degrade learning: Evidence and interpretation. In J. Requin & G.E. Stelmach (Eds.), *Tutorials in motor neuroscience* (pp. 59–75). Dordrecht, Holland: Kluwer.
Schneider, W., & Shiffrin, R.M. (1977). Controlled and automatic human information processing: I. Detection, search, and attention. *Psychological Review, 84*(1), 1–66.
Schnotz, W. (1985). *Elementarische und holistische Theorieansätze zum Textverstehen.* Forschungsbericht No. 35. Deutsches Institut für Fernstudien an der Universität Tübingen.

Schnotz, W., & Kulhavy, R.W. (Eds.) (1994). *Comprehension of graphics.* Amsterdam: North-Holland.

Sears, R.R., Whiting, J.W., Nowlis, V., & Sears, P.S. (1953). Some child rearing antecedents of aggression and dependency in young children. *Genetic Psychology Monographs, 47,* 135–234.

Seligman, M.E.P., Peterson, C., Kaslow, N.J., Tannenbaum, R.L., Alloy, L., & Abramson, L.Y. (1984). Attributional style and depressive symptoms among children. *Journal of Abnormal Psychology, 88,* 235–238.

Selz, O. (1913). *Über die Gesetze des geordneten Denkablaufs. Eine experimentelle Untersuchung.* Stuttgart: Spemann.

Sharan, S. (Ed.) (1990). *Cooperative learning: Theory and research.* New York: Praeger.

Shea, J.B., & Morgan, R.L. (1979). Contextual interference effects on the acquisition, retention and transfer of a motor skill. *Journal of Experimental Psychology: Human Learning and Memory, 5,* 179–187.

Simon, H.A. (1972). What is visual imagery? An information processing interpretation. In L. Gregg (Ed.), *Cognition in learning and memory* (pp. 183–204). New York: Wiley.

Skinner, B.F. (1938). *The behavior of organisms: An experimental analysis.* Englewood Cliffs, NJ: Prentice-Hall.

Skinner, B.F. (1953). *Science and human behavior.* New York: Macmillan.

Smith, S., & Guthrie, E.R. (1921). *General psychology in terms of behavior.* New York: Appleton-Century-Crofts.

Spielberger, C.D., & Sarason, I.G. (Eds.) (1978). *Stress and anxiety* (Vol. 5). Washington, DC: Hemisphere.

Stein, F.M. (1986). Helping young policemen cope with stress and manage conflict situation. In J.C. Yuille (Ed.), *Police selection and training: The role of psychology* (pp. 301–306). Dordrecht: Nijhoff.

Steiner, G. (1972). *The use of Cuisenaire rods as tools for mentally retarded children in learning elementary arithmetic.* Research Report (unpublished manuscript). University of Berne (Switzerland), Department of Educational Psychology.

Steiner, G. (1980). *Visuelle Vorstellungen beim Lösen von elementaren Problemen.* Stuttgart: Klett-Cotta.

Steiner, G. (1983). Number learning as constructing coherent networks by using Piaget-derived operative principles. In M. Zweng, T. Green, J. Kilpatrick, H. Pollak & M. Snydam (Eds.), *ICME Proceedings of the Fourth International Congress on Mathematical Education* (pp. 508–511). Boston: Birkhäuser.

Steiner, G. (1986). Leadership training and an integrated introduction to psychology. In J.C. Yuille (Ed.), *Police selection and training: The role of psychology* (pp. 285–290). Dordrecht: Nijhoff.

Steiner, G. (1987). Analoge Repräsentationen. In H. Mandl., & H. Spada (Eds.), *Wissenspsychologie.* Munich: Urban & Schwarzenberg.

Steiner, G. (1994). Piaget's constructivism, semantic network theory, and a new approach to mathematics education – A microanalysis. In R. Biehler, R.W. Scholz & B. Winkelmann (Eds.), *Mathematics didactics as a scientific discipline* (pp. 247–261). Dordrecht, Holland: Kluwer.

Steiner, G. (1997). Educational learning theory. In R. Tennyson, F. Schott, N. Seel & S. Dijkstra (Eds.), *Instructional design* (Chapter 6). Hillsdale, NJ: Erlbaum.

Steiner, G., & Stöcklin, M. (1997). Fraction calculation – A didactic approach to constructing mathematical networks. *Learning and Instruction, 7*(5), 211–233.

Tavris, C. (1982). *Anger: The misunderstood emotion.* New York: Simon & Schuster.
Tavris, C. (1984). On the wisdom of counting to ten. Personal and social dangers of anger expression. *Review of Personality and Social Psychology, 5,* 170–191.
Thorndike, E.L. (1911). *Animal intelligence.* New York: Macmillan.
Thorndike, E.L. (1913). *Educational psychology: The psychology of learning* (Vol. 2). New York: Teachers College.
Thorndike, E.L. (1931). *Human learning.* New York: Century. Paperback: Cambridge: MIT Press 1966.
Thorndyke, P.W. (1981). Spatial cognition and reasoning. In J.H. Harvey (Ed.), *Cognition, social behavior, and the environment* (pp. 137–149). Hillsdale, NJ: Erlbaum.
Thorndyke, P., & Stasz, C. (1980). Individual differences in procedures for knowledge acquisition from maps. *Cognitive Psychology, 12,* 137–175.
Tolman, E.C. (1948). Cognitive maps in rats and men. *Psychological Review, 55*(4), 189–208.
Tolman, E.C., Ritchie, B.F., & Kalish, D. (1946). Studies in spatial learning. *Journal of Experimental Psychology, 36,* 15–20.
Trowbridge, C.C. (1913). On fundamental methods of orientation and imagery maps. *Science, 38,* 888–897.
Tulving, E. (1972). Episodic and semantic memory. In E. Tulving & W. Donaldson (Eds.), *Organization of memory* (pp. 382–404). New York: Academic Press.
Tversky, B. (1981). Distortions in memory for maps. *Cognitive Psychology, 13,* 407–433.
Ulich, D., Mayring, P., & Strehmel, P. (1983). Stress. In H. Mandl & G.L. Huber (Eds.), *Emotion und Kognition* (pp. 183–216). Munich: Urban & Schwarzenberg.
Unzicker, W. (1975). *Knaurs neues Schachbuch.* Munich: Knaur Nachf.
Van Dijk, T.A. (1980). *Macrostructures.* Hillsdale, NJ: Erlbaum.
Van Dijk, T.A., & Kintsch, W. (1983). *Strategies of discourse comprehension.* New York: Academic Press.
Voss, J.F., Fincher-Kiefer, R.H., Greene, T.R., & Post, T.A. (1986). Individual differences in performance: The constructive approach to knowledge. In R.J. Sternberg (Ed.), *Advances in the psychology of human intelligence* (pp. 297–334). Hillsdale, NJ: Erlbaum.
Wagenschein, M., Banholzer, S., & Thiel, S. (1973). *Kinder auf dem Wege zur Physik.* Stuttgart: Klett.
Wainer, H. (1992). Understanding graphs and tables. *Educational Researcher, 21*(1), 14–23.
Walters, R.H., & Demkoff, L. (1963). Timing of punishment as a determinant of resistance to temptation. *Child Development, 34,* 207–214.
Watson, J. (1919). *Psychology from the standpoint of a behaviorist.* Philadelphia, PA: Lippincott.
Watson, J., & Rayner, R. (1930). Conditioned emotional reactions. *Journal of Experimental Psychology, 3,* 1–14.
Weiner, B. (Ed.) (1974). *Achievement motivation and attribution theory.* Morristown, NJ: General Learning Press.
Weiner, B. (1985). An attributional theory of achievement motivation and emotion. *Psychological Review, 92*(4), 548–573.
Weinert, F.E., & Kluwe, R.H. (1983). *Motivation und Lernen.* Stuttgart: Kohlhammer.
Wertheimer, M. (1945). *Produktives Denken.* Frankfurt: Kramer.
Wickelgren, W.A. (1974). *How to solve problems.* San Francisco: Freeman.
Winstein, C.J., & Schmidt, R.A. (1990). Reduced frequency of knowledge of results

enhances motor skill learning. *Journal of Experimental Psychology: Learning, Memory and Cognition, 16,* 677–691.

Wippich, W. (1984). *Lehrbuch der angewandten Gedächtnispsychologie* (Vol. 1). Stuttgart: Kohlhammer.

Wolpe, J. (1958). *Psychotherapy by reciprocal inhibition.* Stanford: Stanford University Press.

Wulf, G. (1992a). The learning of generalized motor programs and motor schemata: Effects of knowledge of results, relative frequency and contextual interference. *Journal of Human Movement Studies, 23,* 53–76.

Wulf, G. (1992b). Neuere Befunde zur Effektivierung des Bewegungslernens. *Sportpsychologie, 92*(1), 12–16.

Yarrow, M.R., Scott, P.M., & Waxler, L.Z. (1973). Learning concern for others. *Developmental Psychology, 8,* 240–260.

Zahn-Waxler, C., Radke-Yarrow, M., & King, R.A. (1979). Child rearing and children's prosocial initiations toward victims of distress. *Child Development, 50,* 319–330.

人名索引

● A

Abelson, R.P.　61
Abramson, L.Y.　117, 120, 125
Acker, L.E.　23
Aebli, H.　137, 143-144, 153, 179, 189-190, 201, 210, 218
Aeschbacher, U.　202
Alloy, L.　125
Allport, G.W.　7
Alschuler, A.S.　109
Alschuler, C.F.　109
Armbruster, B.　157
Aronfreed, J.　76
Atkinson, R.C.　165-166, 170, 175
Averill, J.R.　106
Azrin, N.H.　45-46, 58-59

● B

Baddeley, A.　176
Bahrick, H.P.　206
Ball, T.　219
Ballstaedt, S.-P.　146, 150-151
Bandura, A.　21, 27, 33, 43, 46-48, 56, 58, 63, 77 -78, 84, 86-87, 102, 118, 122
Banholzer, S.　152
Bartlett, F.C.　133
Berberich, J.P.　105
Bergius, R.　230, 233
Biaggio, M.K.　109
Bjork, R.A.　173, 177-178
Böök, A.　210
Bower, G.H.　8, 14-15, 22, 24-25, 45, 48, 59, 90, 109, 152, 163, 180, 201
Bower, S.A.　109
Bridges, K.　7
Brooke, M.　223
Brown, A.L.　92, 154, 157
Brown, J.S.　139, 150

Brown, P.J.　152
Bruner, J.S.　147
Brunnhuber, P.　152
Bryant, K.J.　208
Byrne, R.W.　211

● C

Cameron, R.　96
Canter, D.　212
Chi, M.T.H.　235
Claparède, E.　207
Collins, A.　139
Copei, F.　152
Czinczoll, B.　152

● D

Dansereau, D.F.　92, 152, 156
Day, J.D.　154
De Kleer, J.　150
Demkoff, L.　56
Detterman, D.K.　225
Diekhoff, G.M.　152
Doise, W.　106
Dollard, J.　53
Downs, R.M.　208, 211
Duncker, K.　222, 234-235

● E

Edwards, A.E.　23
Ellison, K.W.　98, 100
Ericsson, K.A.　176, 198
Eysenck, M.W.　8

● F

Fillmore, C.J.　144
Fincher-Kiefer, R.H.　140
Fischer, P.M.　157
Flavell, J.H.　73, 106, 157, 190

Frey, R.L.   128, 130, 143, 145
Fricke, A.   202
Friedrich, H.F.   151

● G

Galanter, E.   69, 94
Galton, F.   207
Gantt, W.H.   22
Gärling, T.   210
Garrod, S.C.   139
Genz, J.L.   98, 100
Girgus, J.S.   125
Glaser, R.   235
Gordon, A.D.   211
Gordon, T.   109-110
Graesser, A.C.   133
Gréco, P.   183
Greene, T.R.   140
Greeno, J.G.   225
Guthrie, E.R.   8, 23-31, 34, 38, 40, 69, 81

● H

Hallermann, B.   123
Harris, B.   11
Hilgard, E.R.   8, 14-15, 22, 24-25, 45, 48, 59, 90, 201
Hiroto, D.S.   118
Hirtle, S.C.   210
Hitch, G.J.   176
Hoffman, M.L.   75
Holland, J.G.   35, 57
Holley, C.D.   156
Holt, R.R.   109
Holz, W.C.   45-46, 58-59

● J

Jacobson, L.   87
Johnson, J.H.   105
Johnson-Laird, P.N.   141
Johnston, J.M.   59, 72
Jonides, J.   210
Jupp, P.E.   211

● K

Kalish, D.   207
Kant, I.   133
Katona, G.   222, 229-231, 234-235
Keane, M.T.   8
King, R.A.   72
Kintsch, W.   131, 138-141, 150-151, 176
Kluwe, R.H.   157
Kosslyn, S.M.   152, 212, 219
Kozlowski, L.T.   208
Kraska, K.   122
Krebs, D.   78
Krohne, H.W.   91
Kuhl, J.   122
Kulhavy, R.W.   150

● L

Larkin, K.M.   139
Lashley, K.S.   69, 207
Launier, R.   93, 100
Laux, H.   100
Lazarus, R.S.   91, 93, 100
Lepper, M.R.   58
Levin, J.R.   146, 148, 150, 156, 166
Liberman, K.   176
Liddell, H.S.   21
Lindenberg, E.   210
Lindsay, P.H.   134
Lübke, H.   162
Lynch, K.   209

● M

Maccoby, E.E.   74
Mandl, H.   139, 146, 150-151, 157
Mayer, R.E.   146, 148, 150, 156
Meichenbaum, D.   105
Meichenbaum, D.H.   96
Menzel, E.W.   208
Merton, R.K.   87
Miller, G.A.   69, 94, 175-176
Miller, N.E.   53
Mischel, W.   61, 65-67
Molitor, S.   146

Moore, J.L.　225
Mugny, G.　106

● N

Neber, H.　152
Neisser, U.　8, 131-132, 152
Nesher, P.　193
Nolen-Hoeksma, S.　125
Norman, D.A.　134, 142, 156, 190
Novaco, R.W.　105

● O

Ortony, A.　133, 143

● P

Pailhous, J.　206
Paivio, A.　152, 163, 165-166
Palincsar, A.S.　92, 157
Patterson, C.J.　61, 65-66
Pavlov, I.P.　6, 10, 12-14, 16, 21, 24, 38
Pflugradt, N.　156
Piaget, J.　142, 144, 147, 183, 188, 190-194, 196
Post, T.A.　140
Pribram, C.　69, 94
Prystav, G.　91
Pylyshyn, Z.W.　140

● R

Radke-Yarrow, M.　72
Raugh, M.R.　166, 175
Rayner, R.　10
Rees, E.　235
Reiser, B.　219
Rescorla, R.A.　12
Resnick, L.　251
Revenstorf, D.　95-96
Ritchie, B.F.　207
Rosenhan, D.　58
Rosenthal, R.　87
Rotter, J.　101
Rumelhart, D.E.　133, 142-143, 156, 190

● S

Sanford, A.J.　139
Sarason, I.G.　91, 105
Schank, R.　61, 133
Schimmel, S.　102, 105
Schnotz, W.　139, 150-151
Schunk, D.H.　122
Scott, P.M.　78
Sears, R.R.　58
Seligman, M.E.P.　117-118, 120, 125
Selz, O.　133
Sharan, S.　92
Siegel, J.M.　105
Simon, H.A.　163
Skinner, B.F.　15, 33-38, 40-45, 48, 52-53, 55-58, 60, 62
Smith, P.R.　225
Smith, S.　29
Spielberger, C.D.　91
Staub, E.　67
Stea, D.　208, 211
Stein, F.M.　100
Steiner, G.　92, 100, 131, 137, 143, 150, 152-153, 163, 170, 183, 189-193, 196, 201, 218-219, 225
Sternberg, R.J.　225
Stoecklin, M.　191, 201
Szeminska, A.　188, 192-193

● T

Tagg, S.　212
Tavris, C.　102, 106
Teasdale, J.D.　117, 120
Tergan, S.　150-151
Thiel, S.　152
Thorndike, E.L.　8, 16, 25-28, 34
Thorndyke, P.W.　209, 215, 218-219
Tolman, E.C.　207-208, 219
Trabasso, T.　157
Tulving, E.　214
Tversky, B.　211

● U
Ulich, D.　　100
Underswood, B.　　67

● V
Van Dijk, T.A.　　131, 138, 154
Voss, J.F.　　140

● W
Wagenschein, M.　　152
Wainer, H.　　146-147
Walters, R.H.　　56, 78
Watson, J.　　10-11
Waxler, L.Z.　　78
Weiner, B.　　117, 123
Weinert, F.E.　　157
Wertheimer, M.　　222, 228, 234
Wolpe, J.　　81, 91

● Y
Yarrow, M.R.　　78

● Z
Zahn-Waxler, C.　　72-73

事項索引

●あ
合図文　140
圧縮　153
当て推量帰納　223
アナログ（的）　141, 149
暗黙の情報　190

●い
怒り　7, 100
1次評価　93
一貫性　43, 136, 197
意味　133, 180, 234
　　　——の流れ　128
意味的カテゴリー　180
意味的記憶研究　174
意味的記憶理論　188
意味（論）的ネットワーク　65, 163, 188, 191, 235
　　　能動的——　134
意味的符号化　128, 151, 197
意味論的単位　136
イメージ化可能性　213
いらだち　100, 108

●う
受け手　144
運　117

●え
エラー・フィードバック　171

●お
オペラント行動　33-34, 53
オペラント条件づけ　33, 35, 47, 107

●か
外国語の単語　163
解釈　83, 85, 99, 115, 128, 135

回想　232
階層性統合　205
外的強化　195
外的（物理的）刺激　84-85
概念　188-189
概念駆動的プロセス　128
概念的学習　189
概念的スキーマ　146
概念発達　193
回避行動　18, 56, 122
可逆性　106, 191
　　　視点の——　106
隠された情報　190
学習　9, 18, 96, 111, 136, 141, 144-145, 188
　　　——の学習　198
　　　——の社会認知的理論　33
　　　有用な——　151
学習解除　18, 20-21, 114
学習過程　103
学習者の自立性　183
学習集団　106
学習性無力感　114
学習パターン　58
学習プロセス　85, 123
拡張　136, 142
かけ算の行為的性格　187
過剰学習　132
数の概念（数の不変性）　192
数のネットワーク　177
仮説の構成　223
数え　186
課題解決　202
課題不関連認知（撹乱要因）　81
間隔強化　33
環境学習　205
関係　128, 136, 143, 228
　　　数の間の——　193
関係づけ　193

255

間欠強化　33, 41-43, 50
観察　77, 85
観察学習　47
感情　74, 81, 100
　　──の代理的経験　77
感情的誘意性　86
感情的反応　114
完全性への傾向　135
完全な教材準備　48

● き
記憶　84, 222-223, 231
規則性　228
既存のスキーマの変容　142
期待　84
　　──の学習　71
　　　個人的──　68
　　　自己効力に対する──　33
既知の事実　192
拮抗条件づけ　30-31, 39
逆条件づけ　81
客観化プロセス　218
客観的（物理的）事象　99
脅威　84, 104
協応的ルート・プラン　217
強化　86, 110, 171, 173, 184, 186, 214, 225
強化プログラム　42
強化要因　26, 115
共感　75
凝縮　153, 189, 218
恐怖　18, 100, 108
　　　驚きの──　108
　　　失敗の──　110
局所スキーマ　146
近接性　25, 28

● く
空間学習　206
空間環境　218
空間関係　205
空間的包摂　205
空間認知　205
空想　84

具象化　153

● け
形象的コンテクスト　223
系統的学習　172
系統的脱感作（法）　81, 90
ゲシュタルト（特性）　231, 235
結合
　　意味ある──　168
原因帰属　114-115
　　成功の──　69
嫌悪刺激　33, 44, 53, 56, 115
言語的刺激　13
言語的自己教示　81, 96
検索　127, 178

● こ
行為志向的　122
行為調整的認知　94
効果の法則　26, 28
好奇心　135
高次学習プロセス　96
高次の条件づけ　12
向社会的行動　71-73
合成画　163
構造的情報　231
構造的プランの学習　60
構造の移転可能性　223
行動選択肢　64
行動調節
　　──的刺激　27
　　──的認知構造　111
　　──的認知システム　71
興奮　82, 96
固定間隔強化　41
古典的条件づけ　10, 83
固有受容的　29

● さ
再解釈　89
再学習　118
再構成過程　92
再生　61

256

事項索引

再中心化　147
作動記憶　218
算数的思考体系　188
算数的準拠点　183, 194-195, 199

●し
シェイピング　38, 62
　　　行動の——　37, 44
自我関与　100
視覚イメージ　163
視覚化　165
視覚的手がかり　169
視覚的符号化能力　219
刺激　9, 28, 52, 64
刺激条件　85
刺激制御　33, 37, 54
刺激代用　6
刺激場面　26
刺激般化　6, 13, 20, 26, 58
思考　202
自己過小評価　96
自己強化　86, 91, 98, 110, 171, 183, 195, 201
自己刺激　102
自己主張　98
自己制御　33, 40, 46, 62, 183
事実の読み取り　193-194, 197
自然数を反復する能力　193
自尊感情　84
自動的な刺激統制的情報処理　15
自分自身についての知識　157
社会化　62
社会性コンピテンスの獲得　93
社会的強化　27-28
社会的コンテクスト　84
社会的な刺激-反応場面　104
社会的な相互作用　84
社会認知的学習　48, 86
習慣　26
　　　新しい——　25, 30
自由再生　174, 177
習熟　199
主観的解釈　15, 101
縮減化　127

熟達者-初心者　235
準拠枠
　　　足場状の——　216
　　　空間的——　205, 214
消去　14, 18-19, 33, 36, 54
消去抵抗　40
条件刺激　6, 9-10, 20
条件づけ　19
条件反応　6, 9, 21
情緒の誘意性　78
情動的刺激　39
情報獲得　93
情報単位（チャンク）　175-176
触発刺激　25
調べ尽くし　201-202
信号　25
心象化　165
心的シミュレーション　150
心的モデル　98, 103-104

●す
随伴性　116, 118, 225
随伴的強化　111
推論　135
数学的アプローチ　229
数的ネットワーク　183
　　　——の構築　192-193, 196
スキーマ　128, 133, 135
スクリプト　61
図式的スキーマ　146
図的リンク　166
ストレス　82, 104
ストレッサー　98, 104

●せ
制御反応　40, 60
制御不能性　122
制止条件づけ　29
精緻化　127, 150-151, 165-166, 168, 176, 212
正の強化　33, 59
先行知識　136, 149
漸次的近似法　33, 37, 44

257

●そ

相互強化　35
操作的思考　183, 196
操作の体制化　222
相称的学習　172
想像　89
創造性　202
挿話的記憶　214
測地図（鳥瞰図）　214

●た

第1次信号系　13
第2次信号系　13
対抗条件づけ　89, 91
対抗リラクセーション反応　81
第3次情報抽出　147
体制化　128, 148-149, 222-223, 231
代替行動の学習　51
代替刺激　13
代理強化　33, 47, 78, 86, 102
多重媒体的表示　186
脱中心化　147
短期貯蔵　176

●ち

遅延　67
遅延強化　112
知覚的弁別　213
知覚の場の再構造化　234
知識　19, 83-84, 103
　　　新しい——　127
　　　——の獲得　93, 150
　　　——の生成構造　133
　　　——の表象　141
　　　——の保持　150
地図学習　219
中性刺激　6, 9-10
長期再生　175
長期貯蔵　177
調節　142
直写型表象　219
貯蔵　127, 167

●て

抵抗　156
　　　無抵抗の——　100
　　　誘惑（への）——　65, 67
手がかり再生　179, 213
手がかり再生学習　169
適応的学習　170
適応的自己学習システム　172

●と

同一性　211
同化　86, 127
動機づけ　115, 118, 206
道具的条件づけ　16
動作調整的認知系　69
洞察　223, 234
洞察の学習　150
同定　153
努力　122-123
　　　勉強に注ぐ——　116

●な

内的刺激（認知）　84
内的（声に出さない）反復　176
内的不安喚起要因　95
内容　130
　　　——の圧縮，削除，選択　159

●に

2次条件づけ　12
2次評価　93
忍耐法　25, 30, 81, 91
認知　36
認知的学習　62, 190
認知的学習心理学　222
認知的コンテクスト　108
認知的・動機的欠損除去　114
認知的な行動訓練　98
認知的体制化　86
認知構造　62
　　　行為を調節するための——　51
認知スキーマ　133
認知地図　205-206, 208

——構成　206
認知マップ　177

●ね
ネットワーク要素　134

●の
能力　98, 122
望ましい行動　25, 27
望ましくない行動　27, 54

●は
場所学習　205-206
罰　33, 44, 53, 115
　　　——の脅し　55
　　　——のタイミング　59
　　　——のモデリング効果　51
　　　排除という形の——　71
　　　物理的（身体的）——　55
発生的認識論　183
発達的欠陥　106
場面制御可能性　123
場面－動作対　215
般化の効果　29
反射　6
反応　64
反応－結果連合　38
反復学習　169

●ひ
非攻撃的な対決　109
被制御反応　40
非制御反応　40
100%習得の水準　175
評価　84-85
表象　128
表象機能　146

●ふ
不安（への）対処　81, 85
フィードバック　48, 123, 214, 223
不確実感　118
複合的随伴性　114

複雑な社会的相互作用の交互性　104
符号化（プロセス）　151, 167, 213
物質的強化　28
不定間隔強化　42
不定比率強化　42
不適切な対処方略　93
負の強化　33, 35, 40, 56
フラストレーション　54, 99
分化　136, 142
分化強化　33, 44, 57

●へ
弁別　33, 37
弁別強化　37
弁別刺激　33, 37, 53-54, 57

●ほ
防衛機制　93
包括的認知行動　61
包含　154
報酬の遅延　51
母語　179

●ま
待つことの学習　54
マッチ棒課題への洞察　234
マッピング　179

●む
矛盾刺激法　29, 31
矛盾反応法　25
無条件刺激　6, 9-10, 53
無条件反射　58
無条件反応　6, 9-10
無力感　117
　　　特殊個別の——　117

●め
迷信的　43
命題　127, 136
　　　——の追加　138
命題リスト　138
命名された連合　156, 189

●め
メタ認知　69, 150
メタ認知的技能　202
メタ認知的プロセス　128
メタ認知能力　81
メタ認知プロセス　157
メンタルモデル　127, 135, 139-140, 177

●も
目標志向的・報酬志向的プラン　51
目標に沿った行動系列　60
目標（または報酬）志向的プラン　66
モデリング　33, 47, 85
モデリング効果　58-59
モデリング・プロセス　62
モデル　21, 66-67, 79, 139
　　　──からの学習　71, 86
　　　──を観察することによる学習　21
模倣　77
模倣学習　47

●や
役割演技　98, 104
役割仮定　103
役割期待　103
役割取得（能力）　73, 98, 106

●ゆ
誘因　66, 186

●よ
予期　68, 86, 88
予期位相と対決位相　81
予期段階　91
抑制　56
予想　81, 84, 115, 117, 132, 232
予測　89, 119
　　　ある場所の位置の──　205
予備的試行　105
予備的質問　152
読み取り　194, 197
　　　──の方略　194

●ら
ランダム（な）随伴性　33, 43

●り
理解　48, 69, 136-137, 141, 145, 150, 153, 174, 187, 202
リーダー　99
リーダーシップ　98, 110
リハーサル　176
リラクセーション訓練　81

●る
ルート知識　205
ルートの結合　216
ルールの演繹　223

●れ
レスポンデント行動　33-34, 53
連合　163, 186
　　　新しい──　27
連続強化　41-42, 49
連続的強化　33

●わ
「私は……」メッセージ　98, 109, 111

訳者あとがき

　本書はスイス・バーゼル大学教授，ゲアハルト・シュタイナー（Gerhard Steiner）博士著の『学習心理学——日常生活からの19のシナリオ』（Learning：Nineteen Scenarios from Everyday Life, Cambridge University Press, 1999）の日本語訳である。

　ただし，全訳ではない。「ジャッグリングの学習」（Learning to Juggle），「チェスの学習」（Learning to Play Chess）ほか3つの章は省いている。そうした理由は，それらの章が日本ではあまりポピュラーでないトピックスを扱っていることや，全訳となるとページ数がかさみ過ぎること，そして予定されていたシュタイナー博士来日までの短期間内に，訳出作業を終えたかったからである。こうした処置をすることについては，もちろん，原著者のシュタイナー博士の了解を得ている。いくつかの章が省かれているとはいえ，各章は内容的に独立しており，代表的な学習理論に照らして，日常場面における学習現象を分析・説明しようとする同博士の基本的立場はどの章でも貫かれているので，原著のねらいや意義は十分保たれていると確信する。

　さて，本書の文字通りの原著は，1988年に発行されたドイツ語版である。このドイツ語版はスイス，ドイツを中心に，ドイツ語圏では最もひろく使われている学習心理学のテキストであるという。この初版本は，1990年にスペイン語に翻訳されたということであり，ドイツ語圏以外でも読者を得るまでになった。ドイツ語版は1996年に改訂され，第2版として出版されたが，この第2版が本書の底本となった上述の英文書である。ドイツ語版第2版は増刷を重ね，2004年に第4刷を発行した。

　ここで，本書についての書評の類をいくつか紹介しながら，本書の位置づけや意義について少し述べてみることにする。まず，コロラド大学のウォルター・キンチュ（Walter Kintsch）教授は英語版出版に際して賛を寄せ，次のように述べている。

　　「本書は，認知心理学の分野では久しく等閑視されてきた学習に関する新旧の研究成果をドッキングさせるという難題に関して，実践的な観点から意欲的な試みを展開したシュタイナー博士の努力の結晶である。（中略）本書は，確かな科学と献身的な呼び掛けとの祝福すべき結婚と評することができよう」。

　次に，アメリカ心理学会の機関誌『現代心理学』（Contemporary Psychology）は，英語版出版の2年後に書評を掲載しているが，そこでは以下のようなコメントが見られる。

「本書は，学習に関する具体的な事例を実験心理学の俎上に載せて分析・解説しているもので，大学院レベルの授業で活発な議論を招くうえで格好の材料を提供してくれるであろう。本書は，専門用語の解説が十分でないなどの課題も残すが，人間の学習というものがいかに複雑であるかを如実に示している点で成功していると言える」。

訳者としての私たちの目からしても，これらのコメントは的を射ていると思われる。

かつて，日本の大学における心理学の授業は，一部の臨床系の授業を除いて，おもな理論や立場の紹介・解説で終わるのが一般的であったと思われる。学習心理学も例外ではなかった。学習研究は心理学研究のなかで最も進んでいる分野と言われていたが，それは（少なくとも形のうえでの）体系化が一番進んでいたからであろう。だが，こうして整備された学習の理論が，実生活における学習の現象にどこまで通用するかについての検討は，やはり十分であったとは言えない。

その点で，本書に見られるシュタイナー博士のアプローチは大変興味深く，貴重でもある。私たち訳者も，心臓発作やテスト不安とかリーダーのストレス対処，あるいは学級における問題児の指導，学習性無気力，着衣の始末など，日常的場面におけるさまざまな学習の現象を，代表的な学習理論の枠組みを使って，どのように分析するのか，そうした理論からどんな示唆が得られるのかを考えるうえで，本書から多くを学ぶことができた。

最後に訳の分担を訳者別に示すと，次の通りである。塚野：第2章・第3章・第4章，牧野：第7章，第9章，第10章，第11章，若井：序章，第1章，第5章，第6章，第8章，第12章，第13章，第14章。3人の訳者は，訳語や文のスタイルなどの面で統一を図るよう，随時協議しながら訳出作業に当たったが，何せ翻訳の翻訳という「二重の濾過装置」を通す作業であったため，不十分さを残すところがあるかもしれない。その点については，読者の忌憚のないご指摘を受けたいと思う。

この「あとがき」を終えるに当たり，本書が日本においても多くの読者を得ることができ，また学習研究と学習をめぐる実践的活動に寄与できる1冊になることを心から期待するものである。

末筆になったが，本書の出版に関して北大路書房にたいへんお世話になった。ここに記して深く感謝申し上げる。

若井　邦夫

〔原著者紹介〕

ゲアハルト・シュタイナー（Gerhard Steiner）
（日本教育心理学会第46回総会(2004年)準備委員会企画招待講演者）
　シュタイナー博士は，現在，スイス連邦国バーゼル大学人間・社会科学部教授である。1937年同国のバーゼル市で生まれた。爾来スイスの首都ベルン大学での助手時代，アメリカのスタンフォード大学への留学期の数年を除くと，これまで60余年を郷里バーゼル市を生活の拠点として幼少年期から大学教授の現在まで過ごした，生粋のスイス人である。

　2004年，富山大学での第46回日本教育心理学会の招待講演を聴かれた方はご存じのように，長身でがっしりした体格の持ち主で，大学の体育館で週1回のバスケットボールを欠かさず，夏は別荘で家族とともに水泳とヨット，冬は同じように家族ぐるみでスキーを楽しむという，愛妻家，家族思いのスポーツマンでもある。

　1971年バーゼル大学で，PhDを取得した後，スイスの首都のベルン大学で助手を務め，さらに1976年からアメリカのスタンフォード大学で，Post-doc Reseach Fellowとして研究を続けていた。

　1977年バーゼル大学心理学科創設時に教授として迎えられ，1988年から約1年間，人間・社会科学部長を務め，現在に至っている。この間，イタリーのパドヴァ大学の客員教授，ドイツのミュンヘンの心理学研究所国際科学委員，さらにスイス連邦の職業教育に関する各種委員会の主要な委員を歴任してきている。研究交流で訪れた国は30カ国ほどになるという国際的研究者である。

　専門は学習心理学，発達心理学である。学習の転移，概念知識の構成とその利用，学級経営，生涯学習などが現在の関心領域である。最近手がけている研究プロジェクトには，職業教育の学習理論と認知，メタ認知，動機及び自己―制御ストラテジーの発達などがある。

　スイスは時計の生産で知られるように，職人の制作技術が高く，その活躍が顕著な国であるが，その人たちに対する教育に国は力を注いでいる。その内容は仕事の技術指導だけではなく広く教養教育も含んだものとなっている。そうしたスイスにおける職業人の養成教育の計画，実施にもシュタイナー博士は指導的役割を果たしている。

　主な所属学会は，ヨーロッパ学習・教育研究学会，アメリカ教育研究学会，青年期研究学会国際委員会，アメリカ心理学会，ドイツ心理学会などである。

　訳者（塚野）は，これまで2回に及ぶバーゼル市の滞在，来日時とお世話にな

り，いくたびも話をし，一緒に行動した。知り得た中で彼の人柄を一言で表すれば，誠実ということであろう。私は，学問的なことを多くを教わった。それよりもまして，まじめな人間性というものがいかに人の心を打つものかということも学んだ気がしている。

　2004年3月末，私はシュタイナー博士の計らいでバーゼル大学で数日間研究生活を送ることができた。その最終日，私はチューリッヒに日帰りの旅を楽しんだ後，彼の家を訪ねた。バーゼル駅から，夕方のトラムで彼の家を訪ねると，彼は近くの停車場のベンチに腰をかけて私を待っていてくれた。愛妻ハイジさんが都合で夕食の準備ができないのでこれから車でレストランに案内するという。その途中バーゼル市の郊外の一角に立ち寄って，地理を説明してくれた。前面に畑が広がり，人影はなかったが，遠方にトラクターが動いていた。その先には林が，さらに前方には丘が続いている。右手はドイツ領，左はフランス領だと言う。バーゼルは独，仏，それにスイスの3カ国の接点に位置しているのである。夕闇が迫る中で彼はひたすら解説を続けた。途中から私は考え始めていた。人はこうもてなすべきだ。この人は私を本当に歓迎してくれているのだということをである。

　彼が来日し京都を案内しているときに，土産のプレゼントを申し出たら，荷物が多いからスイスまで持参してくれと笑顔で切り返された。今春私は富山大学での教鞭生活から解放された。その時期とこの本の発刊とがはからずも一致したことも，シュタイナー博士夫妻の周到な計らいのような気がしてならない。

　上梓された本を携えて彼とハイジ夫人をバーゼルのお宅に訪れるのが，私のいまのささやかな願いである。

　　　　　　　　　　　　2005年4月　満開の桜をみやりながら

　　　　　　　　　　　　　　　　　　　　　　　　　塚野　州一

［訳者紹介］

塚野州一（つかの・しゅういち）
 1970年 東北大学大学院教育学研究科博士課程単位取得中退
 1989年 富山大学教育学部教授（2005年まで）
 1999年 富山大学教育学部長（2003年まで）
 2003年 日本教育心理学会第46回総会準備委員長（2004年まで）
 現　在 立正大学心理学部特任教授，富山大学名誉教授　博士（心理学）
 主著・論文 ルネ・ザゾ／学童の生長と発達（共訳）　明治図書　1974年
     過去，現在，未来における自己の価値づけの変容過程とその規定要因の検討（単著）　風間書房　1996年
     みるよむ生涯発達心理学（編著）　北大路書房　2000年
     みるよむ生涯臨床心理学（編著）　北大路書房　2004年
     自己調整学習の理論（編訳）　北大路書房　2006年

若井邦夫（わかい・くにお）
 1967年 東京大学大学院教育学研究科博士課程単位取得満了
 現　在 共立女子大学家政学部教授，北海道大学名誉教授
 主著・論文 学習心理学（共著）　有斐閣　1978
     発達研究の方法論についての一断章：科学的知のあり方について－'Cornell hoax を通して思うこと－'　北海道大学教育学部紀要，55, 145-155, 1992
     Mentors for Japanese college students. 北海道大学乳幼児発達臨床センター英文紀要，17, 69-78, 1994
     乳幼児心理学（共著）　サイエンス社　1994
     時間と空間の中の子ども（共訳）　金子書房　1997
     教師を目指して初めの一歩（編著）　エース出版　2001
     ライフコースの心理学（共訳）　金子書房　2001

牧野美知子（まきの・みちこ）
 1971年 お茶の水女子大学文教育学部英文科卒業
 2003年 富山大学大学院教育学研究科終了
    英語教師（東京私立高校専任・富山県立高校，富山大学附属中学，非常勤講師）を経て
 現　在 富山大学人間発達科学部附属小学校・国立富山工業高等専門学校英語科非常勤講師

新しい学習心理学　その臨床的適用

2005年5月10日　初版第1刷発行	定価はカバーに表示 してあります。
2007年5月20日　初版第2刷発行	

原　著　者　　G. シュタイナー
訳　　　者　　塚野州一
　　　　　　　若井邦夫
　　　　　　　牧野美知子
発　行　所　　㈱北大路書房
〒603-8303　京都市北区紫野十二坊町12-8
電　話　(075)431—0361㈹
FAX　(075)431-9393
振　替　01050-4-2083

ⓒ2005　　印刷／製本　亜細亜印刷㈱
検印省略　落丁・乱丁本はお取り替えいたします。

ISBN978-4-7628-2441-8　　Printed in Japan